키워드로 간단하게 OPIc 답변 만들기

오픽킹 이윤진의 OPIc BOX

IM 공략서

BOX 안에 답이 있다!

이윤진 · 멀티캠퍼스 외국어연구소 공저

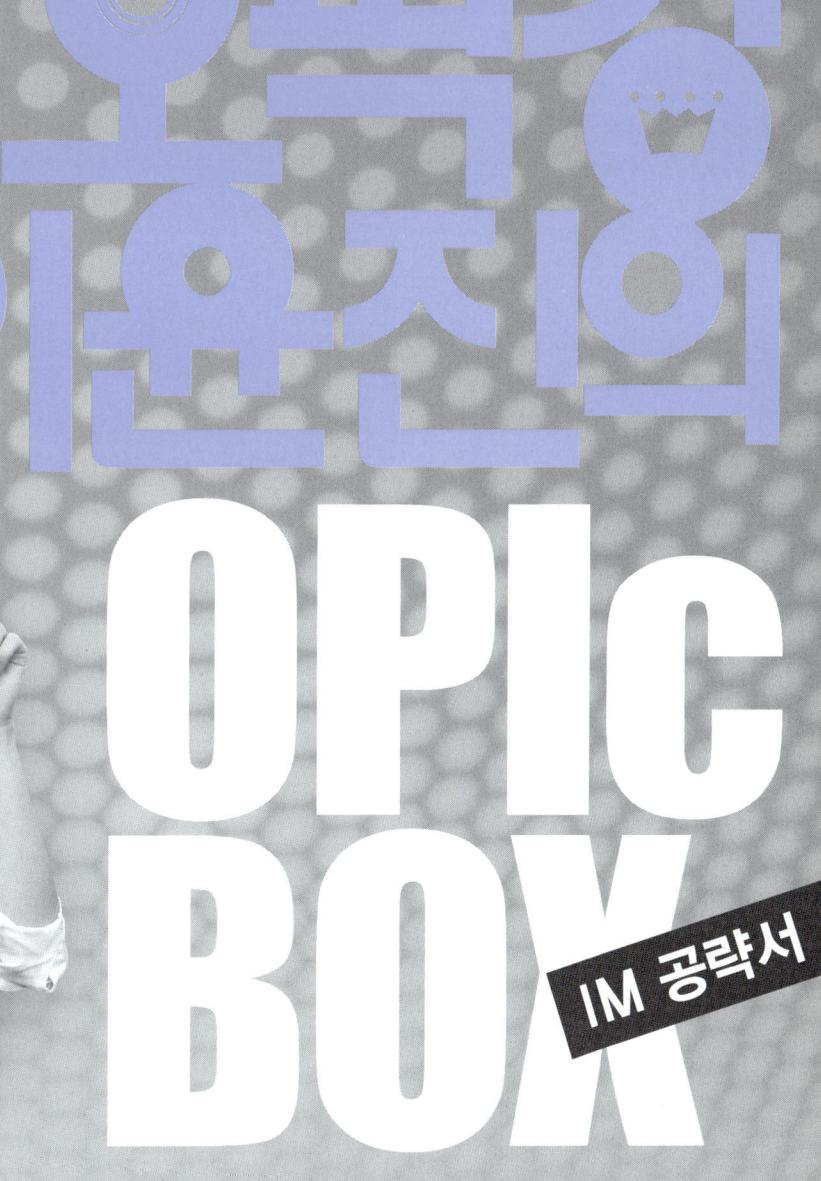

멀티캠퍼스 하우

오픽킹 이윤진의 OPIc BOX

1판 1쇄 발행 2012. 10. 10.
2판 1쇄 인쇄 2016. 7. 5.

저자 이윤진·멀티캠퍼스 외국어연구소
기획 멀티캠퍼스 외국어연구소

펴낸이 박민우
기획팀 송인성, 김선명, 박민하, 박종인
편집팀 박우진, 김영주, 김정아, 최미라
관리팀 임선희, 정철호, 김성언, 권주련
펴낸곳 멀티캠퍼스 하우
주소 서울시 중랑구 망우로68길 48
전화 (02)922-7090
팩스 (02)922-7092
홈페이지 http://www.hawoo.co.kr
e-mail hawoo@hawoo.co.kr
등록번호 제2014-18호

값 18,000원
ISBN 979-11-955278-7-8 13740

Copyright © 2016 by Multicampus Co., Ltd.

All rights reserved.
No part of this publication may be reproduced, stored in a retrieval system,
or transmitted in any form or by any means, electronic, mechanical, photocopying, recording,
or otherwise, without the prior permission of the publisher.

이 책은 저작권법에 따라 보호받는 저작물이므로 무단전재와 무단복제를 금지하며,
이 책 내용의 전부 또는 일부를 이용하려면 반드시 저작권자와 출판권자의 서면 동의를 받아야 합니다.

🔗 모범답변 MP3 다운로드 www.opic.co.kr 접속 후 '북&앱북'에서 다운로드

머리말

글로벌 시대에 딱 맞는 맞춤형 영어 말하기 시험, OPIc

현대 사회는 글로벌 인재를 필요로 합니다. 글로벌 인재의 필수 조건은 글로벌 커뮤니케이션 능력이라고 할 수 있겠죠. 이러한 경향은 최근 몇 년간 계속되고 있으며, 대기업에서도 글로벌 커뮤니케이션 능력을 인재 채용 조건의 필수 요소로 중시하고 있습니다. 이러한 사회적 흐름에 따라 OPIc은 국내 유수의 대기업 및 공기업에서 우수한 글로벌 인재를 선택 및 양성하는데 활용되고 있습니다. 또한, OPIc은 주어진 주제에 대해 '영어로 얼마나 논리적으로, 조리있게 말할 수 있는지'를 평가함으로써 실제 글로벌 커뮤니케이션 능력을 정확하게 측정할 뿐 아니라, Background Survey를 통해 개인화된 질문 리스트를 구성하는 맞춤형 말하기 시험으로 그 우수성을 인정받고 있습니다.

최고의 OPIc 대비 학습법, OPIc BOX

많은 사람들이 OPIc에 관심을 가지고 OPIc 대비 공부를 시작하지만, OPIc을 어떻게 공부해야 하는지를 잘 아는 사람은 많지 않습니다. 이 책에서 소개하는 OPIc BOX는 OPIc IM 이상을 목표로 하는 여러분들에게 가장 이상적인 OPIc 대비법이라고 할 수 있습니다. OPIc BOX는 질문에 대한 Idea Flow를 정리해서 연관된 Key Words로 문장을 만들어 답변을 완성하는 과정을 박스 모양으로 정리한 것입니다. OPIc BOX는 OPIc IM 등급 획득에 꼭 필요한 논리적, 체계적 답변 능력을 길러줍니다. 말하기에서 중요한 것은 문법이나 발음보다도 생각의 흐름을 언어로 표현하는 능력이기 때문에, OPIc BOX만 잘 만들면 OPIc 성적뿐 아니라 전반적인 영어 말하기 능력도 함께 향상시킬 수 있습니다.

OPIc BOX를 열어 보세요!

OPIc BOX는 여러분의 말하기 실력을 업그레이드 시켜주는 요술 상자입니다. '오픽킹 이윤진의 OPIc BOX'는 누구나 막힘없이 OPIc 답변을 할 수 있도록 주제별 질문 분석, Key Words와 패턴 연습, 그리고 자신만의 답변을 만들어 보면서 궁극적인 영어 말하기 능력을 향상시켜 줍니다.

OPIc BOX만 있다면 여러분도 IM 문제없습니다.
오픽킹이 될 준비가 되셨다면 OPIc BOX를 열어 볼까요?

Let's get started!

차 례

- 학습 Schedule — 8
- Structure and Features — 10
- OPIc 소개 — 12
- Background Survey — 14
- OPIc FAQ — 16

| 학습 목차 |

Chapter 01	**Self Introduction** ● 본인 · 친구 소개 / 장점 · 미래 계획	19
Chapter 02	**Family** ● 가족 소개 / 가족 활동 / Role Play	33
Chapter 03	**Housing** ● 집 소개 / 선호하는 집 / Role Play	47
Chapter 04	**Work** ● 상사 · 동료 소개 / 일과 / Role Play	61
Chapter 05	**School** ● 본인 대학 소개 / 학교 관련 추억 / Role Play	75
Chapter 06	**Vacation** ● 좋아하는 여행지 / 가이드 되기 / Role Play	89
Chapter 07	**Movies** ● 좋아하는 영화 / 영화관 관련 기억 / Role Play	103
Chapter 08	**Going Places** ● 공원 가기 / 산 · 바다 가기 / Role Play	117
Chapter 09	**Sports** ● 좋아하는 운동선수 / 경기장 가기 / Role Play	131
Chapter 10	**Music** ● 좋아하는 음악 / 연주하는 악기 / Role Play	145

Chapter 11	**Cooking** • 즐겨 하는 요리 / 첫 요리 경험 / Role Play	159
Chapter 12	**Exercise** • 다니는 헬스장 / 요가 관련 기억 / Role Play	173
Chapter 13	**Occupations** • 경찰관 묘사 / 은행원 / Role Play	187
Chapter 14	**Performances** • 좋아하는 뮤지컬 / 콘서트 관련 기억 / Role Play	201
Chapter 15	**Reading Books** • 아이가 좋아하는 책 / 독서 선호 정도 / Role Play	215
Chapter 16	**TV** • 좋아하는 프로그램 / 취향의 변화 / Role Play	229
Chapter 17	**Shopping** • 좋아하는 쇼핑 장소 / 선호하는 쇼핑 유형 / Role Play	243
Chapter 18	**Eating Out** • 좋아하는 음식점 / 음식점 찾기 / Role Play	257
Chapter 19	**National Holidays** • 자기 나라의 명절 / 명절 관련 기억 / Role Play	271
Chapter 20	**Internet** • 좋아하는 웹사이트 / 인터넷 관련 기억 / Role Play	285

- Actual Test 1   299
- Actual Test 2   307
- Translation(해석)   315

학습 Schedule

■ 한 달 완성: 주 5일 / 20강(90분 강의 기준)

Week	월	화	수	목	금
Week 1	Chapter 01	Chapter 02	Chapter 03	Chapter 04	Chapter 05
Week 2	Chapter 06	Chapter 07	Chapter 08	Chapter 09	Chapter 10
Week 3	Chapter 11	Chapter 12	Chapter 13	Chapter 14	Chapter 15
Week 4	Chapter 16	Chapter 17	Chapter 18	Chapter 19	Chapter 20

	1강	2강	3강	4강	5강
1주차 (월~금)	Chapter 01	Chapter 02	Chapter 03	Chapter 04	Chapter 05
	Self Introduction	Family	Housing	Work	School
	6강	7강	8강	9강	10강
2주차 (월~금)	Chapter 06	Chapter 07	Chapter 08	Chapter 09	Chapter 10
	Vacation	Movies	Going Places	Sports	Music
	11강	12강	13강	14강	15강
3주차 (월~금)	Chapter 11	Chapter 12	Chapter 13	Chapter 14	Chapter 15
	Cooking	Exercise	Occupations	Performances	Reading Books
	16강	17강	18강	19강	20강
4주차 (월~금)	Chapter 16	Chapter 17	Chapter 18	Chapter 19	Chapter 20
	TV	Shopping	Eating Out	National Holidays	Internet

Oral Proficiency Interview-computer

■ 두 달 완성: 주 3일 (월, 수, 금) / 24강(90분 강의 기준)

Week	월	수	금
Week 1	Chapter 01	Chapter 02	Chapter 03
Week 2	Chapter 04	Chapter 05	Chapter 06
Week 3	Chapter 07	Chapter 08	Chapter 09
Week 4	Chapter 10	Chapter 11	Chapter 12
Week 5	Chapter 13	Chapter 14	Chapter 15
Week 6	Chapter 16	Chapter 17	Chapter 18
Week 7	Chapter 19	Chapter 20	Chapter 21
Week 8	Chapter 22	Chapter 23	Chapter 24

	1강 / 2강 / 3강		
1주차 (월/수/금)	1강 Chapter 01 Self Introduction	2강 Chapter 02 Family	3강 Chapter 03 Housing
2주차 (월/수/금)	4강 Chapter 04 Work	5강 Chapter 05 School	6강 Chapter 06 Vacation
3주차 (월/수/금)	7강 Chapter 07 Movies	8강 Chapter 08 Going Places	9강 Chapter 09 Sports
4주차 (월/수/금)	10강 Chapter 10 Music	11강 Chapter 11 Cooking	12강 Chapter 12 Exercise
5주차 (월/수/금)	13강 Chapter 13 Occupations	14강 Chapter 14 Performances	15강 Chapter 15 Reading Books
6주차 (월/수/금)	16강 Chapter 16 TV	17강 Chapter 17 Shopping	18강 Chapter 18 Eating Out
7주차 (월/수/금)	19강 Chapter 19 National Holidays	20강 Chapter 20 Internet	21강 Chapter 21 Actual Test 1-1
8주차 (월/수/금)	22강 Chapter 22 Actual Test 1-2	23강 Chapter 23 Actual Test 2-1	24강 Chapter 24 Actual Test 2-2

Structure and Features

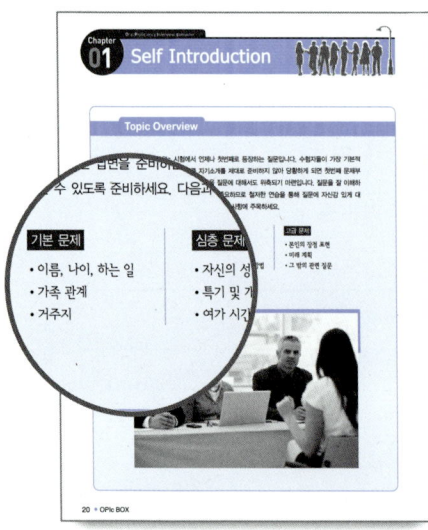

◀ Topic Overview

수준별 OPIc 예상 문제를 바탕으로, 해당 주제에 대한 전반적인 이해를 높이고 나에게 적합한 맞춤형 전략을 세울수 있습니다.

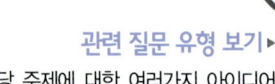

관련 질문 유형 보기 ▶

해당 주제에 대한 여러가지 아이디어를 정리하여 다양한 문제에 대비할 수 있는 기본 실력을 키울 수 있습니다.

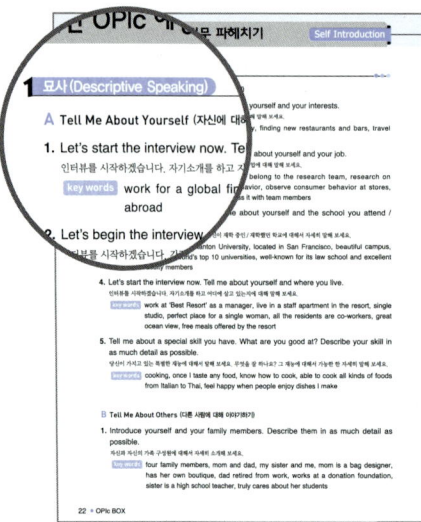

◀ 관련 OPIc 예상 질문 파헤치기

앞서 살펴본 관련 질문 유형에 따라 출제될 수 있는 OPIc 문제를 좀 더 구체적으로 살펴봅니다. 각 질문의 답변 구성에 필요한 핵심 key words를 나만의 답변 구성에 활용할 수 있습니다.

Oral Proficiency Interview-computer

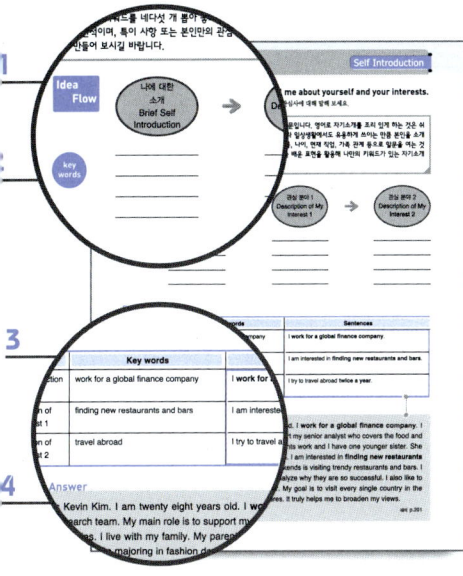

◀ OPIc BOX

답변을 만들어나가는 흐름을 단계별로 학습합니다.
1. 답변에 대한 생각의 흐름을 idea flow로 정리합니다.
2. 각 흐름에 맞는 단어나 표현을 key words로 정리합니다.
3. key words를 사용해 문장을 만들어 봅니다.
4. 문장을 연결하여 모범 답변을 만들어 봅니다.

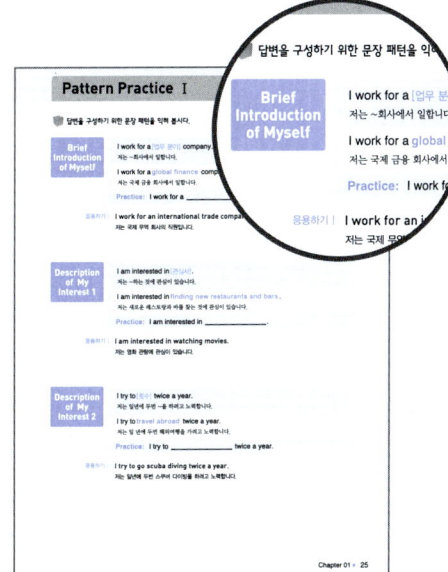

Pattern Practice ▶

OPIc BOX에서 제시된 key words를 활용하여 문장 패턴을 연습합니다. 본 활용을 통해 문장 구성력을 체계적으로 향상시킬 수 있습니다.

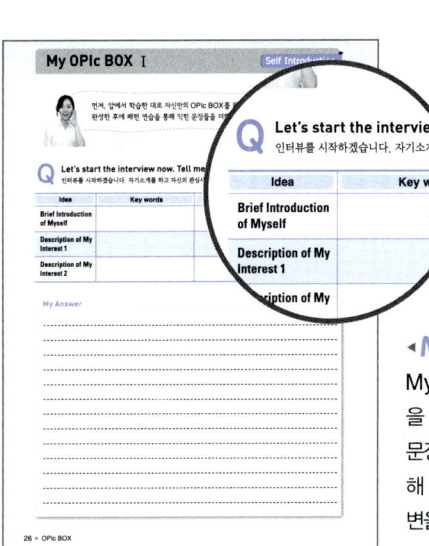

◀ My OPIc BOX

My OPIc BOX를 통해 나만의 OPIc 답변을 만들 수 있습니다. 나만의 key words와 문장을 활용하여 완벽한 하나의 답변을 완성해 봅니다. 마지막으로 모범 답변과 나의 답변을 비교해 볼 수 있습니다.

OPIc 소개

OPIc이란?

OPIc(Oral Proficiency Interview-computer)은 면대면 외국어 인터뷰 OPI를 최대한 Interview와 가깝게 만든 iBT기반의 외국어 말하기 평가로서, 외국어 전문 교육 연구 단체인 ACTFL(American Council on the Teaching of Foreign Languages)에서 개발한 공신력 있는 말하기 평가입니다. OPIc은 단순히 문법이나 어휘 등을 얼마나 많이 알고 있는가 보다는 실제 상황에서 얼마나 효과적이고 적절하게 언어를 구사하는지를 측정하는 객관적인 평가로, 국내에서는 2007년 시작되어 현재 약 1,000여 개 기업 및 기관에서 OPIc을 채용과 인사고과 등에 활발하게 활용하고 있습니다. 현재 OPIc은 영어뿐만 아니라 중국어, 러시아어, 스페인어 등 총 44개의 언어평가를 제공함으로써 다양한 언어를 동일한 기준으로 평가할 수 있는 유일한 외국어 말하기 평가로 자리매김하였습니다.

OPIc 진행과정

ORIENTATION(약 15분)

1. **Background Survey** — 인터뷰 문항을 위한 사전 설문
2. **Self Assessment** — 시험의 난이도 결정을 위한 자가 평가
3. **Overview of OPIc** — 화면 구성, 문항 청취 및 답변 방법 안내
4. **Sample Question** — 실제 답변 방법 연습

시험시간(40분)

1. **1st Session**
   - 개인 맞춤형 문항
   - 질문 청취 2회
   - 문항별 답변 시간 제한 無
   - 약 7문항 출제
2. **난이도 재조정**
   - Self Assessment(2차 시험 난이도 선택)
   - 쉬운 질문 / 비슷한 질문 / 어려운 질문 中선택
3. **2nd Session**
   - 개인 맞춤형 문항
   - 질문 청취 2회
   - 문항별 답변 시간 제한 無
   - 약 5 ~8문항 출제

OPIc 등급

OPIc의 등급은 크게 세 가지, 작게는 일곱 가지로 세분화됩니다.

- **Novice:** '초보자' 라는 뜻으로 OPIc에서는 '초급' 단계입니다.
- **Intermediate:** '중간' 이라는 뜻으로 OPIc에서는 '중급' 단계입니다.
- **Advanced:** '고급의' 라는 뜻으로 OPIc에서는 가장 높은 '고급' 단계입니다.

이 세 가지의 등급을 세분화해서 다음과 같이 구분하게 됩니다.

- Novice Low, Novice Mid, Novice High
- Intermediate Low, Intermediate Mid(1~3), Intermediate High
- Advanced Low

OPIc의 모체인 OPI에서는 Advanced도 Low, Mid, High로 구분되지만, 컴퓨터로 시험을 보는 OPIc에서는 Advanced Low라는 등급 하나만 부여됩니다.

AL	**Advanced LOW**	사건을 서술할 때 일괄적으로 동사 시제를 관리하고, 사람과 사물을 묘사할 때 다양한 형용사를 사용한다. 적절한 위치에서 접속사를 사용하기 때문에 문장 간의 결속력도 높고 문단의 구조를 능숙하게 구성할 수 있다. 익숙하지 않은 복잡한 상황에서도 문제를 설명하고 해결할 수 있는 수준의 능숙도이다.
IH	**Intermediate HIGH**	개인에게 익숙하지 않거나 예측하지 못한 복잡한 상황을 만날 때, 대부분의 상황에서 사건을 설명하고 문제를 효과적으로 해결한다. 발화량이 많고, 다양한 어휘를 사용한다.
IM	**Intermediate MID**	일상적인 소재뿐 아니라 개인적으로 익숙한 상황에서는 문장을 나열하며 자연스럽게 말할 수 있다. 다양한 문장 형식이나 어휘를 실험적으로 사용하려고 하며 상대방이 조금만 배려해 주면 오랜 시간 대화가 가능하다.
IL	**Intermediate LOW**	일상적인 소재에서는 문장으로 말할 수 있다. 대화에 참여하고 선호하는 소재에서는 자신감을 가지고 말할 수 있다.
NH	**Novice HIGH**	일상적인 대부분의 소재에 대해서 문장으로 말할 수 있다. 개인 정보라면 질문을 하고 응답을 할 수 있다.
NM	**Novice MID**	이미 암기한 단어나 문장으로 말하기를 할 수 있다.
NL	**Novice LOW**	제한적인 수준이지만 영어 단어를 나열하며 말할 수 있다.

＊ Intermediate Mid의 경우 Mid 1, Mid 2, Mid 3로 세분화하여 제공합니다.

Background Survey (배경설문)

OPIc의 개인 맞춤형 문제는 Background Survey에 대한 응답을 기초로 출제됩니다. 나에게는 어떤 맞춤형 문제가 출제될지 미리 생각해 보세요.

1. 현재 귀하는 어느 분야에 종사하고 계십니까?
☐ 사업/회사　☐ 재택근무/재택사업　☐ 교사/교육자　☐ 군 복무　☐ 일 경험 없음

1.1. 현재 귀하는 직업이 있으십니까?
☐ 네　　　　　　　　☐ 아니오

1.1.1. 귀하의 근무 기간은 얼마나 되십니까?
☐ 첫 직장 – 2개월 미만　☐ 첫 직장 – 2개월 이상　☐ 첫 직장 아님 – 경험 많음

1.1.1.1. 당신은 부하 직원을 관리하는 관리직을 맡고 있습니까?
☐ 네　　　　　　　　☐ 아니오

문항 1에서 교사/교육자로 답변했을 경우

1.1. 당신은 어디에서 학생을 가르치십니까?
☐ 대학 이상　　　　☐ 초등/중/고등학교　　　☐ 평생교육

1.1.1. 귀하의 근무 기간은 얼마나 되십니까?
☐ 2개월 미만 – 첫 직장
☐ 2개월 미만 – 교직은 처음이지만 이전에 다른 직업을 가진 적이 있음
☐ 2개월 이상

2. 현재 귀하는 학생이십니까?
☐ 네　　　　　　　　☐ 아니오

2.1. 현재 어떤 강의를 듣고 있습니까?
☐ 학위 과정 수업　　☐ 전문 기술 향상을 위한 평생 학습　　☐ 어학 수업

2.2. 최근 어떤 강의를 수강했습니까?
☐ 학위 과정 수업
☐ 전문 기술 향상을 위한 평생 학습
☐ 어학 수업
☐ 수업 등록 후 5년 이상 지남

3 현재 귀하는 어디에 살고 계십니까?
☐ 개인주택이나 아파트에 홀로 거주
☐ 친구나 룸메이트와 함께 주택이나 아파트에 거주
☐ 가족(배우자/자녀/기타 가족 일원)과 함께 주택이나 아파트에 거주
☐ 학교 기숙사   ☐ 군대 막사

아래의 4~7번 문항에서 12개 이상을 선택해 주시기 바랍니다.

4 귀하는 여가 활동으로 주로 무엇을 하십니까? (두 개 이상 선택)
☐ 영화 보기   ☐ 클럽/나이트클럽 가기   ☐ 공연 보기   ☐ 콘서트 보기
☐ 박물관 가기   ☐ 공원 가기   ☐ 캠핑하기   ☐ 해변 가기
☐ 스포츠 관람   ☐ 주거 개선   ☐ 술집/바에 가기   ☐ 카페/커피전문점 가기
☐ 게임하기(비디오, 카드, 보드, 휴대폰 등)   ☐ 당구 치기   ☐ 체스하기
☐ SNS에 글 올리기 ☐ 친구들과 문자대화하기 ☐ 시험 대비 과정 수강하기
☐ TV보기   ☐ 리얼리티쇼 시청하기   ☐ 뉴스를 보거나 듣기
☐ 요리 관련 프로그램 시청하기   ☐ 쇼핑하기
☐ 차로 드라이브하기 ☐ 스파/마사지샵 가기   ☐ 구직활동하기   ☐ 자원봉사하기

5 귀하의 취미나 관심사는 무엇입니까? (한 개 이상 선택)
☐ 아이에게 책 읽어주기 ☐ 음악 감상하기   ☐ 악기 연주하기   ☐ 춤추기
☐ 글쓰기(편지, 단문, 시 등) ☐ 그림그리기 ☐ 요리하기   ☐ 애완동물 기르기
☐ 독서   ☐ 주식 투자하기   ☐ 신문 읽기   ☐ 여행 관련 잡지나 블로그 읽기
☐ 사진 촬영하기   ☐ 혼자 노래 부르거나 합창하기

6 귀하는 주로 어떤 운동을 즐기십니까? (한 개 이상 선택)
☐ 농구   ☐ 야구/소프트볼   ☐ 축구   ☐ 미식축구
☐ 하키   ☐ 크리켓   ☐ 골프   ☐ 배구
☐ 테니스   ☐ 배드민턴   ☐ 탁구   ☐ 수영
☐ 자전거   ☐ 스키/스노우보드 ☐ 아이스 스케이트 ☐ 조깅
☐ 걷기   ☐ 요가   ☐ 하이킹/트레킹   ☐ 낚시
☐ 헬스   ☐ 태권도   ☐ 운동 수업 수강하기 ☐ 운동을 전혀 하지 않음

7 당신은 어떤 휴가나 출장을 다녀온 경험이 있습니까? (한 개 이상 선택)
☐ 국내 출장   ☐ 해외 출장   ☐ 집에서 보내는 휴가   ☐ 국내 여행   ☐ 해외여행

OPIc FAQ

01. OPIc 시험 중 필기구를 사용하여 답변을 준비해도 되나요?

OPIc 응시자는 필기구를 가지고 시험장에 입실할 수 없습니다. 따라서 시험 중에 필기구를 이용하여 메모 등을 하실 수 없으며, 적발 시 부정행위로 처리되어 OPIc 시험 규정에 따라 향후 시험 응시 기회에 제한을 받습니다.

02. 무조건 길게 말하는 것이 도움이 되나요?

짜임새 없는 내용으로 길게만 말하는 것보다는 질문이 요구하는 내용에 충실한 답변을 정확한 문법과 표현을 사용하여 논리적으로 표현할 때 좋은 평가를 받을 수 있습니다. 또한 기-승-전-결 혹은 서론-본론-결론의 짜임새 있는 구성으로 답변해야 합니다. 공식적인 수치는 아니지만, 주어진 시간 내 모든 문제에 풍부한 내용으로 답변을 하려면 한 문항당 짧으면 1분, 일반적으로 2분에서 2분 30초 이상 말할 수 있도록 준비하는 것이 좋습니다.

03. Background Survey 응답 내용대로만 출제되나요?

아닙니다. 시험 전에 체크한 Background Survey 결과는 나에게 맞는 맞춤형 문항이 출제되는 데 영향을 주지만, 그 외 시스템으로 선별된 문항도 출제됩니다. 즉, 여러분이 선택하지 않은 내용에서도 문제가 출제됩니다. 일반적으로 여러분의 일상생활에서 일어나는 일들을 위주로 문제가 출제되며 전문적인 내용이 출제되더라도 일상생활과 연결되어 있는 질문들이 출제됩니다. OPIc 등급 향상을 위해서는 Background Survey 항목에 관련된 답변만을 무조건 외우기보다는 평소에 다양한 말하기 연습을 하는 것이 도움이 될 것입니다.

04. OPIc 문제 중 Background Survey 내용과 관련이 없는 내용이 나오면 답변하지 않아도 되나요?

아닙니다. 수험자는 주어진 문항에 대해서 모두 답변을 진행해야 합니다. OPIc은 Background Survey를 통해 수험자의 개인 맞춤형 문항의 출제가 가능하지만 다른 영역의 질문 또한 출제되어 수험자가 예상하지 못한 문제에 대한 상황 대처능력 및 순발력 또한 평가합니다. 따라서, 질문에 대한 답변이 진행되지 않는 경우 감점의 요인이 될 수 있습니다. 그러므로 답변할 때 모르는 문제가 나왔다고 해서 당황해서는 안 됩니다. 설령, 여러분이 Background Survey에서 선택한 내용과 다른 문제가 출제되더라도 최선을 다해 성실하게 답변하는 것이 좋습니다.

05. 시험 보는 중간에 Self Assessment로 레벨을 변경하는 것이 성적에 영향이 있나요?

처음에 높은 레벨로 시작했다가 중간에 낮은 레벨로 바꾸거나, 그 반대로 낮은 레벨에서 시작해서 높은 레벨로 바꾸는 그 자체로 성적이 바뀌지는 않습니다. 철저히 주어진 답변에 얼마나 충실하게 답변했는지가 성적을 좌우한다고 보면 됩니다. 그러나, 나의 영어실력과 너무 동떨어진 레벨을 선택하는 것은 바람직하지 않습니다.

Oral Proficiency Interview-computer

06 문제를 반복해서 들으면 성적이 좋지 않게 나오는 것이 사실인가요?
문제 풀기 전략 중 하나로 문제를 습관적으로 반복해서 듣는 사람들이 있습니다. 문제를 반복 청취하는 것이 성적에 직접적으로 영향을 미치는 것은 아니지만, 문제를 반복 청취했을 때 답변 시간이 줄어들 수밖에 없으므로, 시간 관리에 어려움을 느낄 수도 있습니다. OPIc 문제의 답변 시간은 질문 청취 시간을 제외하고 약 35분 가량입니다. 따라서 주어진 시간 내 모든 문제에 효율적으로 답변할 수 있도록 시간을 활용해야 합니다.

07 발음이 안 좋거나 더듬거리면 성적에 나쁜 영향을 주게 되나요?
발음은 이해가 가능한 수준일 경우 크게 영향을 미치지 않는 것으로 알려져 있습니다. 그러나 메시지 전달이 안 될 정도로 말을 매끄럽지 못하게 할 경우에는 당연히 채점이 어려울 수밖에 없습니다.

08 OPIc 시험은 현장에서 결과를 직접 확인할 수 있나요?
OPIc 정기 시험은 시험 응시일로부터 7일 후 자정부터 OPIc 홈페이지(www.opic.or.kr)에서 성적 확인이 가능합니다. 예) 8월 6일 시험 응시 → 8월 12일에서 8월 13일로 넘어가는 00:00부터 성적 확인 가능
※성적 확인 및 인증서 출력은 회원 전용 서비스이므로 회원 가입 필요

09 OPIc 시험 일정은 1년에 몇 번 정도 있나요?
OPIc 시험은 일반적으로 월 6회(수요일, 일요일) 있으며 채용 시즌에는 매일 정기 시험을 진행 합니다. 또한 강남 오픽스퀘어 센터에서는 채용 시즌 외에도 주중에 3일 이상 시험이 시행되고 있습니다. 자세한 내용은 OPIc 홈페이지(www.opic.or.kr)를 확인해주시기 바랍니다.

10 성적이 UR이라고 나오는 것은 무엇을 의미하나요?
"UR"은 unable to rate를 의미합니다. UR이 나오는 경우는 녹음 불량, 녹음 음량이 너무 작은 경우, 수험자가 자신이 없어 답변을 하지 않은 경우입니다. 수험자의 과실인 경우 응시료 환불은 없으며 재시험의 기회도 없습니다. 시스템적인 오류로 UR이 나왔을 경우 한 번의 재시험 기회를 드립니다.

11 시험에 필요한 규정 신분증이 무엇인가요?
OPIc 시험에서 인정되는 규정 신분증은 주민등록증, 운전면허증, 기간만료 전 여권 등이며, 사원증 및 학생증, 기타 자격증은 신분증으로 인정되지 않습니다.

Speaking Tip

자신있게 영어로 말하려면 어떤 노력을 해야 할까요?

1. **Know Your Material** 주제를 벗어나지 않도록 이야기를 풀어가는 연습을 해 보세요. 간결하고 요점에 충실한 답변을 할 수 있는 실력이 향상될 것입니다.

2. **Think in English** 하고자 하는 이야기를 영어로 떠올리는 습관을 기르세요. 우리말로 생각하고, 영어로 이야기하려고 하다 보니 입조차 뗄 수 없는 상황이 생긴답니다.

3. **Submerge Yourself in English** 인터넷 시작 화면을 외국 사이트로 바꾸어 놓는다든지, 자주 듣는 라디오 주파수를 영어 방송으로 맞추어 놓는 등의 생활 속에서 영어를 접해 볼 기회를 스스로 늘려 보세요. 영어를 보고 듣는 것에 익숙해져야 영어로 말하기도 수월해 집니다.

4. **Speak Out** 영어로 접하는 모든 것들을 입밖으로 크게 소리 내어 말해 보세요. 눈에 보이는 간판이든, 미드 속 주인공의 대사이든, 보이고 들리는 대로 따라 읽다 보면 어느새 원어민 같은 억양과 발음이 자연스럽게 나올 것입니다.

5. **Don't Apologize** 이야기를 하다가 나오는 사소한 실수에 대해서 당황하거나 사과하지 마세요. 실수도 대화의 일부분이라고 생각하고 항상 자신감 있는 태도로 말하세요.

Chapter 01: Self Introduction

1. About Myself and My Interest
2. About My Best Friend
3. My Strengths and Future Goals

Chapter 01 Self Introduction

Oral Proficiency Interview-computer

Topic Overview

자기소개는 OPIc 시험에서 언제나 첫번째로 등장하는 질문입니다. 수험자들이 가장 기본적으로 대비하는 질문인 만큼 자기소개를 제대로 준비하지 않아 당황하게 되면 첫번째 문제부터 실수를 했다는 부담감으로 다음 질문에 대해서도 위축되기 마련입니다. 질문을 잘 이해하여 효과적인 답변을 준비하는 것이 중요하므로 철저한 연습을 통해 질문에 자신감 있게 답변할 수 있도록 준비하세요. 다음과 같은 문제 유형에 주목하세요.

기본 문제	심층 문제	고급 문제
• 이름, 나이, 하는 일 • 가족 관계 • 거주지	• 자신의 성격 • 특기 및 개인기 • 여가 시간을 즐기는 방법	• 본인의 장점 표현 • 미래 계획 • 그 밖의 관련 질문

관련 질문 유형 보기 — Self Introduction

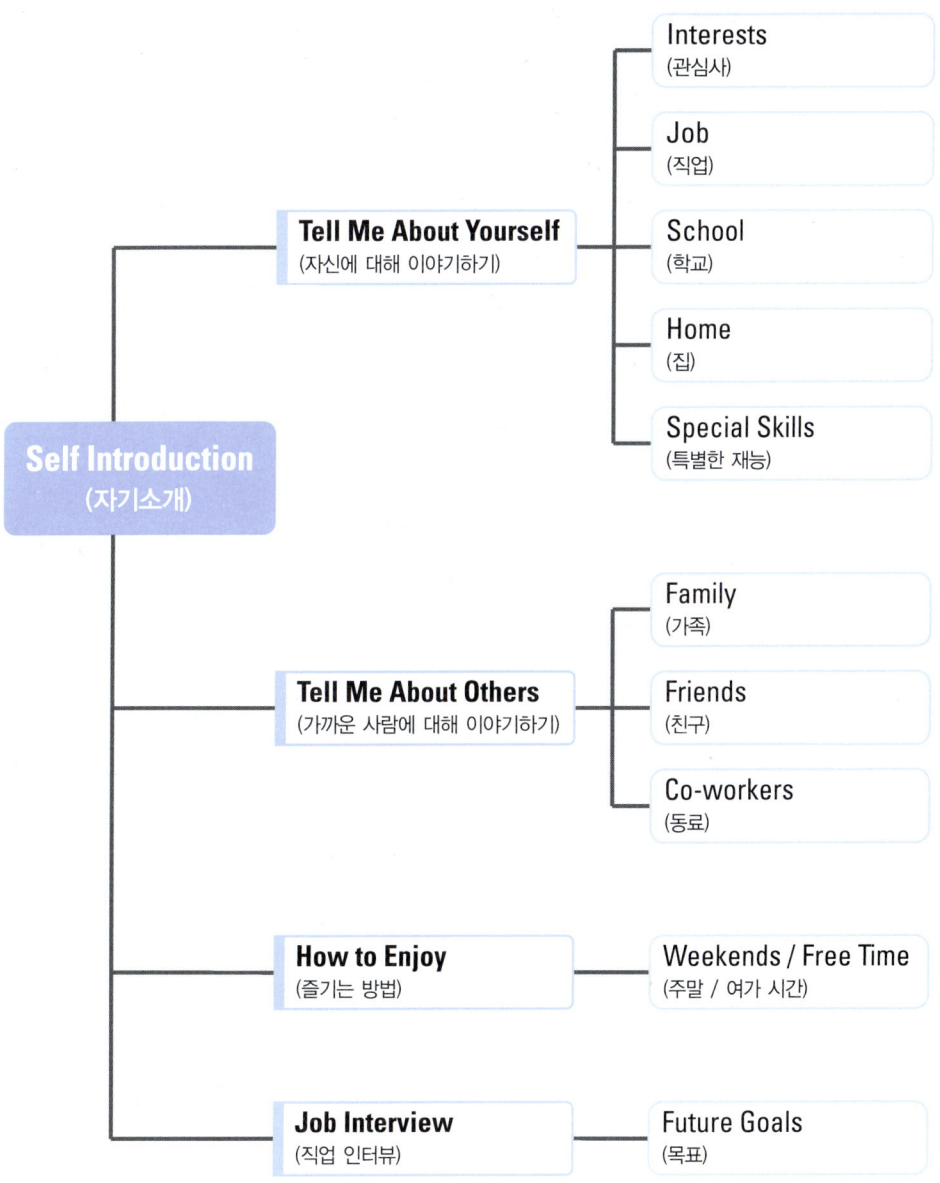

관련 OPIc 예상 질문 파헤치기 — Self Introduction

1 묘사 (Descriptive Speaking)

A Tell Me About Yourself (자신에 대해 이야기하기)

1. Let's start the interview now. Tell me about yourself and your interests.
인터뷰를 시작하겠습니다. 자기소개를 하고 자신의 관심사에 대해 말해 보세요.
key words global finance, finding new restaurants and bars, travel abroad

2. Let's begin the interview now. Briefly tell me about yourself and your job.
인터뷰를 시작하겠습니다. 간략하게 자기소개를 하고 자신의 직업에 대해 말해 보세요.
key words work at ABC department store, belong to the research team, research on consumer preferences and behavior, observe consumer behavior at stores, analyze and write reports, discuss it with team members

3. Let's start the interview now. Tell me about yourself and the school you attend / attended. Describe it in detail.
인터뷰를 시작하겠습니다. 자기소개를 하고 자신이 재학 중인 / 재학했던 학교에 대해서 자세히 말해 보세요.
key words graduated from Stanton University, located in San Francisco, beautiful campus, one of the world's top 10 universities, well-known for its law school and excellent faculty members

4. Let's start the interview now. Tell me about yourself and where you live.
인터뷰를 시작하겠습니다. 자기소개를 하고 어디에 살고 있는지에 대해 말해 보세요.
key words work at 'Best Resort' as a manager, live in a staff apartment in the resort, single studio, perfect place for a single woman, all the residents are co-workers, great ocean view, free meals offered by the resort

5. Tell me about a special skill you have. What are you good at? Describe your skill in as much detail as possible.
당신이 가지고 있는 특별한 재능에 대해서 말해 보세요. 무엇을 잘 하나요? 그 재능에 대해서 가능한 한 자세히 말해 보세요.
key words cooking, once I taste any food, know how to cook, able to cook all kinds of foods from Italian to Thai, feel happy when people enjoy dishes I make

B Tell Me About Others (다른 사람에 대해 이야기하기)

1. Introduce yourself and your family members. Describe them in as much detail as possible.
자신과 자신의 가족 구성원에 대해서 자세히 소개해 보세요.
key words four family members, mom and dad, my sister and me, mom is a bag designer, has her own boutique, dad retired from work, works at a donation foundation, sister is a high school teacher, truly cares about her students

2. Tell me about your best friend. What does he / she look like? What kind of person is he / she? Tell me in detail.

당신의 가장 친한 친구에 대해 말해 보세요. 그는 / 그녀는 어떻게 생겼나요? 그는 / 그녀는 어떤 사람인가요? 자세하게 설명해 보세요.

key words our college orientation, taller than, thin, short hair, black eyes, quiet, careful

3. Tell me about your co-workers. Describe them in as much detail as possible.

당신의 직장 동료에 대해서 최대한 자세히 말해 보세요.

key words three female co-workers are my best friends, Jenny-active, hardworking, Sophia – pretty, subtle, focused, Jacklyn – introverted but nice and friendly to all team members

2 설명 (Narrative Speaking)

A How to Enjoy (즐기는 방법)

1. I'd like to know what you usually do when you have free time. What kind of activities do you do? Who do you enjoy them with? Describe your typical free time in detail.

여가 시간이 있을 때 당신이 보통 무엇을 하는지 알고 싶습니다. 어떤 활동을 하나요? 누구와 즐기나요? 당신의 일상적인 여가 시간에 대해서 자세히 말해 보세요.

key words watch movies, most time watch DVD's at home, prefer going to the theater, with my husband, all kinds of genre, talk about the film, drink beer with some snacks, best way to relax

3 롤 플레이 (Role Play)

A Job Interview (직업 인터뷰)

1. I'm going to give you a situation for you to act out. You are in a job interview. Describe your strengths and future goals in as much detail as possible.

상황을 드릴 테니 역할 연기를 해 보세요. 당신은 취업을 위한 면접 중입니다. 당신의 장점과 미래 계획을 자세히 말해 보세요.

key words First university, statistics, multi-cultural experience, a CEO of a global company

OPIc BOX I — Self Introduction

Q1 Let's start the interview now. Tell me about yourself and your interests.

인터뷰를 시작하겠습니다. 자기소개를 하고 자신의 관심사에 대해 말해 보세요.

'자기소개'는 OPIc 시험을 시작할 때 반드시 거쳐야 하는 관문입니다. 영어로 자기소개를 조리 있게 하는 것은 쉬운 일이 아니지만, 한번 정리해 놓으면 OPIc 시험뿐만 아니라 일상생활에서도 유용하게 쓰이는 만큼 본인을 소개할 수 있는 키워드를 네다섯 개 뽑아 놓으시길 바랍니다. 이름, 나이, 현재 직업, 가족 관계 등으로 말문을 여는 것이 일반적이며, 특이 사항 또는 본인만의 관심사에 대해 오늘 배운 표현을 활용해 나만의 키워드가 있는 자기소개를 만들어 보시길 바랍니다.

Idea Flow

나에 대한 간략한 소개 Brief Self Introduction → 관심 분야 1 Description of Your Interest 1 → 관심 분야 2 Description of Your Interest 2

key words

_____
_____
_____
_____

OPIc BOX

Idea	Key words	Sentences
Brief Self Introduction	global finance	I work for a **global finance** company.
Description of Your Interest 1	finding new restaurants and bars	I am interested in **finding new restaurants and bars**.
Description of Your Interest 2	travel abroad	I try to **travel abroad** twice a year.

Sample Answer

My name is Kevin Kim. I am twenty eight years old. I work for a **global finance** company. I am on the research team. My main role is to support my senior analyst who covers the food and beverage industries. I live with my family. My parents work and I have one younger sister. She is a freshman in college majoring in fashion design. I am interested in **finding new restaurants and bars**. One of my favorite things to do on weekends is visiting trendy restaurants and bars. I enjoy going there to check out the places and analyze why they are so successful. I also like to travel a lot. I try to **travel abroad** twice a year. My goal is to visit every single country in the world. I like to experience new foods and cultures. It truly helps me to broaden my views.

해석 p.315

Pattern Practice I `Self Introduction`

 답변을 구성하기 위한 문장 패턴을 익혀 봅시다.

Brief Self Introduction

I work for a [업무 분야] company.
저는 ~회사에서 일합니다.

I work for a global finance company.
저는 국제 금융 회사에서 일합니다.

Practice: I work for a/an _____ company.

응용하기 | I work for an international trade company.
저는 국제 무역 회사에서 일합니다.

Description of Your Interest 1

I am interested in [관심사].
저는 ~에 관심이 있습니다.

I am interested in finding new restaurants and bars.
저는 새로운 레스토랑과 바를 찾는 것에 관심이 있습니다.

Practice: I am interested in _____.

응용하기 | I am interested in watching movies.
저는 영화 관람에 관심이 있습니다.

Description of Your Interest 2

I try to [취미] twice a year.
저는 일년에 두번 ~을 하려고 노력합니다.

I try to travel abroad twice a year.
저는 일년에 두번 해외여행을 가려고 노력합니다.

Practice: I try to _____ twice a year.

응용하기 | I try to go scuba diving twice a year.
저는 일년에 두번 스쿠버 다이빙을 하러 가려고 노력합니다.

My OPIc BOX I   Self Introduction

 먼저, 앞에서 학습한 대로 자신만의 OPIc BOX를 완성해 보세요.
완성한 후에 패턴 연습을 통해 익힌 문장들을 더해 완전한 답변을 작성해 봅시다.

 Let's start the interview now. Tell me about yourself and your interests.
인터뷰를 시작하겠습니다. 자기소개를 하고 자신의 관심사에 대해 말해 보세요.

Idea	Key words	Sentences
Brief Self Introduction		
Description of Your Interest 1		
Description of Your Interest 2		

My Answer

OPIc BOX II — Self Introduction

Q2 Tell me about your best friend. What does he/she look like? What kind of person is he/she? Tell me in detail.

당신의 가장 친한 친구에 대해 말해 보세요. 그는 / 그녀는 어떻게 생겼나요? 그는 / 그녀는 어떤 사람인가요? 자세하게 설명해 보세요.

인물 설명에 대한 문제는 그 대상만 바뀔 뿐, OPIc에 자주 등장하는 유형의 문제입니다. 직장 동료, 가족 구성원, 친구 등 주변 인물이 설명의 대상이 되니, 인물 설명을 할 때의 idea flow와 key expression을 머릿속에 입력해 놓은 후, 각 인물 별 키워드를 idea flow에 집어 넣으면 다양한 사람들을 막힘없이 묘사할 수 있습니다. 인물과 나의 관계, 외모 묘사, 성격 묘사, 내가 그 사람에게 느끼는 긍정적인 감정 등을 정리해 놓으시길 바랍니다.

Idea Flow: 친구에 대한 소개 How We Became Friends → 친구의 외모 His/Her Appearance → 친구의 성격 His/Her Personality

key words: ____

OPIc BOX

Idea	Key words	Sentences
How We Became Friends	our college orientation	We met during **our college orientation**.
His / Her Appearance	taller than, thin, short hair, black eyes	She is **taller than** the average Korean girl. She is **thin**. She has **short hair**. I think her **black eyes** are pretty.
His / Her Personality	quiet, careful	She is very **quiet**. She is always **careful** about everything.

Sample Answer

My best friend is Amanda Kim. We met during **our college orientation**. She is **taller than** the average Korean girl. She is **thin**. She likes working out. She has **short hair**. I think her **black eyes** are pretty. She is into fashion and cosmetics. So, if I need any fashion tips, I always talk to her. She is very **quiet**. She is always **careful** about everything. So, she never talks to strangers. When she goes shopping, it takes a lot of time because she is careful to select the right items for herself. She works very hard. The thing I like about her best is that she is a good listener. Her personality is exactly opposite to mine. I believe that is why we are such good friends.

해석 p.315

Pattern Practice II   Self Introduction

 답변을 구성하기 위한 문장 패턴을 익혀 봅시다.

How We Became Friends

We met during [시기].
우리는 ~ 중에 만났습니다.

We met during **our college orientation**.
우리는 대학교 오리엔테이션 중에 만났습니다.

Practice: We met during _____.

응용하기 | We met during the summer vacation for the first time.
우리는 여름 방학 동안에 처음으로 만났습니다.

His/Her Appearance

She is [비교] the average Korean girl. She is [몸매]. She has [머리 모양] hair. I think her [눈] are pretty.
그녀는 일반 한국인 여자들보다 ~합니다. 그녀는 ~합니다. 그녀의 머리는 ~합니다. 저는 그녀의 ~이 예쁘다고 생각합니다.

She is **taller than** the average Korean girl. She is **thin**. She has **short hair**. I think her **black eyes** are pretty.
그녀는 일반 한국 여자들보다 큽니다. 그녀는 말랐습니다. 그녀의 머리는 짧습니다. 저는 그녀의 까만 눈이 예쁘다고 생각합니다.

Practice: She is _____ the average Korean girl. She is _____. She has _____ hair. I think her _____ are pretty.

응용하기 | She is shorter than the average Korean girl. She is slim. She has long, straight hair. I think her brown eyes are pretty.
그녀는 일반 한국인 여자들보다 작습니다. 그녀는 날씬합니다. 그녀의 머리는 긴 생머리입니다. 저는 그녀의 갈색 눈이 예쁘다고 생각합니다.

His/Her Personality

She is very [성격 1]. She is always [성격 2] about everything.
그녀는 매우 ~합니다. 그녀는 항상 모든 일에 ~합니다.

She is very **quiet**. She is always **careful** about everything.
그녀는 매우 조용합니다. 그녀는 항상 모든 일에 조심스럽습니다.

Practice: She is very _____. She is always _____ about everything.

응용하기 | She is very sensitive. She is always nervous about everything.
그녀는 매우 예민합니다. 그녀는 항상 모든 일에 긴장합니다.

My OPIc BOX II   Self Introduction

먼저, 앞에서 학습한 대로 자신만의 OPIc BOX를 완성해 보세요.
완성한 후에 패턴 연습을 통해 익힌 문장들을 더해 완전한 답변을 작성해 봅시다.

 **Q2** Tell me about your best friend. What does he/she look like? What kind of person is he/she? Tell me in detail.

당신의 가장 친한 친구에 대해 말해 보세요. 그는/그녀는 어떻게 생겼나요? 그는/그녀는 어떤 사람인가요? 자세하게 설명해 보세요.

Idea	Key words	Sentences
How We Became Friends		
His/Her Appearance		
His/Her Personality		

My Answer

_____
_____
_____
_____
_____
_____
_____
_____
_____
_____

OPIc BOX III

Self Introduction

Q3 I'm going to give you a situation for you to act out. You are in a job interview. Describe your strengths and future goals in as much detail as possible.

상황을 드릴 테니 역할 연기를 해 보세요. 당신은 취업을 위한 면접 중입니다. 당신의 장점과 미래 계획을 자세히 말해 보세요.

OPIc 시험을 시작할 때 묻는 자기소개에 대한 질문과 이번 질문을 혼동해서는 안됩니다. 면접을 시작할 때 하게 될 간단한 소개(이름, 나이, 학교)는 앞의 답변을 참고할 수 있으나, 이번 문제는 '취업'을 위해 '나의 강점과 나의 비전'에 대해 '면접관' 앞에서 이야기를 하는 것입니다. 이 회사에 면접을 보게 된 소감을 넣는 등, 면접관에게 사용하는 정중한 expression을 숙지하여 본인만의 답변을 만들어야 합니다. 또 나의 강점과 목표에 대해서도 키워드를 정리한 후, 'first, second'와 같은 단어를 활용하여 일목요연하게 설명하는 습관을 기르시길 바랍니다.

Idea Flow

나에 대한 간략한 소개
Self Introduction
→
나의 강점 설명
Explanation of Your Strengths
→
나의 미래 목표에 대한 설명
Description of Your Goals

key words

_____   _____   _____
_____   _____   _____
_____   _____   _____

OPIc BOX

Idea	Key words	Sentences
Self Introduction	First University, statistics	I graduated from **First University**. I majored in **statistics**.
Explanation of Your Strengths	multicultural experience	I believe my **multicultural experience** will be helpful to understand many different types of people.
Description of Your Goals	a CEO of a global company	My ultimate career goal is to be **a CEO of a global company**.

Sample Answer

I would like to introduce myself. My name is Sarah Choi. I graduated from **First University**. I majored in **statistics**. I would like to talk about my strengths. First, I have **multicultural experience**. I have lived in four different countries. I lived in Germany, Thailand, Kenya, and Korea. I believe my multicultural experience will help me to understand many different types of people. Second, I am **good at team building**. During my school days, I was in the orchestra for more than five years, so I learned how to work as a team. Teamwork helps you to do things faster and better. My ultimate career goal is to be **a CEO of a global company**. I think CEOs have a very important job. Someday, I hope to have my own company that is big and successful.

해석 p.315

Pattern Practice Ⅲ — Self Introduction

 답변을 구성하기 위한 문장 패턴을 익혀 봅시다.

Self Introduction

I graduated from [대학]. I majored in [전공].
저는 ~ 대학을 졸업했습니다. 저는 ~을 전공하였습니다.

I graduated from First University. I majored in statistics.
저는 First 대학을 졸업했습니다. 저는 통계학을 전공하였습니다.

Practice: I graduated from _____. I majored in _____.

응용하기 | I graduated from Hana University. I majored in management.
저는 하나대학교를 졸업했습니다. 저는 경영학을 전공했습니다.

Explanation of Your Strengths

I believe my [장점] will be helpful to understand many different types of people.
저는 저의 ~이 다른 부류의 사람들을 이해하는데 도움이 될 것이라고 믿습니다.

I believe my multicultural experience will be helpful to understand many different types of people.
저는 저의 다문화적 경험이 다른 부류의 사람들을 이해하는데 도움이 될 것이라고 믿습니다.

Practice: I believe my _____ will be helpful to understand many different types of people.

응용하기 | I believe my outgoing personality will be helpful to understand many different types of people.
저는 저의 활달한 성격이 다른 부류의 사람들을 이해하는데 도움이 될 것이라고 믿습니다.

Description of Your Goals

My ultimate career goal is to be [최종 목표].
저의 최종 직업 목표는 ~가 되는 것입니다.

My ultimate career goal is to be a CEO of a global company.
저의 최종 직업 목표는 글로벌 회사의 CEO가 되는 것입니다.

Practice: My ultimate career goal is to be _____.

응용하기 | My ultimate career goal is to be a famous scientist.
저의 최종 직업 목표는 유명한 과학자가 되는 것입니다.

My OPIc BOX Ⅲ　　　Self Introduction

먼저, 앞에서 학습한 대로 자신만의 OPIc BOX를 완성해 보세요.
완성한 후에 패턴 연습을 통해 익힌 문장들을 더해 완전한 답변을 작성해 봅시다.

Q3 I'm going to give you a situation for you to act out. You are in a job interview. Describe your strengths and future goals in as much detail as possible.

상황을 드릴 테니 역할 연기를 해 보세요. 당신은 취업을 위한 면접 중입니다. 당신의 장점과 미래 계획을 자세히 말해 보세요.

Idea	Key words	Sentences
Self Introduction		
Explanation of Your Strengths		
Definition of Your Goals		

My Answer

_____
_____
_____
_____
_____
_____
_____
_____
_____
_____
_____
_____

Chapter 02 Family

1. About My Family Members
2. About Weekend Family Activities
3. Persuading Family Members

Chapter 02 Family

Topic Overview

가족은 자기 소개의 일부분으로 생각해서 간단한 묘사와 연관된 질문을 떠올리는 경우가 많지만, 가족 소개 이외에도 활동이나 집안일, 여행, 또는 변화와 연관된 질문들이 나올 수 있는 만큼 단독적으로 취급해도 좋을 만한 주제입니다. 가족 구성원의 외모, 성격, 직업 등과 같은 기본적인 질문들 외에도 가족들과 주중 또는 주말에 하는 활동, 특별한 집안 행사, 가족 여행의 기억, 그리고 가족이나 집안에 있었던 변화 등에 대해서도 잘 이야기할 수 있도록 준비하세요.

기본 문제	심층 문제	고급 문제
• 나와의 관계 • 외모 및 성격 • 직업	• 주중 / 주말의 가족 활동 • 어린 시절의 기억	• 담당하는 집안일 • 집에서의 갈등 • 가족 모임에 관련된 상황

관련 질문 유형 보기

Family

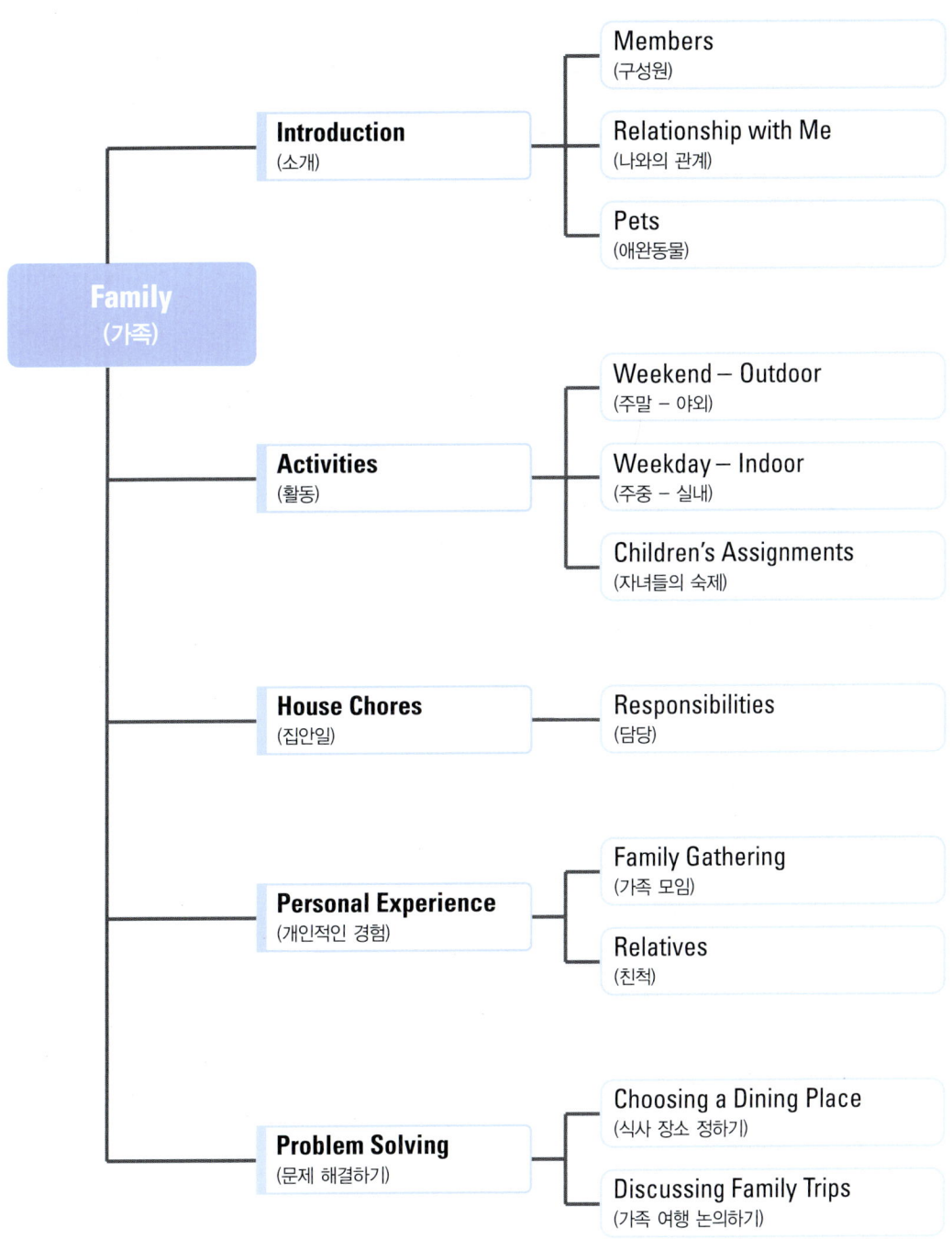

관련 OPIc 예상 질문 파헤치기 **Family**

1 묘사 (Descriptive Speaking)

A Introduction (소개)

1. Let's start the interview now. Tell me about yourself and your family. Can you describe your family members? What do they do? Tell me all the details.
   인터뷰를 시작하겠습니다. 자기 소개를 하고 가족에 대해 말해 보세요. 가족 구성원에 대해서 설명할 수 있나요? 그들은 어떤 일을 하지요? 자세히 얘기해 주세요.
   key words five members, have different jobs, catch fish, camp out

2. Tell me about a family member closest to you. Why do you like him/her? What kind of person is he/she? Please describe him/her in detail.
   가족 중 자신과 가장 가까운 사람에 대해서 얘기해 주세요. 왜 그를/그녀를 좋아하나요? 그는/그녀는 어떤 사람인가요? 자세히 얘기해 주세요.
   key words my husband, my best friend, best counselor, and best man ever, lawyer, generous, intelligent, family man, always listens to me

3. You indicated in the survey that you have a pet. What kind of animal is it? How does your family take care of it? Tell me about it in detail.
   설문 조사에서 애완동물을 기른다고 했습니다. 어떤 종류의 동물인가요? 당신의 가족은 그 애완동물을 어떻게 보살피나요? 자세히 말해 보세요.
   key words a little puppy, called Simba, lives in my apartment, sleep together on my bed, feed him, take a shower, go on shopping trips to the pet shop, take care of it like a baby

2 설명 (Narrative Speaking)

A Activities (활동)

1. What do you usually do with your family on weekends? What is your family's favorite outdoor activity? Please describe it in detail.
   당신은 보통 주말에 가족들과 무엇을 하나요? 당신 가족이 가장 좋아하는 야외 활동은 무엇인가요? 자세히 설명해 보세요.
   key words barbecues, our backyard, play badminton, digest and it relieves stress

2. How do you spend time with your family at home? What kind of activities do you do together? Describe what you do in detail.
   당신은 집에서 가족들과 어떻게 시간을 보내나요? 어떤 활동을 함께 하나요? 무엇을 하는지 자세히 설명해 보세요.
   key words specific activities, have a lot of conversation after dinner, discuss family issues, talk about everyday life, share worries

3. You indicated in the survey that you help your children with school assignments. How do you help them? How often do you help them?
   설문 조사에서 자녀들의 학교 숙제를 돕는다고 했습니다. 어떤 도움을 주나요? 그리고 얼마나 자주 도움을 주나요?
   key words every evening, check the assignment list, help them with reading and writing, help them with math

B Chores (집안일)

1. Let's talk about household chores. What chores are you usually responsible for at home? Tell me the process from beginning to end.

집안일에 대해서 이야기해 보겠습니다. 당신은 보통 어떤 집안일을 책임지고 있나요? 처음부터 끝까지 자세하게 설명해 보세요.

> **key words** responsible for grocery shopping and cooking, once a week, go grocery shopping to the nearby market, check out the grocery shopping list, buy fresh food, stock up the fridge, prepare meals for my family

C Personal Experience (개인적인 경험)

1. You may have had a memorable experience at a family gathering. Why was it special? Tell me all the details about that experience.

가족 모임과 관련해서 기억에 남는 경험이 있을 것입니다. 왜 특별했나요? 그 경험에 대해서 자세하게 설명해 보세요.

> **key words** my grandfather's 80th birthday, rented a big hall to celebrate his birthday, gathered together for my grandfather, had a lot of fun, eating and drinking all night, his last birthday party, still the most memorable day to all my family

2. Describe a recent meeting with your relatives. Who did you meet and why did you meet him/her? What did you do? Tell me in detail.

당신의 친척과의 최근 만남에 대해서 설명해 보세요. 누구를 만났고 왜 만났나요? 만나서는 무엇을 했나요? 자세하게 설명해 주세요.

> **key words** my cousin, used to live in the same town in our childhood, moved far away, met again almost ten years later, so happy to meet each other, talked about our childhood, had a great dinner, slept over my house

3 롤 플레이 (Role Play)

1. I'm going to give you a situation for you to act out. It is your father's birthday, and he wants to have a family dinner at home. However, you think that it is better to have a party at a nice restaurant. Call your father and persuade him to eat out.

상황을 드릴 테니 역할 연기를 해 보세요. 당신 아버지의 생일인데 그는 집에서 가족들과 저녁을 먹고 싶어하십니다. 하지만, 당신은 좋은 음식점에서 파티를 하는게 더 좋다고 생각하고 있습니다. 아버지에게 전화를 걸어서 외식을 하자고 설득해 보세요.

> **key words** have a family dinner at home, eat out, have the ingredients, rated very highly, special sauce

2. I'm going to give you a situation for you to act out. One of your family members suggested going on a trip this weekend, but you cannot. Explain your reasons in detail and suggest two or three options.

상황을 드릴 테니 역할 연기를 해 보세요. 당신 가족 중 한 명이 이번 주말에 여행을 가자고 제안했지만 당신은 갈 수가 없습니다. 이유를 자세히 설명하고 두세 가지 선택권을 제시해 보세요.

> **key words** too bad, can't make it, work overtime, instead, a better place, next weekend, let's look forward to it

OPIc BOX I — Family

Q1 Let's start the interview now. Tell me about yourself and your family. Can you describe your family members? What do they do? Tell me all the details.

인터뷰를 시작하겠습니다. 자기 소개를 하고 가족에 대해 말해 주세요. 가족 구성원에 대해서 설명할 수 있나요? 그들은 어떤 일을 하지요? 자세히 설명해 보세요.

가족에 대한 이야기를 묻는 질문은 빈도 높게 출제되는 문제 중 하나입니다. 사람을 소개하는 질문에는 비슷한 내용의 답변이 나오게 마련이므로 간단한 소개 후, 가족 구성원들의 직업이나 하는 일을 자세히 설명하도록 합니다. 단순히 직업이 무엇인지에 초점을 두지 말고 그에 대한 자신의 생각 또는 부연 설명을 한두 문장으로 더 추가하면 좋습니다. 가족에 대한 다른 세부 사항도 덧붙입니다. 자신과 가족 모두를 설명할 수 있도록 머릿속에 키워드와 개요를 그려 본 후 답변을 시작하도록 합시다.

Idea Flow

나와 가족 소개
Brief Introduction of Your Family and You → 가족들의 직업
What Your Family Members Do → 가족에 대한 추가적 설명
Your Family Members' Interests

key words

_____   _____   _____
_____   _____   _____
_____   _____   _____
_____   _____   _____

OPIc BOX

Idea	Key words	Sentences
Brief Introduction of Your Family and You	five members	There are **five members** in my family.
What Your Family Members Do	have different jobs	My family all **have different jobs** but we all have the same hobby.
Your Family Members' Interests	catch fish, camp out	We don't just **catch fish**, but we also **camp out**.

Sample Answer

There are **five members** in my family. My parents, my two brothers and myself. My father is a public official and he plans to retire at the end of this year. My mother used to be a piano teacher. She quit teaching when I was born and she had to take care of three children. Jinsu, my oldest brother, is a doctor at a big university hospital. My other brother, Jiho, is an engineer. I am a marketing assistant manager for a small IT firm. My family all **have different jobs** but we all have the same hobby. Once a month, we go on a fishing trip together. We don't just **catch fish**, but we also **camp out**. Summer fishing trips are fun but our family prefers going on fishing trips in the winter, when we have to break the ice and fish in the cold weather.

해석 p.315

Pattern Practice I `Family`

 답변을 구성하기 위한 문장 패턴을 익혀 봅시다.

Brief Introduction of Your Family and You

There are [가족 수] in my family.
저희 가족은 ~명으로 구성되어 있습니다.

There are five members in my family.
저희 가족은 다섯 명으로 구성되어 있습니다.

Practice: There are _____ in my family.

응용하기 | There are many people in my family.
저희 가족은 식구들이 많습니다.

What Your Family Members Do

My family all [차이점] but we all have the same hobby.
저희 가족은 모두 ~을 가지고 있지만 다들 같은 취미를 가지고 있습니다.

My family all have different jobs but we all have the same hobby.
저희 가족은 모두 다른 직업을 가지고 있지만 다들 같은 취미를 가지고 있습니다.

Practice: My family all _____ but we all have the same hobby.

응용하기 | My family all have different interests, but we all have the same hobby.
저희 가족은 모두 다른 관심사를 가지고 있지만 다들 같은 취미를 가지고 있습니다.

Your Family Members' Interests

We don't just [취미 1] but we also [취미 2].
우리는 단지 ~만 하는 것이 아니라 ~도 합니다.

We don't just catch fish, but we also camp out.
우리는 단지 낚시만 하는 것이 아니라 캠핑도 합니다.

Practice: We don't just _____ but we also _____.

응용하기 | We don't just play soccer, but we also play basketball.
우리는 단지 축구만 하는 것이 아니라 농구도 합니다.

My OPIc BOX I

Family

먼저, 앞에서 학습한 대로 자신만의 OPIc BOX를 완성해 보세요.
완성한 후에 패턴 연습을 통해 익힌 문장들을 더해 완전한 답변을 작성해 봅시다.

 Q1 Let's start the interview now. Tell me about yourself and your family. Can you describe your family members? What do they do? Tell me all the details.

인터뷰를 시작하겠습니다. 자기 소개를 하고 가족에 대해 말해 보세요. 가족 구성원에 대해서 설명할 수 있나요? 그들은 어떤 일을 하지요? 자세히 설명해 보세요.

Idea	Key words	Sentences
Brief Introduction of Your Family and You		
What Your Family Members Do		
Your Family Members' Interests		

My Answer

OPIc BOX II

Family

Q2 What do you usually do with your family on weekends? What is your family's favorite outdoor activity? Please describe it in detail.

당신은 보통 주말에 가족들과 무엇을 하나요? 당신 가족이 가장 좋아하는 야외 활동은 무엇인가요? 자세히 설명해 보세요.

> 가족과 하는 활동을 묻는 질문에 대한 대답이 자연스럽게 이어질 수 있도록 합니다. 가족이 대체로 가장 좋아하는 활동으로 야외 활동을 꼽으며 이를 자세히 설명하는 편이 자연스럽습니다. 묘사를 해야 하는 문제이기 때문에 야외 활동의 상황, 야외의 분위기 등을 생생히 표현하는 것으로 좋은 답변을 만들 수 있습니다.

Idea Flow

주말에 가족과 하기 좋아하는 활동
Your Family's Favorite Weekend Activity Together
→
가족이 좋아하는 야외 활동에 대한 추가 설명
Detailed Explanation about Your Family's Favorite Outdoor Activity
→
활동에 대한 세부 설명
Other Details of the Activity

key words

_____   _____   _____
_____   _____   _____
_____   _____   _____
_____   _____   _____

OPIc BOX

Idea	Key words	Sentences
Your Family's Favorite Activity Weekend Together	barbecues, our backyard	My family's favorite outdoor activity is having **barbecues** in **our backyard**.
Detailed Explanation about Your Family's Favorite Outdoor Activity	play badminton	After the barbeque, we **play badminton**.
Other Details of the Activity	digest and it relieves stress	It's a great way to **digest and it relieves stress**, too.

Sample Answer

My family's favorite outdoor activity is having **barbecues** in **our backyard**. We prepare a lot of food. We prepare hot dogs, hamburgers and salads. It's a lot of fun and we sometimes invite our neighbors too. My dad makes the best homemade hamburger. It's even better than Burger Crown. After the barbeque, we **play badminton**. It's a great way to **digest and it relieves stress**, too. I am very competitive so I always try to beat my dad. We make some great family memories. I think this is a good way to spend the weekend because we don't have to worry about traffic jams. I think other families could do the same in nearby public parks. There are a lot of great facilities in public parks nowadays. We just had our monthly barbecue last week but I'm already looking forward to our next one.

해석 p.315

Pattern Practice II

Family

 답변을 구성하기 위한 문장 패턴을 익혀 봅시다.

Your Family's Favorite Weekend Activity Together

My family's favorite outdoor activity is having [활동] in [장소].
우리 가족이 가장 좋아하는 야외 활동은 ~에서 ~을 하는 것입니다.

My family's favorite outdoor activity is having **barbecues** in **our backyard**.
우리 가족이 가장 좋아하는 야외 활동은 뒷뜰에서 바비큐를 하는 것입니다.

Practice: My family's favorite outdoor activity is having _____ in _____.

응용하기 | My family's favorite outdoor activity is having ice cream in the public park.
우리 가족이 가장 좋아하는 야외 활동은 공원에서 아이스크림을 먹는 것입니다.

Detailed Explanation about Your Family's Favorite Outdoor Activity

After the barbecue, we [야외 활동].
바비큐가 끝난 후에 우리는 ~을 합니다.

After the barbecue, we **play badminton**.
바비큐가 끝난 후에 우리는 배드민턴을 칩니다.

Practice: After the barbecue, we _____.

응용하기 | After the barbecue, we drink coffee.
바비큐가 끝난 후에 우리는 커피를 마십니다.

Other Details of the Activity

It's a great way to [효과 1 & 2].
그것은 ~와 ~을 하는데 효과가 있습니다.

It's a great way to **digest and it relieves stress, too**.
그것은 소화를 시키고 스트레스를 해소하기에 훌륭한 방법입니다.

Practice: It's a great way to _____.

응용하기 | It's a great way to memorize and practice new words.
그것은 새로운 단어들을 기억하고 연습하기에 매우 좋은 방법입니다.

My OPIc BOX II

Family

먼저, 앞에서 학습한 대로 자신만의 OPIc BOX를 완성해 보세요.
완성한 후에 패턴 연습을 통해 익힌 문장들을 더해 완전한 답변을 작성해 봅시다.

What do you usually do with your family on weekends? What is your family's favorite outdoor activity? Please describe it in detail.

당신은 보통 주말에 가족들과 무엇을 하나요? 당신 가족이 가장 좋아하는 야외 활동은 무엇인가요? 자세히 설명해 보세요.

Idea	Key words	Sentences
Your Family's Favorite Weekend Activity Together		
Detailed Explanation about Your Family's Favorite Outdoor Activity		
Other Details of the Activity		

My Answer

OPIc BOX III

Family

Q3 I'm going to give you a situation for you to act out. It is your father's birthday, and he wants to have a family dinner at home. However, you think that it is better to have a party at a nice restaurant. Call your father and persuade him to eat out.

상황을 드릴 테니 역할 연기를 해 보세요. 당신 아버지의 생일인데 그는 집에서 가족들과 저녁을 먹고 싶어하십니다. 하지만, 당신은 좋은 음식점에서 파티를 하는게 더 좋다고 생각하고 있습니다. 아버지에게 전화를 걸어서 외식을 하자고 설득해 보세요.

전화 통화로 설득을 하는 Role Play 문제입니다. 위 질문에 나와 있는 상황을 아버지께 전화를 걸어 확인하는 식으로 말문을 엽니다. 그 후, 이번 문제의 핵심인 레스토랑에서 파티를 여는 장점과 집에서 저녁식사를 할 때의 단점을 조리 있게 설명하는 것입니다. 가족들에게 어떤 점이 좋고 어떤 점이 그렇지 않은지 머릿속으로 키워드를 두 세 개 떠올립니다. 그리고 이유를 설명한 후, 설득의 표현들을 이용해 답변을 마무리합니다.

Idea Flow

아버지에게 전화해서 외식을 하자고 설득하기
Calling Father and Telling Him It's Better to Eat Out
→
집에서 식사하지 못하는 이유
Explaining That It's Not Possible to Eat at Home
→
레스토랑에 대한 자세한 설명으로 아버지 설득
Giving Details About the Restaurant and Persuading Him

key words

OPIc BOX

Idea	Key words	Sentences
Calling Father and Telling Him It's Better to Eat Out	have a family dinner at home, eat out	Mom just called and told me you wanted to **have a family dinner at home** for your birthday. I think it's better if we **eat out** tonight.
Explaining That It's Not Possible to Eat at Home	have the ingredients	Besides, we don't even **have the ingredients**.
Giving Details About the Restaurant and Persuading Him	rated very highly, special sauce	It was **rated very highly** in many food magazines! Their **special sauce** is said to be the best in town.

Sample Answer

Hi Dad, it's me, Jihye. Mom just called and told me you wanted to **have a family dinner at home** for your birthday. I think it's better if we **eat out** tonight. We all know your favorite dish is Mom's roast beef, but it will take hours to prepare this dish for tonight's birthday party. Besides, we don't even **have the ingredients**. I wanted to keep it a secret but I already made a reservation a month ago. I made a reservation for 10 people at a traditional roast restaurant in town. I'm sure you will love it. It was **rated very highly** in many food magazines! And I've been meaning to take you there since last year. Their **special sauce** is said to be the best in town. I will see you later tonight, okay? Call me when you leave your office. Bye.

해석 p.316

Pattern Practice Ⅲ

Family

 답변을 구성하기 위한 문장 패턴을 익혀 봅시다.

Calling Father and Telling Him It's Better to Eat Out

Mom just called and told me you wanted to [식사 장소 1] for your birthday. I think it's better if we [식사 장소 2] tonight.
엄마가 방금 전화하셔서 아빠가 생신 식사를 ~에서 하고 싶어하신다고 말씀해 주셨어요. 오늘은 ~에서 식사하는 것이 더 좋을 것 같아요.

Mom just called and told me you wanted to have a family dinner at home for your birthday. I think it's better if we eat out tonight.
엄마가 방금 전화하셔서 아빠가 생신 식사를 집에서 하고 싶어하신다고 말씀해 주셨어요. 오늘은 외식하는 것이 더 좋을 것 같아요.

Practice: Mom just called and told me you wanted to _____ for her birthday. I think it's better if we _____ tonight.

응용하기 | Mom just called and told me you wanted to have a fancy dinner at a hotel for your birthday. I think it's better if we have a party at home tonight.
엄마가 방금 전화하셔서 아빠가 생신 식사를 호텔에서 화려하게 하고 싶어하신다고 말씀해 주셨어요. 오늘은 집에서 식사하는 것이 더 좋을 것 같아요.

Explaining That It's Not Possible to Eat at Home

Besides, we don't even [없는 물건].
더군다나, 우리는 ~조차 없어요.

Besides, we don't even have the ingredients.
더군다나, 우리는 요리 재료조차도 없어요.

Practice: Besides, we don't even _____.

응용하기 | Besides, we don't even have cooking tools.
더군다나, 우리는 요리 도구조차도 없어요.

Giving Details About the Restaurant and Persuading Him

It was [평가] in many food magazines! Their [대상] is said to be the best in town.
그곳은 여러 음식 잡지에서 ~을 받았어요! 거기 ~가 동네에서 가장 맛있다고 해요.

It was rated very highly in many food magazines! Their special sauce is said to be the best in town.
그곳은 여러 음식 잡지에서 굉장히 좋은 평을 받았어요! 거기 특별 소스가 동네에서 가장 맛있다고 해요.

Practice: It was _____ in many food magazines! Their _____ is said to be the best in town.

응용하기 | It was highly praised in many food magazines! Their dessert is said to be the best in town.
그곳은 여러 음식 잡지에서 굉장히 좋은 평을 받았어요! 거기 후식이 동네에서 가장 맛있다고 해요.

My OPIc BOX Ⅲ

Family

먼저, 앞에서 학습한 대로 자신만의 OPIc BOX를 완성해 보세요.
완성한 후에 패턴 연습을 통해 익힌 문장들을 더해 완전한 답변을 작성해 봅시다.

Q3 I'm going to give you a situation for you to act out. It is your father's birthday, and he wants to have a family dinner at home. However, you think that it is better to have a party at a nice restaurant. Call your father and persuade him to eat out.

상황을 드릴테니 역할 연기를 해 보세요. 당신 아버지의 생일인데 그는 집에서 가족들과 저녁을 먹고 싶어하십니다. 하지만, 당신은 좋은 음식점에서 파티를 하는게 더 좋다고 생각하고 있습니다. 아버지에게 전화를 걸어서 외식을 하자고 설득해 보세요.

Idea	Key words	Sentences
Calling Father and Telling Him It's Better to Eat Out		
Explaining That It's Not Possible to Eat at Home		
Giving Details About the Restaurant and Persuading Him		

My Answer

Chapter 03 Housing

1. About Your Home
2. A House or an Apartment
3. Moving to the Countryside

Chapter 03 Housing

Topic Overview

거주지에 관한 질문은 시험 전에 작성하는 설문 조사의 3번, "현재 귀하는 어디에 살고 계십니까?"의 대답과 연관성을 가지고 있습니다. 주택, 아파트, 학교 기숙사, 또는 군대 막사도 거주지가 될 수 있는 만큼 현재 살고 있는 집에 관한 문제는 흔하게 출제될 수 있는 문제이기도 하고 그 밖에 동네 풍경이나 이웃 사람까지 포함되므로 사전 준비가 중요합니다. 다음의 유형을 참고하여 답변을 준비하세요.

기본 문제	심층 문제	고급 문제
• 내부, 외부 모양새 • 이웃 주민, 룸메이트 • 기억에 남는 일	• 집 대 아파트 • 집의 유형 • 옛날 대 현재	• 희망 거주 환경 • 이사 시의 문제

관련 질문 유형 보기 — Housing

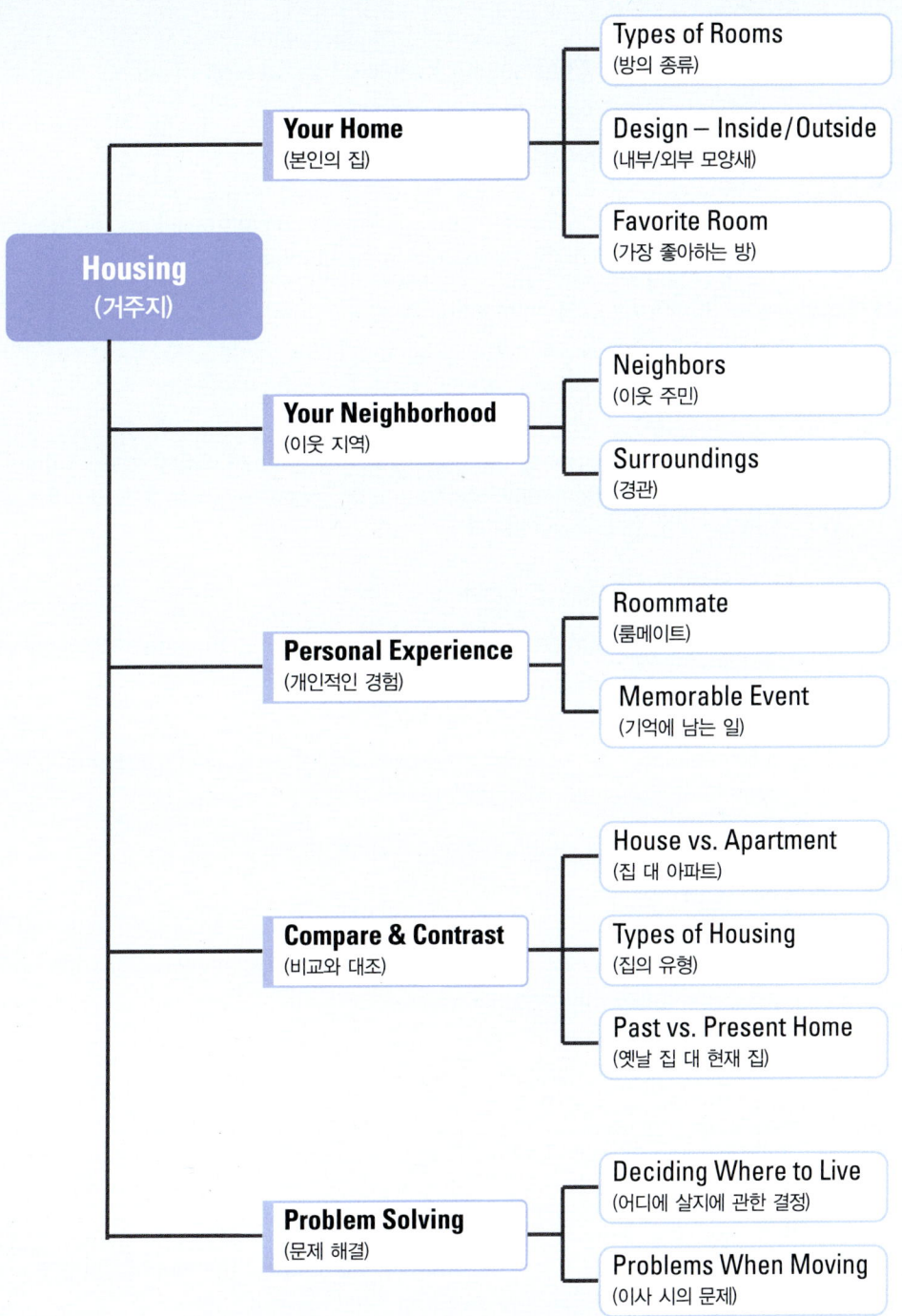

관련 OPIc 예상 질문 파헤치기 Housing

1 묘사 (Descriptive Speaking)

A Your Home (본인의 집)

1. Tell me about your home. What does it look like? What kind of rooms does it have? Describe your home in as much detail as possible.

당신의 집에 대해서 이야기해 보세요. 집은 어떻게 생겼나요? 어떤 용도의 방이 있죠? 당신의 집에 대해 가능한 한 자세히 설명해 보세요.

> **key words** in the north side of Seoul, twenty-five-story, seven buildings, eighteenth floor, master bedroom, library, for my kids, a guest room

2. I'd like to know about your favorite room in your house. Why do you like that room? Describe in detail why it is so special.

당신이 집에서 가장 좋아하는 방에 대해서 알고 싶습니다. 왜 그 방을 좋아하나요? 그 방이 특별한 이유에 대해서 자세히 이야기해 보세요.

> **key words** my room, living room, dining room, balcony, private place, entertainment, family activities, have meaningful conversation, enjoy teatime, look out the window, looking at people on the street

B Your Neighborhood (이웃 지역)

1. Introduce one of your neighbors. What kind of person is he/she? Why do you like that person? Tell me in detail.

당신의 이웃들 중 한 명을 소개해 보세요. 그는/그녀는 어떤 사람인가요? 그 사람을 왜 좋아하나요? 자세히 설명해 보세요.

> **key words** a boy next door, 5 years old, my 2-year-old baby daughter's best friend, smart and cute, always knocks on my door to play with my daughter, polite

2. Can you tell me about your neighborhood? What does it look like? What is it like to live in that part of town?

당신이 사는 동네에 대해서 이야기해 줄 수 있나요? 어떻게 생겼죠? 그 지역에 사는 것에 대해서 어떻게 생각하나요?

> **key words** town house, safe and clean, indoor day care center, driving range, swimming pool, surrounded by mountains, fresh air, perfect place for married couples and old people to live

2 설명 (Narrative Speaking)

A Personal Experience (개인적인 경험)

1. You indicated in the survey that you have a roommate. Tell me about the first time you met him/her. Did you have any problem? Tell me in detail.

설문 조사에서 룸메이트가 있다고 했습니다. 그를/그녀를 처음 만났을 때에 대해서 말해 보세요. 문제가 생긴 적이 있었나요? 자세히 설명해 보세요.

`key words` co-worker in my office, very quiet and shy, neat and organized, had a party in our house, didn't want any stranger to be in our house, had a big argument, found a solution, good roommates

2. Let's talk about a memorable experience that happened in your neighborhood. What happened? Tell me in detail.
동네에서 일어났던 일 중 기억에 남는 경험을 말해 보세요. 어떤 일이 있었나요? 자세히 설명해 보세요.

`key words` ran into my ex-boyfriend, embarrassed and confused, passed by, standing in line at the checkout counter

B Compare and Contrast (비교와 대조)

1. Which do you prefer, living in a house or an apartment? How do they differ from each other? Give me your opinion and several reasons to support it.
주택에서 사는 것과 아파트에서 사는 것 중 어느 것을 더 선호하시나요? 서로가 어떻게 다른가요? 당신의 의견과 그를 뒷받침 할 만한 이유를 들어 설명해 주세요.

`key words` living in a house, keep pets, privacy

2. How has housing in your country changed from the past? Compare the two types and tell me which one you prefer.
과거와 비교해서 당신 나라의 주거 환경은 어떻게 바뀌었나요? 과거와 현재의 주거 환경을 비교하고 어느 것을 더 선호하는지 말해 보세요.

`key words` a small house with a garden, prefer town house, good investment, very expensive, too small, no place for my kids to play, reasonable price, spacious, nature-friendly environment, learn from the nature

3 롤 플레이 (Role Play)

1. I'm going to give you a situation for you to act out. Your friend wants to move to the city/countryside. Call your friend and tell him/her why it is better to live in the city/countryside.
상황을 드릴 테니 역할 연기를 해 보세요. 당신의 친구가 도시로/시골로 이사를 가는 것을 희망하고 있습니다. 친구에게 전화를 걸어 왜 도시에/시골에 사는 게 나은지 설명해 보세요.

`key words` May I speak to, I heard that, writer, spacious, quiet, wanted a garden

2. I'm going to give you a situation for you to act out. Imagine you are moving into a new apartment. On moving day, you find out that the heater is not working. Call the landlord, explain the situation and ask for help.
상황을 드릴 테니 역할 연기를 해 보세요. 당신은 새 아파트로 이사를 합니다. 이사를 하는 날에 당신은 히터가 고장 난 사실을 알았습니다. 집 주인에게 전화를 걸어 상황을 설명하고 도움을 요청해 보세요.

`key words` new problem, make a contract, the repairman, heater is too old, buy a new one, the property owner, responsible for built-in appliances

OPIc BOX I

Housing

Tell me about your home. What does it look like? What kind of rooms does it have? Describe your home in as much detail as possible.

당신의 집에 대해서 말해 보세요. 집은 어떻게 생겼나요? 어떠한 방이 있죠? 당신의 집에 대해 가능한 한 자세히 설명해 보세요.

집을 어떤 순서로 묘사해야 할지 결정하는 것이 중요합니다. 문을 열고 들어가면 보이는 순서대로 설명할지, 아니면 개인 공간과 가족 공간으로 나누어 설명할지 결정을 내린 후, 공간별 특징을 한두 개씩 뽑아 키워드를 정리합니다. 예를 들면, 'library – the biggest room in my house, lots of books'로 각 공간별 키워드를 머릿속에 정리해 놓은 후, flow에 맞추어 각각의 공간을 간단명료하게 묘사합니다.

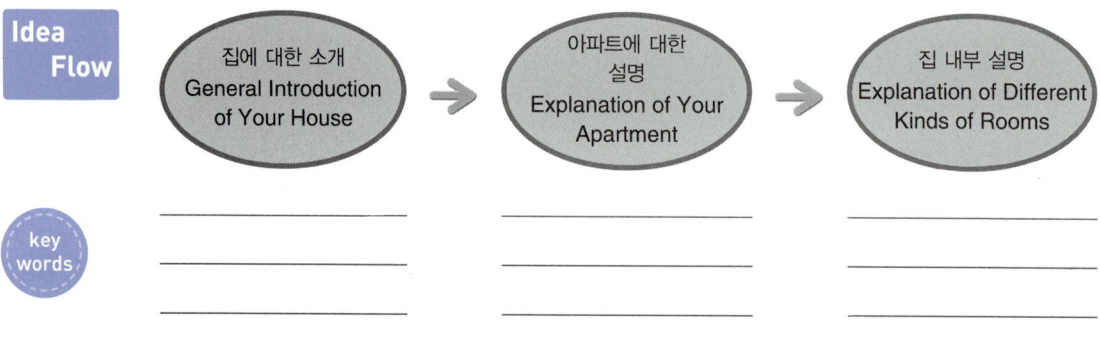

OPIc BOX

Idea	Key words	Sentences
General Introduction of Your House	in the north side of Seoul	My apartment is located **in the north side of Seoul**,
Explanation of Your Apartment	twenty-five-story, seven buildings, eighteenth floor	It is a **twenty-five-story** building. There are **seven buildings** in our apartment complex. I live on the **eighteenth floor**.
Explanation of Different Kinds of Rooms	master bedroom, library, for my kids, a guest room	The first one is the **master bedroom**. The second room is my private **library**. The third room is **for my kids**. The last room is **a guest room**.

Sample Answer

I live in an apartment. My apartment is located **in the north side of** Seoul. It is near Shinchon where many famous colleges are located. I live with my family. I have a lovely wife and two adorable kids. My apartment is tall. It is a **twenty-five-story** building. There are **seven buildings** in our apartment complex. I live on the **eighteenth floor**. We have four rooms in total. The first one is the **master bedroom**. It is for me and my wife. There is nothing but a big bed. The second room is my private **library**. There is a computer, an audio system and a lot of books. The third room is **for my kids**. My two-year-old daughter and my one-year-old son share the room. This room is a playground for them. It is filled with different kinds of toys and books. The last room is **a guest room**. It is perfect for when my mother comes over.

해석 p.316

Pattern Practice I

Housing

 답변을 구성하기 위한 문장 패턴을 익혀 봅시다.

General Introduction of Your House

My apartment is located [위치한 방향 및 장소].
제 아파트는 ~에 위치해 있습니다.

My apartment is located **in the north side of Seoul**.
제 아파트는 서울의 북쪽에 위치해 있습니다.

Practice: My apartment is located _____.

응용하기 | My apartment is located in the downtown area.
제 아파트는 시내 중심가에 위치해 있습니다.

Explanation of Your Apartment

It is a [전체 층] building. There are [빌딩 개수] in our apartment complex. I live on the [층] floor.
그것은 ~층 건물입니다. 제 아파트 단지 안에는 ~개의 빌딩이 있습니다. 저는 ~층에 삽니다.

It is a **twenty-five-story** building. There are **seven buildings** in our apartment complex. I live on the **eighteenth** floor.
그것은 25층 건물입니다. 제 아파트 단지 안에는 일곱 개의 빌딩이 있습니다. 저는 18층에 삽니다.

Practice: It is a _____ building. There are _____ in our apartment complex. I live on the _____ floor.

응용하기 | It is a ten-story building. There are fifteen buildings in our apartment complex. I live on the sixth floor.
그것은 10층 건물입니다. 제 아파트 단지 안에는 열다섯 개의 빌딩이 있습니다. 저는 6층에 삽니다.

Explanation of Different Kinds of Rooms

The first one is [방 종류]. The second room is my private [방 용도]. The third room is [~를 위한 방]. The last room is [방 용도].
첫번째 방은 ~ 입니다. 두 번째 방은 나의 사적인 ~입니다. 세 번째 방은 ~를 위한 방입니다. 마지막 방은 ~ 입니다.

The first one is the **master bedroom**. The second room is my private **library**. The third room is **for my kids**. The last room is **a guest room**.
첫번째 방은 안방입니다. 두 번째 방은 저의 개인 서재입니다. 세 번째 방은 제 아이들을 위한 방입니다. 마지막 방은 손님방입니다.

Practice: The first one is _____. The second room is my private _____. The third room is _____. The last room is _____.

응용하기 | The first one is my bedroom. The second room is my private bathroom. The third room is for my parents.
첫번째 방은 제 침실입니다. 두 번째 방은 제 개인 욕실입니다. 세 번째 방은 제 부모님을 위한 방입니다.

My OPIc BOX I

Housing

먼저, 앞에서 학습한 대로 자신만의 OPIc BOX를 완성해 보세요.
완성한 후에 패턴 연습을 통해 익힌 문장들을 더해 완전한 답변을 작성해 봅시다.

 Tell me about your home. What does it look like? What kind of rooms does it have? Describe your home in as much detail as possible.

당신의 집에 대해서 말해 보세요. 집은 어떻게 생겼나요? 어떤 용도의 방이 있죠? 당신의 집에 대해 가능한 한 자세히 설명해 보세요.

Idea	Key words	Sentences
General Introduction of Your House		
Explanation of Your Apartment		
Explanation of Different Kinds of Rooms		

My Answer

---

54 ● OPIc BOX

OPIc BOX II

Housing

Q2 Which do you prefer, living in a house or an apartment? How do they differ from each other? Give me your opinion and several reasons to support it.

주택에서 사는 것과 아파트에서 사는 것 중 어느 것을 더 선호하나요? 이 둘은 어떻게 다른가요? 당신의 의견과 그를 뒷받침할 만한 이유를 들어 설명해 주세요.

> 전원주택과 아파트 중 더 선호하는 주거 형태를 선택한 후, 어떤 식으로 둘의 장단점을 비교할지 결정을 내려야 합니다. '전원주택의 특징 > 아파트의 특징 > 내가 선호하는 주거 형태와 그 이유' 순으로 답할 경우, 헷갈리거나 요점을 놓치지 않고 명확히 답변할 수 있다는 장점이 있습니다. 또는, 특징별로 '아파트는 ~한데, 주택은 ~하다'의 식으로 번갈아가며 두 주거 형태를 비교하는 방법도 있는데, 이런 flow는 듣는 사람이 각각의 장단점을 바로 이해할 수 있는 반면, 한 특징에 대해 지나치게 답변이 길어지는 단점이 있을 수 있습니다. 본인이 결정한 flow에 맞추어 키워드를 정리한 후, 답변을 정리해 보시기 바랍니다.

Idea Flow

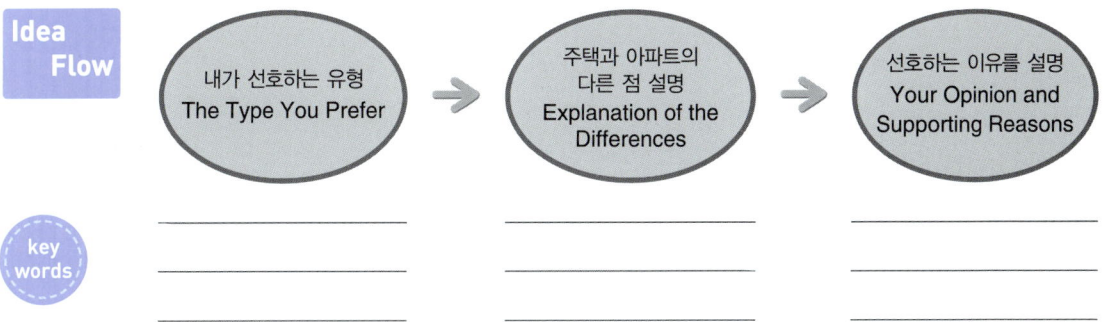

OPIc BOX

Idea	Key words	Sentences
The Type You Prefer	living in a house	I prefer **living in a house** to living in an apartment.
Explanation of the Differences	keep pets	However, my apartment doesn't allow me to **keep pets.**
Your Opinion and Supporting Reasons	privacy	Also, people who live in a house can enjoy more **privacy**.

Sample Answer

I prefer **living in a house** to living in an apartment. The first reason I prefer living in a house is that I can have a pet in a house. I love dogs. However, my apartment doesn't allow me to **keep pets.** Also, living in a house offers a better quality life. After work, I have nothing better to do than watch TV in my apartment. However, if I lived in a house, I could call my close friends over for a barbecue. I could also play with my kids in my spacious garden. Also, people who live in a house can enjoy more **privacy**. For example, I cannot enjoy watching movies with a full sound system at night in an apartment because there are neighbors all around me. However, one good thing about living in an apartment is that it is convenient. I can enjoy a safe and convenient life because there are professional guards in the apartment complex.

해석 p.316

Pattern Practice II

Housing

 답변을 구성하기 위한 문장 패턴을 익혀 봅시다.

The Type You Prefer

I prefer [선호하는 집 형태] to living in an apartment.
저는 아파트에서 사는 것보다 ~을 선호합니다.

I prefer **living in a house** to living in an apartment.
저는 아파트에서 사는 것보다 주택에서 사는 것을 선호합니다.

Practice: I prefer _____ to living in an apartment.

응용하기 | I prefer living in in a town house to living in an apartment.
저는 아파트에서 사는 것보다 타운 하우스에서 사는 것을 선호합니다.

Explanation of the Differences

However, my apartment doesn't allow me to [금지사항].
하지만, 제 아파트에서는 ~ 하는 것이 불가능합니다.

However, my apartment doesn't allow me to **keep pets**.
하지만, 제 아파트에서는 애완동물을 키우는 것이 불가능합니다.

Practice: However, my apartment doesn't allow me to _____.

응용하기 | However, my apartment doesn't allow me to smoke in the balcony.
하지만, 제 아파트에서는 발코니에서 담배를 피우는 것이 불가능합니다.

Your Opinion and Supporting Reasons

Also, people who live in a house can enjoy more [즐길 수 있는 것].
또한, 주택에 사는 사람들은 ~를 더 즐길 수 있습니다.

Also, people who live in a house can enjoy more **privacy**.
또한 주택에 사는 사람들은 사적인 생활을 더 즐길 수 있습니다.

Practice: Also, people who live in a house can enjoy more _____.

응용하기 | Also, people who live in a house can enjoy a more quiet atmosphere.
또한, 주택에 사는 사람들은 조용한 환경을 더 즐길 수 있습니다.

My OPIc BOX II

Housing

먼저, 앞에서 학습한 대로 자신만의 OPIc BOX를 완성해 보세요.
완성한 후에 패턴 연습을 통해 익힌 문장들을 더해 완전한 답변을 작성해 봅시다.

Q2 Which do you prefer, living in a house or an apartment? How do they differ from each other? Give me your opinion and several reasons to support it.

주택에서 사는 것과 아파트에서 사는 것 중 어느 것을 더 선호하나요? 이 둘은 서로 어떻게 다른 가요? 당신의 의견과 그를 뒷받침할 만한 이유를 들어 설명해 주세요.

Idea	Key words	Sentences
The Type You Prefer		
Explanation of the Differences		
Your Opinion and Supporting Reasons		

My Answer

OPIc BOX III

Housing

Q3 I'm going to give you a situation for you to act out. Your friend wants to move to the city/countryside. Call your friend and tell him/her why it is better to live in the city/countryside.

상황을 드릴 테니 역할 연기를 해 보세요. 당신의 친구가 도시에서/시골에서 살기 위해 이사 가는 것을 희망하고 있습니다. 친구에게 전화를 걸어 왜 도시에/시골에 사는 게 나은지 설명해 보세요.

시골에서의 삶과 도시에서의 삶 중 본인이 더 낫다고 생각하는 쪽을 선택한 후, 그 이유를 상세히 정리해 봅니다. 이유를 정리할 때에는 머릿속에 떠오르는 이유들을 생각나는 대로 나열하기보다는 '이유의 종류'를 더 세분화시켜 보시기 바랍니다. 예를 들면, '일반적으로 사람들이 도시/시골을 선호하는 이유'와 친구의 특성에 맞는 '개인적인 이유'가 있겠죠. '개인적인 이유'를 세부적으로 또 나누어 '친구의 직업, 성격에 맞는 환경인 이유', '친구의 가족과 자녀에게 더 적합한 이유' 등으로 답변의 내용을 세분화한다면 당황하지 않고 짜임새 있게 답변을 풀어 갈 수 있습니다.

Idea Flow

친구에게 전화 걸기
Calling Your Friend
→
왜 도시/시골에 사는 것이 더 나은지에 대한 설명 1
Giving Your Opinion 1
→
왜 도시/시골에 사는 것이 더 나은지에 대한 설명 2
Giving Your Opinion 2

key words

_____ _____ _____
_____ _____ _____
_____ _____ _____

OPIc BOX

Idea	Key words	Sentences
Calling Your Friend	may I speak to, I heard that	Hello? This is Annie. **May I speak to** Jay please? Jay, **I heard that** you are thinking about moving to the countryside.
Giving Your Opinion 1	writer, spacious, quiet	Since you are a **writer**, you definitely need a private place. In this city, it is difficult to find a **spacious** and **quiet** place.
Giving Your Opinion 2	wanted a garden	I know that your wife, Tina always said she **wanted a garden**.

Sample Answer

Hello? This is Annie. **May I speak to** Jay please? Jay, **I heard that** you are thinking about moving to the countryside. I am sure you will totally enjoy your life there. Since you are a **writer**, you definitely need a private place. In the city, it is difficult to find a **spacious** and **quiet** place. I am sure your family will also be happy with your decision. I know that your wife, Tina, always said she **wanted a garden**. Now she can grow her own vegetables and herbs there. Your daughter, Jessica, will be able to play the piano whenever she wants. In your apartment, it is impossible to play the piano at night. Jessica will have no problem with this in the countryside. Jay, once again, I am so happy for you. Don't forget to invite us when you are settled there.

해석 p.316

Pattern Practice III   Housing

 답변을 구성하기 위한 문장 패턴을 익혀 봅시다.

Calling Your Friend

Hello? This is Annie. [통화요청] Jay, please? Jay, [확인] you are thinking about moving to the countryside.
여보세요? 저는 Annie입니다. Jay와 ~?. Jay, 네가 시골로 이사 갈 생각을 하고 있다고 ~했어.

Hello? This is Annie. May I speak to Jay, please? Jay, I heard that you are thinking about moving to the countryside.
여보세요? 저는 Annie라고 합니다. Jay와 통화를 할 수 있을까요? Jay, 네가 시골로 이사 갈 생각을 하고 있다고 들었어.

Practice: Hello? This is Annie. _____ Jay, please? Jay, _____ you are thinking about moving to the countryside.

응용하기 | Hi. This is Hyejin. May I speak to Juwon please? Juwon, your friend told me that you are thinking about moving to the countryside.
안녕하세요. 저는 혜진입니다. 주원이 있나요? 주원아, 네가 시골로 이사 갈 생각을 하고 있다고 들었어.

Giving Your Opinion 1

Since you are a [직업], you definitely need a private place. In this city, it is difficult to find a [공간묘사 1] and [공간묘사 2] place.
너는 ~이기 때문에, 너의 사적인 공간이 반드시 필요할 거야. 이 도시에선 ~하고 ~한 장소를 찾기가 어려워.

Since you are a writer, you definitely need a private place. In this city, it is difficult to find a spacious and quiet place.
너는 작가이기 때문에, 너의 사적인 공간이 반드시 필요할 거야. 이 도시에선 넓고 조용한 장소를 찾기가 어려워.

Practice: Since you are a _____, you definitely need a private place. In this city, it is difficult to find a _____ and _____ place.

응용하기 | Since you are an actor, you definitely need a private place. In this city, it is difficult to find a peaceful and clean place.
너는 연기자이기 때문에, 너의 사적인 공간이 반드시 필요할 거야. 이 도시에선 평화롭고 깨끗한 장소를 찾기가 어려워.

Giving Your Opinion 2

I know that your wife, [이름], always said she [희망사항].
너의 아내인 ~가 ~를 원한다고 했다는 것을 알아.

I know that your wife, Tina, always said she wanted a garden.
너의 아내인 Tina가 항상 정원을 갖길 원했다는 것을 알아.

Practice: I know that your wife, _____, always said she _____.

응용하기 | I know that your wife, Sujin, always said she wanted a bigger house.
너의 아내인 수진이가 항상 큰 집을 원했다는 것을 알아.

My OPIc BOX III

Housing

먼저, 앞에서 학습한 대로 자신만의 OPIc BOX를 완성해 보세요.
완성한 후에 패턴 연습을 통해 익힌 문장들을 더해 완전한 답변을 작성해 봅시다.

Q3 I'm going to give you a situation for you to act out. Your friend wants to move to the city/countryside. Call your friend and tell him/her why it is better to live in the city/countryside.

상황을 드릴 테니 역할 연기를 해 보세요. 당신의 친구가 도시에서 / 시골에서 살기 위해 이사 가는 것을 희망하고 있습니다. 친구에게 전화를 걸어 왜 도시에 / 시골에 사는 게 나은지 설명해 보세요.

Idea	Key words	Sentences
Calling Your Friend		
Giving Your Opinion 1		
Giving Your Opinion 2		

My Answer

Chapter 04 Work

1. About Your Boss or One of Your Co-workers

2. About Your Typical Day at Work

3. Reasons Why You Have to Leave Early

Chapter 04 Work

Topic Overview

직장에 관한 질문은 시험 전에 작성하는 설문 조사의 1번과 2번, 종사하고 있는 분야나 학생인지에 대한 여부의 대답과 연관되어 있습니다. 본인이 직장인일 경우, 현재 하고 있는 일이나 직장의 여러 가지 환경에 대한 질문은 흔하게 등장할 수 있는 만큼 자신 있게 대답할 수 있도록 준비해야 합니다.

기본 문제	심층 문제	고급 문제
• 부서, 상사/동료 • 위치, 내/외관 • 출퇴근	• 일상 • 적성 • 제품, 프로젝트	• 승진 • 기억에 남는 일 • 업무 및 출장 관련 문제

관련 질문 유형 보기　　　　　Work

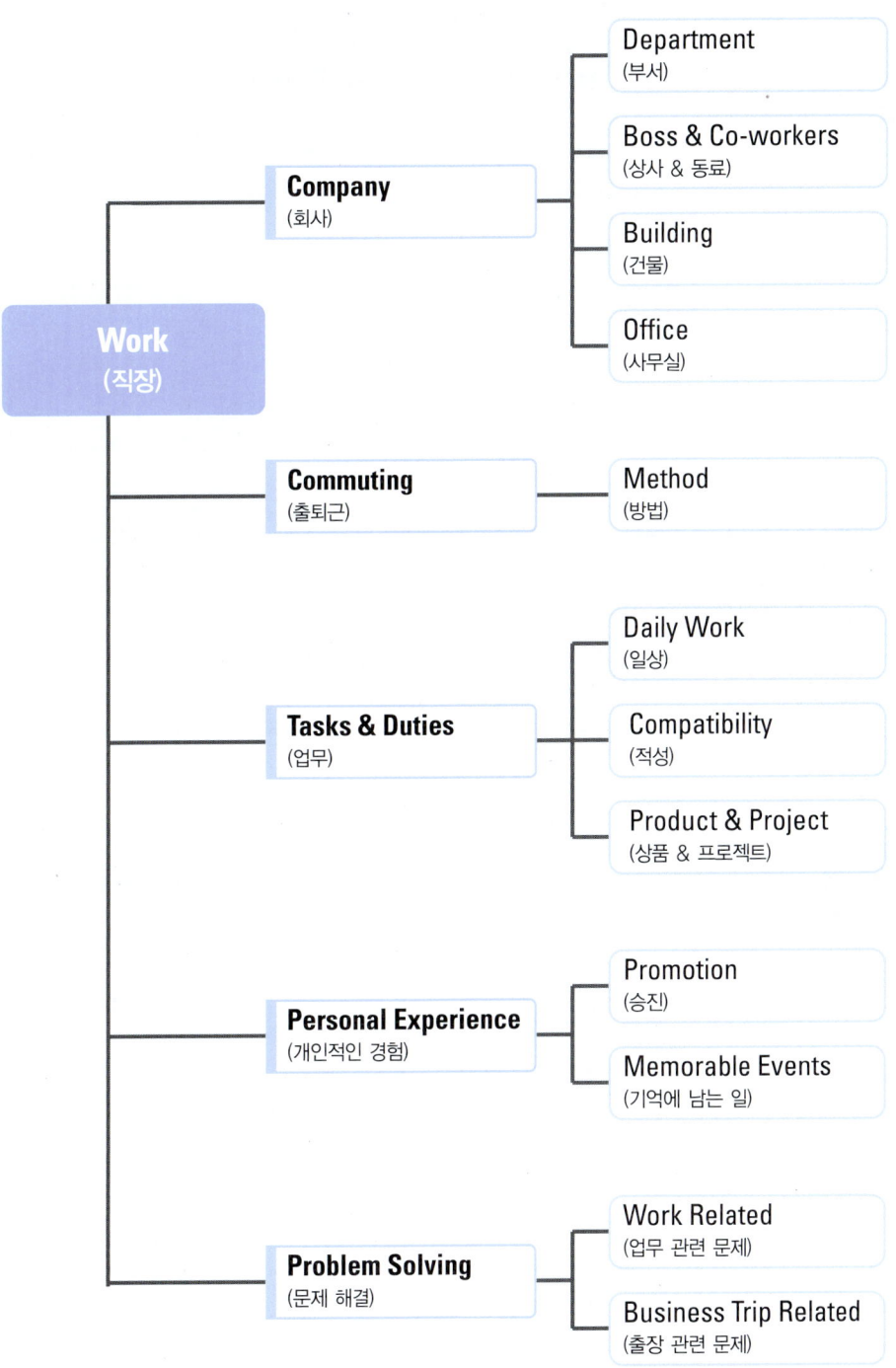

Chapter 04 ● 63

관련 OPIc 예상 질문 파헤치기　　　　　　　　　　　Work

1 묘사 (Descriptive Speaking)

A Company (회사)

1. You indicated in the survey that you work. Which department do you work in? Describe your job in detail.

설문 조사에서 직장에 다닌다고 했습니다. 어느 부서에서 근무하나요? 직업에 대해서 자세히 설명해 주세요.

> **key words** marketing department, fashion company, arrange monthly events, press release, sponsor TV programs

2. I'd like to know about your boss or one of your co-workers. What does he/she look like? What kind of person is he/she? Describe him/her in detail.

당신의 상사나 동료 중 한 명에 대해서 알고 싶습니다. 그는/그녀는 어떻게 생겼나요? 그는/그녀는 어떤 사람인가요? 자세히 이야기해 주세요.

> **key words** global business development department, eye-catching, height, average, strong first impression, kind, smart, boss

3. Where is your company located? What does the building look like from outside? Tell me about your company building in detail.

당신의 직장은 어디에 위치해 있나요? 외관상 회사는 어떤 모습인가요? 회사 건물에 대해서 자세히 말해 보세요.

> **key words** in Cheongdam dong, lots of international fashion brand companies and stores, on the first floor, a lot of galleries, small office with modern interior, share a big table, creative work, over 50 stories, old, plain concrete exterior, on the 20th floor

2 설명 (Narrative Speaking)

A Commuting (출퇴근)

1. How do you normally get to work? Do you take public transportation? If so, tell me why and describe what you do during your morning commute.

보통 어떻게 출근하나요? 대중 교통을 이용하나요? 만일 그렇다면 그 이유와 아침 출근길에 무엇을 하는지 설명해 주세요.

> **key words** by subway, no parking lot, transportation, get to the workplace on time, takes about 20 minutes, read the free newspaper distributed in the subway

B Tasks & Duties (업무)

1. You indicated in the survey that you work. Tell me about your typical day at work. Describe the routine as much as possible.

설문 조사에서 직장에 다닌다고 했습니다. 직장에서의 일과를 자세하게 설명해 보세요.

> **key words** business opportunities, go through my e-mails, skimming through my e-mails, a 'to do' list, many meeting, the legal team, the accounting team

2. I'd like to know how your personality matches your job. Explain your reasons in detail.
   당신의 성격이 당신의 직업과 얼마나 잘 맞는지 알고 싶습니다. 당신의 이유에 대해 자세히 설명해 보세요.

   key words   outgoing, active, sales, like to meet people, make friends easily, making sales

3. Tell me about a project you worked on recently. What kind of project was it? Give me all the details about it.
   최근에 담당했던 프로젝트에 대해서 말해 보세요. 어떤 프로젝트였나요? 자세히 설명해 주세요.

   key words   launching a new fashion brand, organized everything regarding brand launching from PR to the launching event, journalists and fashion magazine editors, designed invitation, wrote articles, checked the guest list for launching

C Personal Experience (개인적인 경험)

1. How did you become a supervisor in your company? Describe in detail from the time when you first joined the current company.
   당신은 회사에서 어떻게 팀장의 위치에 올랐나요? 현재 직장에 처음 입사했던 시절부터 설명해 주세요.

   key words   in five years, rapid promotion, 3 successful projects, worked without a single day off, no holidays, the boss highly praised my efforts and accomplishments

2. You may have had a memorable business trip. Tell me about your experience. Describe in detail why it was so memorable.
   기억에 남는 출장 경험이 있을 거라고 생각합니다. 어떤 경험을 했는지, 왜 그 경험이 특별했는지 자세히 얘기해 주세요.

   key words   business trip, checked the weather, packed up winter clothes, went right to the department store, bought formal outfits, late for the meeting

3 롤 플레이 (Role Play)

1. I'm going to give you a situation for you to act out. Your co-worker just asked you for help with her work. However, you have to leave early today. Explain the situation to your co-worker and give reasons why you have to leave early.
   상황을 드릴 테니 역할 연기를 해 보세요. 방금 당신의 동료가 그녀의 일을 도와 달라고 부탁을 했습니다. 하지만, 당신은 오늘 일찍 퇴근을 해야 하는 상황입니다. 동료에게 상황을 설명하고 일찍 퇴근해야 하는 이유를 설명해 주세요.

   key words   Mr. Park, executive report, feel sorry for, capable of helping

2. I'm going to give you a situation for you to act out. You want to plan an overseas business trip with your boss. Call up a travel agency and ask three or four questions about the trip.
   상황을 드릴 테니 역할 연기를 해 보세요. 당신은 상사와 함께 가는 해외 출장을 계획하고 있습니다. 여행사에 전화해서 여행과 관련된 질문들을 해 보세요.

   key words   business trip, 4 nights, prefer near the central park, business hotel for 2 people, 300 dollars per night, round-trip for 2, business class, the ticket prices and availability

OPIc BOX I

Work

Q1 I'd like to know about your boss or one of your co-workers. What does he/she look like? What kind of person is he/she? Describe in detail.

당신의 상사나 동료 중 한 명에 대해 알고 싶습니다. 그는/그녀는 어떻게 생겼나요? 그는/그녀는 어떤 사람인가요? 자세히 이야기해 주세요.

특정 인물에 대해 자세히 설명해야 하는 문제입니다. 특별한 점이 있다면, 그 인물이 '직장에서 함께 일을 하는 사람'이라는 것입니다. 세부 질문에서 '외모 묘사, 성격 묘사'를 하라고 명확히 명시되어 있는 만큼, 질문 순서대로 답변을 풀어나가면 됩니다. 외모 묘사에 있어서는 일반적으로 사람을 소개하듯 '키, 체구, 옷입는 스타일' 등을 설명하면 되지만, 성격에 있어서는 직장 동료인 만큼 '일을 하는 스타일, 회사 내에서의 평판' 등을 예로 들며 그 사람의 성격을 설명하는 것이 좋습니다.

Idea Flow

동료 혹은 상사에 대한 소개 Description of Your Co-worker or Your Boss → 동료 혹은 상사에 대한 외모 설명 Description of His/Her Appearance → 동료 혹은 상사에 대한 성격 설명 Explanation of His/Her Personality

key words

_____
_____
_____

OPIc BOX

Idea	Key words	Sentences
Description of Your Co-worker or Your Boss	global business development department	He is in charge of the **global business development department** at SM securities.
Description of His/Her Appearance	eye-catching, height, average, strong first impression	His appearance is not **eye-catching**. His **height** is just **average**. However, he has such a **strong first impression**.
Description of His/Her Personality	kind, smart, boss	I think it is because he is **kind** and **smart**. To me, he is more than just a **boss**.

Sample Answer

I would like to introduce my boss, Mr. James Kang. He is in charge of the **global business development department** at SM securities. He has worked in this company for twenty five years. He is a legend in our company. He is the reason our company is so successful.

His appearance is not **eye-catching**. His **height** is just **average**. He dresses in a rather conservative way. However, he makes a very **strong first impression**. People who meet him always remember him. I think it is because he is **kind** and **smart**. To me, he is more than just a **boss**. He is my mentor and friend. Whenever I have a problem, I always talk to him first. He listens to what I have to say and gives me honest advice. He is the perfect boss. I really like working with him.

해석 p.316

Pattern Practice I   Work

 답변을 구성하기 위한 문장 패턴을 익혀 봅시다.

Description of Your Co-worker or Your Boss

He is in charge of the [관리 부서] at SM Securities.
그는 SM 증권사에서 ~을 관리하고 있습니다.

He is in charge of the global business development department at SM Securities.
그는 SM 증권사에서 해외 사업 개발 부서를 담당하고 있습니다.

Practice: He is in charge of the _____ at SM Securities.

응용하기 | He is in charge of the sales department at SM Securities.
그는 SM 증권사에서 영업부서의 담당자로 일합니다.

Description of His/Her Appearance

His appearance is not [외모 평가]. His [특징 1] is just [비교]. However, he has such a [특징 2].
그의 외모는 ~하지 않습니다. 그의 ~는 그저 ~입니다. 하지만 그는 ~을 가지고 있습니다.

His appearance is not eye-catching. His height is just average. However, he has such a strong first impression.
그의 외모는 그리 눈길을 끌지는 않습니다. 그의 키는 그저 평균입니다. 하지만 그는 매우 강한 첫인상을 가지고 있습니다.

Practice: His appearance is not _____. His _____ is just _____. However, he has such a _____.

응용하기 | His appearance is not special. His figure is just normal. However, he has such muscular arms.
그의 얼굴은 평범합니다. 그의 몸매는 그저 평범합니다. 하지만 그는 매우 근육질의 팔을 가지고 있습니다.

Description of His/Her Personality

I think it is because he is [성격 1] and [성격 2]. To me, he is more than just a [직급].
제 생각에 이것은 그가 ~하고 ~하기 때문인 것 같습니다. 저에게 그는 단순한 ~ 이상입니다.

I think it is because he is kind and smart. To me, he is more than just a boss.
제 생각에 이것은 그가 친절하고 똑똑하기 때문인 것 같습니다. 저에게 그는 단순한 상사 이상입니다.

Practice: I think it is because he is _____ and _____. To me, he is more than just a _____.

응용하기 | I think it is because he is gentle and caring. To me, he is more than just a friend.
제 생각에 이것은 그가 온화하고 배려심이 있기 때문인 것 같습니다. 저에게 그는 단순한 친구 이상입니다.

My OPIc BOX I   Work

먼저, 앞에서 학습한 대로 자신만의 OPIc BOX를 완성해 보세요.
완성한 후에 패턴 연습을 통해 익힌 문장들을 더해 완전한 답변을 작성해 봅시다.

 I'd like to know about your boss or one of your co-workers. What does he/she look like? What kind of person is he/she? Describe in detail.

당신의 상사나 동료 중 한 명에 대해서 알고 싶습니다. 그는/그녀는 어떻게 생겼나요? 그는/그녀는 어떤 사람인가요? 자세히 이야기해 주세요.

Idea	Key words	Sentences
Description of Your Co-worker or Your Boss		
Description of His/Her Appearance		
Description of His/Her Personality		

My Answer

OPIc BOX II

Work

  You indicated in the survey that you work. Tell me about your typical day at work. Describe the routine as much as possible.
설문 조사에서 직장에 다닌다고 했습니다. 직장에서의 일과를 자세하게 설명해 보세요.

> 직장에서의 하루 일과는 매일 접하게 되는 일들에 대한 것으로 너무 익숙하여 막상 영어로 설명을 하려 하면 어디서부터 시작을 해야 할지 떠오르지 않습니다. 이럴 때에는 일단 직장에서 내가 하는 일에 대해 전반적인 소개를 한 후, 하루의 일과를 점심시간 전(오전)과 점심시간 후(오후)로 분리해 설명하면 수월합니다. 아래 키워드에 명시된 다양한 업무 관련 단어들을 참고하며 본인의 답변을 만들어 보시기 바랍니다.

Idea Flow

업무에 대한 요약 설명
Introduction of Your Responsibilities
→
오전 시간의 업무 설명
Description of Your Routine Work before Lunch
→
오후 시간의 업무 설명
Description of Your Routine Work after Lunch

key words

_____   _____   _____
_____   _____   _____
_____   _____   _____
_____   _____   _____

OPIc BOX

Idea	Key words	Sentences
Introduction of Your Responsibilities	business opportunities	My main role is to seek new **business opportunities** in new countries.
Description of Your Routine Work before Lunch	go through my e-mails, skimming through my e-mails, a 'to do' list	First of all, I **go through my e-mails**. After **skimming through my e-mails**, I make **a 'to do' list**.
Description of Your Routine Work after Lunch	many meetings, the legal team, the accounting team	I have **many meetings** with different teams such as **the legal team** and **the accounting team**.

Sample Answer

I would like to tell you about my typical day at work. I am a general manager of the global business development team at SM Securities. My main role is to seek new **business opportunities** in new countries. My day starts at 7 a.m. First of all, I **go through my e-mails**. Usually, I receive thirty to fifty e-mails overnight. After **skimming through my e-mails**, I make **a 'to do' list**. Because I manage more than five projects, it is difficult to follow up on every detail. In order to develop a new business, there are many things to consider. My 'to do' list helps me with time management. I participate in a regular team meeting and teleconference with global networks. After lunch, I have more meetings. I have **many meetings** with different teams such as **the legal team** and **the accounting team**. Two or three times a week, I have outside meetings as well. I usually finish at 9 p.m. every night.

해석 p.317

Pattern Practice II 　　　　　　　　　Work

 답변을 구성하기 위한 문장 패턴을 익혀 봅시다.

Introduction of Your Responsibilities

My main role is to seek new [담당 업무] in new countries.
제 주된 역할은 새로운 국가에서 새로운 ~를 찾아내는 것입니다.

My main role is to seek new business opportunities in new countries.
제 주된 역할은 새로운 국가에서 새로운 비즈니스 기회를 찾아내는 것입니다.

Practice: My main role is to seek new _____ in new countries.

응용하기 │ My main role is to seek new trade routes in new countries.
제 주된 역할은 새로운 국가에서 새로운 무역 루트를 찾아내는 것입니다.

Description of Your Routine Work before Lunch

First of all, I [업무]. After skimming through [매체], I make [일과 작성].
제일 처음으로 저는 ~을 합니다. ~를 훑어본 후, 저는 ~를 만듭니다.

First of all, I go through my e-mails. After skimming through e-mails, I make a 'to do' list for today.
제일 처음으로 저는 제 이메일을 살펴봅니다. 이메일을 훑어본 후, 저는 오늘 할 일의 리스트를 만듭니다.

Practice: First of all, I _____. After skimming through _____ I make _____.

응용하기 │ First of all, I sort out the reports. After skimming through the reports, I make my decision.
제일 처음으로 저는 보고서를 구분합니다. 보고서를 훑어본 후, 저는 결정을 내립니다.

Description of Your Routine Work after Lunch

I have [일정] with different teams such as [팀명칭 1] and [팀명칭 2].
저는 ~나 ~와 같은 다른 팀들과의 회의들이 많이 있습니다.

I have many meetings with different teams such as the legal team and the accounting team.
저는 법무팀이나 회계팀과 같은 다른 팀들과의 회의들이 많이 있습니다.

Practice: I have _____ with different teams such as _____ and _____.

응용하기 │ I have many conferences with different teams such as the marketing team and the R&D team.
저는 마케팅팀이나 연구팀과 같은 다른 팀들과의 회의들이 많이 있습니다.

My OPIc BOX II

Work

먼저, 앞에서 학습한 대로 자신만의 OPIc BOX를 완성해 보세요.
완성한 후에 패턴 연습을 통해 익힌 문장들을 더해 완전한 답변을 작성해 봅시다.

Q2 You indicated in the survey that you work. Tell me about your typical day at work. Describe the routine as much as possible.

설문 조사에서 직장에 다닌다고 했습니다. 직장에서의 일과를 자세하게 설명해 보세요.

Idea	Key words	Sentences
Introduction of Your Responsibilities		
Description of Your Routine Work before Lunch		
Description of Your Routine Work after Lunch		

My Answer

OPIc BOX III

Work

Q3 I'm going to give you a situation for you to act out. Your co-worker just asked you for help with her work. However, you have to leave early today. Explain the situation to your co-worker and give reasons why you have to leave early.

상황을 드릴 테니 역할 연기를 해 보세요. 방금 당신의 동료가 그녀의 일을 도와 달라고 부탁을 했습니다. 하지만, 당신은 오늘 일찍 퇴근을 해야 하는 상황입니다. 동료에게 상황을 설명하고 일찍 퇴근해야 하는 이유를 설명해 주세요.

이번 Role Play 문제는 직접 상대방을 보고 부탁을 거절해야 하는 문제입니다. 상대방 역시 난감한 상황에 봉착해 도움을 요청했기 때문에, 먼저 그 상황과 상대방의 심정이 얼마나 힘들지 공감을 하며 말문을 여는 것이 중요합니다. 그 후, 상대방을 도울 수 없는 안타까운 상황에 대해 설명한 후, 다른 대안이 있다면 최선을 다해 돕겠다는 정중한 멘트로 답변을 마무리하면 좋습니다.

Idea Flow

상황에 대한 설명 Explanation of the Situation → 안타까움 표시하기 Showing Concerns → 대안 제시 Possible Options That He/She Can Think of

key words

OPIc BOX

Idea	Key words	Sentences
Explanation of the Situation	Mr. Park, executive report	**Mr. Park** told you to finish the **executive report** by 8 a.m. tomorrow.
Showing Concerns	feel sorry for	I **feel sorry for** you.
Possible Options That He/She Can Think of	capable of helping	I know someone who is **capable of helping** you.

Sample Answer

Jamie, I understand your situation. I was surprised to hear that **Mr. Park** told you to finish the **executive report** by 8 a.m. tomorrow. I **feel sorry for** you. It is unbelievable that Mr. Park informed you at the last minute. I am really sorry to tell you this, but today is my mother's 60th birthday. I wanted to make it special for her. So, I made a reservation in advance and invited her best friends. I am the host of this party. If I am not there, it would be very awkward. I don't want my mother to be disappointed. I hate to say this, but I don't think I can stay with you. However, I know someone who is **capable of helping** you. Do you mind if I ask him to help you out? I had lunch with him today. He mentioned he had no special plans today. I am sure he is the perfect alternative.

해석 p.317

Pattern Practice Ⅲ   Work

🧊 답변을 구성하기 위한 문장 패턴을 익혀 봅시다.

Explanation of the Situation

[대상인물] told you to finish the [특정업무] by 8 a.m. tomorrow.
~께서는 내일 오전 8시까지 ~를 완료하라고 하셨어.

Mr. Park told you to finish the executive report by 8 a.m. tomorrow.
박 부장님께서 내일 오전 8시까지 임원 보고서를 완료하라고 하셨어.

Practice: _____ told you to finish the _____ by 8 a.m. tomorrow.

응용하기 | Mr. Lee told you to finish the marketing report by 8 a.m. tomorrow.
이 부장님께서 내일 오전 8시까지 마케팅 보고서를 완료하라고 하셨어.

Showing Concerns

I [안타까운 느낌] you.
나는 네가 ~하다는 생각이 들어.

I feel sorry for you.
나는 네가 딱하다는 생각이 들어.

Practice: I _____ you.

응용하기 | I feel pity for you.
나는 네가 딱하다는 생각이 들어.

Possible Options That He/She Can Think of

I know someone who is [제공해 주는 것] you.
너를 ~해줄 수 있는 사람을 알고 있어.

I know someone who is capable of helping you.
너를 도와줄 수 있는 사람을 알고 있어.

Practice: I know someone who is _____ you.

응용하기 | I know someone who is willing to teach you.
너를 가르치길 원하는 사람을 알고 있어.

My OPIc BOX III   Work

먼저, 앞에서 학습한 대로 자신만의 OPIc BOX를 완성해 보세요.
완성한 후에 패턴 연습을 통해 익힌 문장들을 더해 완전한 답변을 작성해 봅시다.

Q3 I'm going to give you a situation for you to act out. Your co-worker just asked you for help with her work. However, you have to leave early today. Explain the situation to your co-worker and give reasons why you have to leave early.

상황을 드릴 테니 역할 연기를 해 보세요. 방금 당신의 동료가 그녀의 일을 도와 달라고 부탁을 했습니다. 하지만, 당신은 오늘 일찍 퇴근을 해야 하는 상황입니다. 동료에게 상황을 설명하고 일찍 퇴근해야 하는 이유를 설명해 주세요.

Idea	Key words	Sentences
Explanation of the Situation		
Showing Concerns		
Possible Options That He/She Can Think of		

My Answer

Chapter 05 — School

1. About the University You Attended
2. About a Memorable Experience at School
3. Making a Decision about Going to Graduate School or Studying Abroad

Chapter 05 School

Topic Overview

학교에 관한 질문은 시험 전에 작성하는 설문 조사의 2번, "현재 귀하는 학생이십니까?"의 대답과 연관성을 가지고 있습니다. 학생이라고 대답했을 경우, 학업의 목적을 설명할 수 있어야 합니다. OPIc 시험 초반에 학과 또는 학교 생활과 관련된 질문이 쉽게 등장할 수 있고, 초반 답변들이 시험에 대한 전반적인 자신감과 연관되는 만큼 문제 유형을 고려하여 답변을 준비하세요.

기본 문제	심층 문제	고급 문제
• 캠퍼스 묘사 • 전공 및 학과 수업 • 동아리 활동	• 기억에 남는 경험담 • 현재와 과거 비교 • 졸업 후 미래 계획	• 학교 선택의 조언 • 과제 관련 상황 설명하기

관련 질문 유형 보기 — School

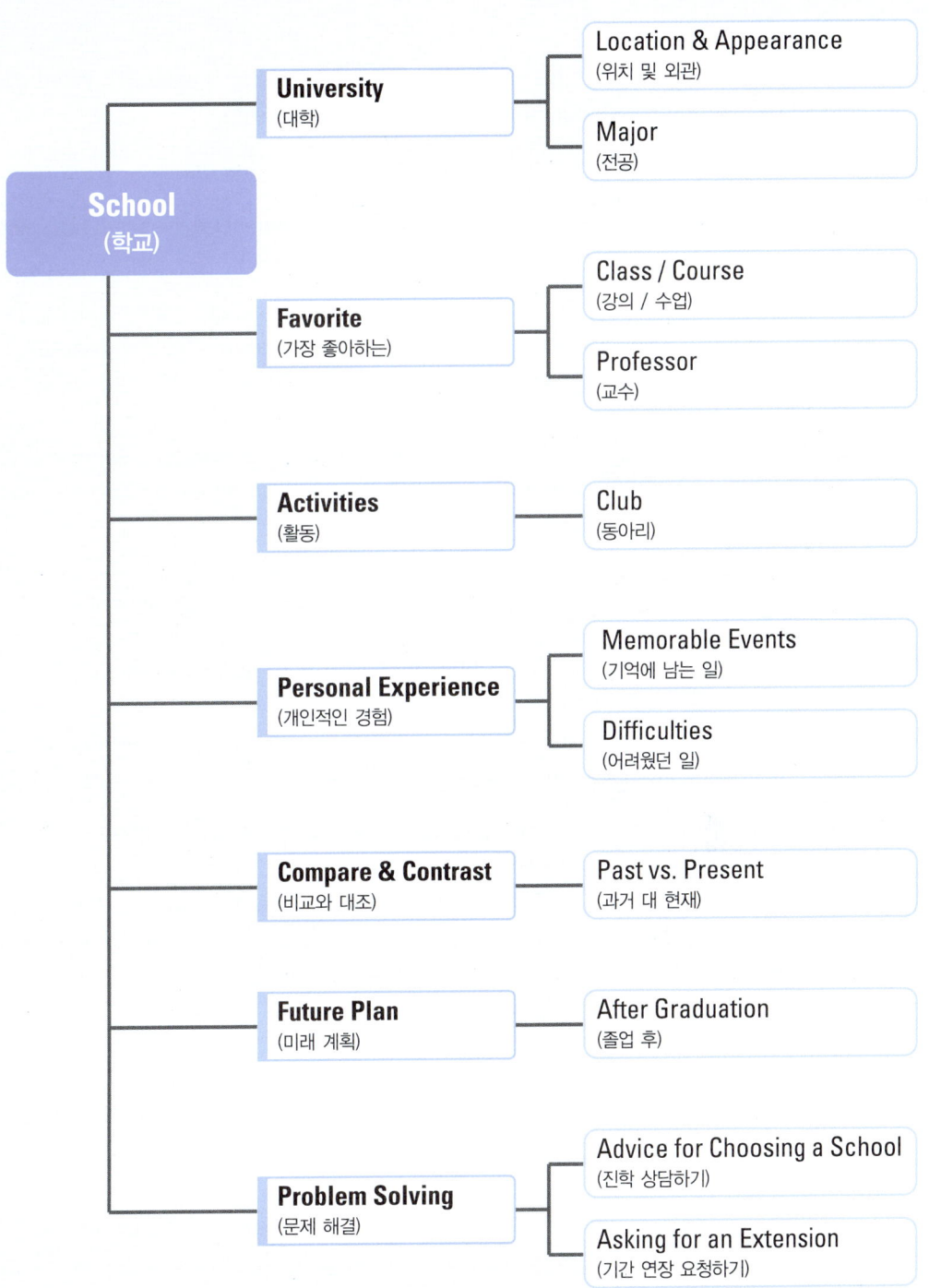

관련 OPIc 예상 질문 파헤치기　　　　School

1 묘사 (Descriptive Speaking)

A University (대학)

1. Tell me about the university you attend/attended. Where is it located? What does it look like? Describe the campus in as much detail as possible.

당신이 재학 중인/재학했던 대학에 대해서 말해 보세요. 어디에 위치해 있나요? 어떻게 생겼나요? 캠퍼스에 대해서 가능한 한 자세히 묘사해 보세요.

> **key words** Hana University, long history, located in Seoul, affluent facilities that help students enjoy their college lives

2. You indicated in the survey that you are a student. What are you majoring in and what courses are you taking? Why did you choose that major? Tell me in detail.

설문 조사에서 학생이라고 했습니다. 전공이 무엇이고 어떤 과목들을 듣고 있나요? 전공을 선택한 이유는 무엇인가요? 전공에 관해서 자세히 말해 보세요.

> **key words** English language and literature, American culture studies, phonology, British poems, want to know, universal language, curious about the backgrounds and history

B Favorite (가장 좋아하는)

1. Describe your favorite course. What kind of course is it, and what do you like about it? Tell me in detail.

당신이 가장 좋아하는 과목에 대해 말해 보세요. 어떤 과목인가요? 그리고 그 과목이 왜 좋은가요? 자세히 말해 보세요.

> **key words** history, biography of kings, learn politics and strategy, excellent grades in history

2. Can you tell me about your favorite professor? What does he/she look like? Why is he/she special to you? Tell me in detail.

가장 좋아하는 교수에 대해 말할 수 있습니까? 그는/그녀는 어떻게 생겼나요? 왜 당신에게 특별한가요? 자세히 말해 보세요.

> **key words** Mrs. Kim, Introduction of film arts, tall and slender, very fashionable, a director, practical lectures, gives students practical and applicable tips

C Activities (활동)

1. I'd like to know about the university club activities you participated in. What kind of club was it? What was your role? Describe what you did in as much detail as possible.

참여했던 대학교 동아리 활동에 대해서 알고 싶습니다. 어떤 종류의 동아리였나요? 역할은 무엇이었나요? 자세히 말해 보세요.

> **key words** KUTV, campus broadcasting club, TV presenter, newscaster, reporter, interview students, write articles, deliver news

2 설명 (Narrative Speaking)

A Personal Experience (개인적인 경험)

1. Tell me about a memorable experience at school. What happened and why was it so memorable? Describe the experience in detail.

학교에서의 기억에 남을 만한 경험에 대해 말해 보세요. 무슨 일이 있었고, 왜 기억에 남는 일인가요? 자세히 말해 보세요.

> **key words** I sang the national anthem at my high school graduation ceremony, try out, audition, recognized, teachers and students

B Compare & Contrast (비교와 대조)

1. Think about the first day at your school and tell me how it changed over the years. What things are the same and what things are different? Describe it in detail.

학교에서의 첫날에 대해 생각해 보고 이후 몇 년간 어떤 변화가 있었는지 말해 보세요. 같은 점과 다른 점이 무엇입니까? 자세히 말해 보세요.

> **key words** first day, moved to another town, had no friends, very shy and quiet, strong desire, volunteered for, popular, became class president

C Future Plan (미래의 계획)

1. Let's talk about your plans after graduation. Do you want to go to graduate school or do you want to get a job? Describe your plan in as much detail as possible.

졸업 후 당신의 계획에 대해 말해 봅시다. 대학원에 진학하길 원하나요? 아니면 직업을 구하길 원하나요? 당신의 계획에 대해서 가능한 한 자세히 말해 보세요.

> **key words** get a job, apply for, acquire practical business skills, prepare tuition fee

3 롤 플레이 (Role Play)

1. I'm going to give you a situation for you to act out. Your cousin is trying to decide whether to go to graduate school or study abroad. He/She wants your advice. How do you respond? Explain your opinion in detail.

상황을 드릴 테니 역할 연기를 해 보세요. 당신의 사촌이 대학원에 진학할지 유학을 갈지 고민 중에 있습니다. 그는/그녀는 당신의 조언을 듣길 원합니다. 어떻게 대답할 것입니까? 당신의 의견을 자세히 설명해 보세요.

> **key words** deciding, go to graduate school, study abroad, dream, goal, you know what you want, give yourself more time to think about it

2. I'm going to give you a situation for you to act out. You have an assignment due this week, so you are writing a paper. Suddenly, your computer shuts down and you lose your file. Call the professor and explain the situation. Suggest two or three ways to solve the problem.

상황을 드릴 테니 역할 연기를 해 보세요. 당신은 이번 주까지 끝내야 할 과제가 있어서 리포트를 작성하고 있습니다. 갑자기 당신의 컴퓨터가 꺼졌고 당신이 작업하던 파일도 사라지게 되었습니다. 교수님께 전화를 걸어 상황을 설명해 보세요. 그리고 문제를 해결할 수 있는 두세 가지 방법을 제시해 보세요.

> **key words** sorry for, assignment due, shut down, restore the deleted file, other works

OPIc BOX I   School

Q1 Tell me about the university you attend/attended. Where is it located? What does it look like? Describe the campus in as much detail as possible.

당신이 재학 중인/재학했던 대학에 대해서 말해 보세요. 어디에 위치해 있나요? 어떻게 생겼나요? 캠퍼스에 대해서 가능한 한 자세히 묘사해 보세요.

캠퍼스처럼 넓은 공간을 설명할 때에는 먼저 간략하게 자신의 학교에 대해 소개한 후, 입학, 졸업 연도 또는 전공 등에 대해 짤막한 소개로 말문을 엽니다. 본론으로 들어가, 질문에 대한 답변을 할 때에는 큰 공간에서 점점 작은 공간으로 세부적으로 묘사해 나가거나, 그 반대로 작은 공간에서 점점 큰 공간으로 넓혀가며 묘사한다면 좋은 답변을 만들 수 있습니다.

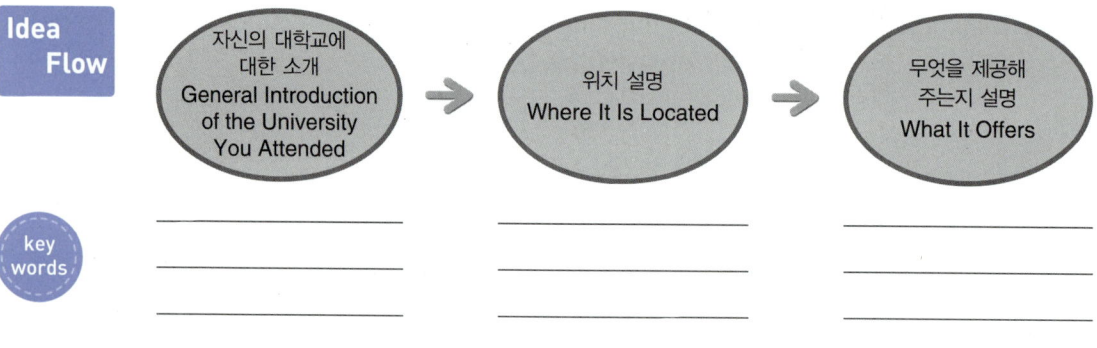

OPIc BOX

Idea	Key words	Sentences
General Introduction of the University You Attended	Hana University, a long history	**Hana University** is a university with **a long history** in Korea.
Where It Is Located	located in Seoul	Hana University is **located in Seoul**.
What It Offers	affluent facilities that help students enjoy their college lives	This campus provides **affluent facilities that help students enjoy their college lives**.

Sample Answer

I graduated from **Hana University**. Hana University is a university with **a long history** in Korea. Hana University is **located in Seoul**. Near the campus, there are many fine restaurants and shops. Seoul was a trendy place when I went to school, and there were many universities around that place. Hana University has a big campus. In the spring, the streets on campus turn pink with beautiful cherry blossoms. In the fall, ginkgo trees make these roads a gorgeous yellow. It is not surprising to find couples walking there during those seasons. I spent a lot of time in the student center. In the center, there were convenient facilities that students enjoyed such as big cafeterias, shops, and cafes. It was always crowded. I also remember a huge medical center, an alumni building, several concert halls and students' dormitories on campus. This campus provides **affluent facilities that help students enjoy their college lives**. 해석 p.317

Pattern Practice I   School

 답변을 구성하기 위한 문장 패턴을 익혀 봅시다.

General Introduction of the University You Attended

I graduated from [학교 이름]. [학교 이름] is a university with [학교 특징] in Korea.
저는 ~대학교를 졸업하였습니다. ~대학교는 한국에서 ~한 대학교입니다.

I graduated from Hana University. Hana University is a university with a long history in Korea.
저는 하나 대학교를 졸업하였습니다. 하나 대학교는 한국에서 역사가 깊은 대학교입니다.

Practice: I graduated from _____. _____ is a university with _____ in Korea.

응용하기 | I graduated from Hankuk University. Hankuk University is a university with the biggest campus in Korea.
저는 한국 대학교를 졸업하였습니다. 한국대학교는 한국에서 가장 큰 캠퍼스를 가진 대학교입니다.

Where It Is Located

Hana University is [위치한 장소].
하나 대학교는 ~에 위치해 있습니다.

Hana University is located in Seoul.
하나 대학교는 서울에 위치해 있습니다.

Practice: Hana University is _____.

응용하기 | Hana University is located in a big city in Korea.
하나 대학교는 한국의 큰 도시에 위치해 있습니다.

What It Offers

This campus provides [제공하는 것].
이 캠퍼스는 ~을 제공합니다.

This campus provides affluent facilities that help students enjoy their college lives.
이 캠퍼스는 학생들이 대학생활을 즐길 수 있는 풍부한 시설들을 제공합니다.

Practice: This campus provides _____.

응용하기 | This campus provides excellent sports facilities.
이 캠퍼스는 훌륭한 스포츠 시설을 제공합니다.

My OPIc BOX I

School

먼저, 앞에서 학습한 대로 자신만의 OPIc BOX를 완성해 보세요.
완성한 후에 패턴 연습을 통해 익힌 문장들을 더해 완전한 답변을 작성해 봅시다.

Q1 Tell me about the university you attend/attended. Where is it located? What does it look like? Describe the campus in as much detail as possible.

당신이 재학 중인/재학했던 대학에 대해서 말해 보세요. 어디에 위치해 있나요? 어떻게 생겼나요? 캠퍼스에 대해서 가능한 한 자세히 묘사해 보세요.

Idea	Key words	Sentences
General Introduction of the University You Attended		
Where It Is Located		
What It Offers		

My Answer

OPIc BOX II

School

Tell me about a memorable experience at school. What happened and why was it so memorable? Describe the experience in detail.

학교에서의 기억에 남을 만한 경험에 대해 말해 보세요. 무슨 일이 있었고, 왜 기억에 남는 일인가요? 자세히 묘사해 보세요.

긍정적인 사건, 부정적인 사건 모두 기억에 남는 사건의 원인이 될 수 있습니다. 주제를 선택했다면, 이제 그 사건에 대해 자세히 묘사를 해야 합니다. 경험의 묘사는 떠오르는 대로 이야기를 하다 보면 정작 핵심을 빠뜨리고 불필요한 부분을 길게 설명하는 경향이 있습니다. 여러분이 OPIc 시험에서 좋은 점수를 받으려면, 'who, what, when, where, why, how'의 순서를 생각하며 '하나의 wh-question 당, 한 문장'을 넘지 않도록 간략하게 설명해 나가야 합니다.

Idea Flow

기억에 남는 일
Introduction of the Memorable Experience → 사건 묘사
Description of the Memorable Event → 활동에 대한 세부 설명
The Reason Why It Was So Memorable

key words

OPIc BOX

Idea	Key words	Sentences
Introduction of the Memorable Experience	I sang the national anthem at my high school graduation ceremony	My most memorable experience at school was the time **I sang the national anthem at my high school graduation ceremony**.
Description of the Memorable Event	try out, audition	My music teacher asked me to **try out** for the **audition**.
The Reason Why It Was So Memorable	recognized, teachers and students	I was **recognized** by **teachers and students**.

Sample Answer

My most memorable experience at school was the time **I sang the national anthem at my high school graduation ceremony**. A week before, there was an audition to pick out a solo singer to sing the national anthem during the graduation ceremony. My music teacher asked me to **try out** for the **audition**. To my surprise, I was selected. There were hundreds of people at the graduation ceremony. I was so nervous. But, I could see my mom watching me. I knew that she was proud of me. I was so happy. Among the hundreds of students, I was the only Korean. A Korean girl singing the national anthem in the United States was not common. It was such a special experience. I was **recognized** by **teachers and students**. It was an experience I will never forget.

해석 p.317

Pattern Practice II

School

 답변을 구성하기 위한 문장 패턴을 익혀 봅시다.

Introduction of the Memorable Experience

My most memorable experience at school was the time [의미 깊은 일].
학교에서 가장 기억에 남는 일은 ~을 했을 때입니다.

My most memorable experience at school was the time I sang the national anthem at my high school graduation ceremony.
학교에서 가장 기억에 남는 일은 제가 고등학교 졸업식에서 국가를 불렀을 때입니다.

Practice: My most memorable experience at school was the time _____.

응용하기 | My most memorable experience at school was the time I was selected as a soccer team captain.
학교에서 가장 기억에 남는 일은 제가 축구부 주장으로 뽑혔을 때입니다.

Description of the Memorable Event

My music teacher asked me to [시도] for the [이벤트].
제 음악 선생님이 저에게 ~를 위해 ~해 보라고 하셨습니다.

My music teacher asked me to try out for the audition.
제 음악 선생님이 저에게 오디션에 도전해 보라고 하셨습니다.

Practice: My music teacher asked me to _____ for the _____.

응용하기 | My music teacher asked me to sign up for the singing contest.
제 음악 선생님이 저에게 노래 경연 대회에 신청해 보라고 하셨습니다.

The Reason Why It Was So Memorable

I was [평가] by [평가자].
저는 ~에게 ~하게 평가받았습니다.

I was recognized by teachers and students.
저는 선생님과 친구들에게 인정받았습니다.

Practice: I was _____ by _____.

응용하기 | I was criticized by my rivals.
저는 저의 라이벌로부터 비평을 받았습니다.

My OPIc BOX Ⅱ

School

먼저, 앞에서 학습한 대로 자신만의 OPIc BOX를 완성해 보세요.
완성한 후에 패턴 연습을 통해 익힌 문장들을 더해 완전한 답변을 작성해 봅시다.

Q2 Tell me about a memorable experience at school. What happened and why was it so memorable? Describe the experience in detail.

학교에서의 기억에 남을 만한 경험에 대해 말해 보세요. 무슨 일이 있었고, 왜 기억에 남는 일인가요? 자세히 묘사해 보세요.

Idea	Key words	Sentences
Introduction of the Memorable Experience		
Description of the Memorable Event		
The Reason Why It Was So Memorable		

My Answer

_____
_____
_____
_____
_____
_____
_____
_____
_____
_____

OPIc BOX Ⅲ

School

Q3 I'm going to give you a situation for you to act out. Your cousin is trying to decide whether to go to graduate school or study abroad. He/she wants your advice. How do you respond? Explain your opinion in detail.

상황을 드릴테니 역할 연기를 해 보세요. 당신의 사촌이 대학원에 진학할지 유학을 갈지 고민 중에 있습니다. 그는/그녀는 당신의 조언을 듣기를 원합니다. 어떻게 대답할 것입니까? 당신의 의견을 자세히 설명해 보세요.

먼저 국내 대학원을 권할지 아니면 유학을 권할지 결정합니다. 말문을 열 때에는 상대방 고민의 키워드(국내 대학원 진학 혹은 유학)를 다시 한번 짚어주며 자연스럽게 이야기를 전개합니다. '꿈, 목표, 본인의 성격, 경제적인 능력'과 '두가지 선택'의 연관성에 대해 몇개의 질문을 만들어 봅니다. 그후, '나의 의견과 그 이유'에 대해 설명하고 권유하며 마무리 합니다.

Idea Flow

이야기 전개
Opening the Conversation
→
고려 사항
Things to Consider
→
의견 제시
Your Suggestions

key words

OPIc BOX

Idea	Key words	Sentences
Opening the Conversation	deciding, go to graduate school, study abroad	Heather, I heard that you are **deciding** whether to **go to graduate school** or **study abroad**.
Things to Consider	dream, goal, you know what you want	What is your **dream**? What is your **goal**? It is important that **you know what you want**.
Your Suggestions	give yourself more time to think about it	I suggest that you **give yourself more time to think about it** before you decide.

Sample Answer

Heather, I heard that you are **deciding** whether to **go to graduate school** or **study abroad**. Before I give you my advice, I would like to hear your opinion. What do you want to do and why? This is critical. Depending on your decision, you will have a totally different life ahead of you. What is your **dream**? What is your **goal**? It is important that **you know what you want**. I know you have always wanted to be a professor. But, a PhD degree is not enough to be a professor. You need global teaching experience as well as strong English skills. I suggest that **you give yourself more time to think about it** before you decide. Try to think about which one will help you achieve your final goal. That will help to solve the issue you are facing at this moment.

해석 p.317

Pattern Practice Ⅲ

School

 답변을 구성하기 위한 문장 패턴을 익혀 봅시다.

Opening the Conversation

Heather, I heard that you are [생각] whether to [옵션 1] or [옵션 2].
Heather, 나는 네가 ~과 ~에 대해 ~하게 생각하고 있다고 들었어.

Heather, I heard that you are deciding whether to go to graduate school or study abroad.
Heather, 나는 네가 대학원에 진학하는 것과 유학을 가는 것 중 하나를 선택하려 한다고 들었어.

Practice: Heather, I heard that you are _____ whether to _____ or _____ .

응용하기 | Heather, I heard that you are wondering about whether to become a teacher or work in a lab.
헤더, 나는 네가 선생님이 되는 것과 실험실에서 일하는 것 중 하나를 선택하려 한다고 들었어.

Things to Consider

What is your [목적 1]? What is your [목적 2]? It is important [선택].
네 ~은 무엇이니? 네 ~은 무엇이니? ~은 중요해.

What is your dream? What is your goal? It is important that you know what you want.
네 꿈은 무엇이니? 네 목표는 무엇이니? 네가 무엇을 원하는지 아는 것이 중요해.

Practice: What is your _____? What is your _____? It is important _____ .

응용하기 | What is your passion? What is your ambition? It is important not to choose a wrong career.
네 열정은 무엇이니? 네 야망은 무엇이니? 맞지 않는 직업을 선택하지 않는 것이 중요해.

Your Suggestions

I suggest that you [조언] before you decide.
나는 네가 결정을 내리기 전에 ~하기를 제안해.

I suggest that you give yourself more time to think about it before you decide.
나는 네가 결정을 내리기 전에 좀 더 시간을 두고 생각해 보기를 제안해.

Practice: I suggest that you _____ before you decide.

응용하기 | I suggest that you ask your parents for advice before you decide.
결정을 내리기 전에 네 부모님께 조언을 구하는 것을 제안해.

My OPIc BOX III

School

먼저, 앞에서 학습한 대로 자신만의 OPIc BOX를 완성해 보세요.
완성한 후에 패턴 연습을 통해 익힌 문장들을 더해 완전한 답변을 작성해 봅시다.

Q3 I'm going to give you a situation for you to act out. Your cousin is trying to decide whether to go to graduate school or study abroad. He/she wants your advice. How do you respond? Explain your opinion in detail.

상황을 드릴테니 역할 연기를 해 보세요. 당신의 친척이 대학원에 진학할지 유학을 갈지 고민 중에 있습니다. 그는/그녀는 당신의 조언을 듣기를 원합니다. 어떻게 대답할 것입니까? 당신의 의견을 자세히 설명해 보세요.

Idea	Key words	Sentences
Opening the Conversation		
Things to Consider		
Your Suggestions		

My Answer

Chapter 06 Vacation

1. Favorite Place for Overseas Traveling

2. Becoming a Tour Guide

3. Calling the Travel Agency

Chapter 06 Vacation

Topic Overview

휴가에 대한 질문은 시험 전에 작성하는 설문 조사의 7번, "당신은 어떤 휴가나 출장을 다녀온 경험이 있습니까?"라는 질문과 연관성을 가지고 있습니다. 직장인이라면 누구나 휴가에 관심을 가지고 있고, 휴가 기간 동안 여행 계획을 세우고 실제로 다녀오는 경우가 많은 만큼 자주 출제되는 문제 중 하나입니다. 국내/해외 여행과 관련된 질문 및 답변을 연습함에 있어서 다음과 같은 문제 유형을 참고하세요.

기본 문제	심층 문제	고급 문제
• 좋아하는 여행지 • 여행의 목적 • 여행을 떠날 때의 옷차림	• 국내 / 해외 여행을 떠남에 있어서 준비 사항 • 여행 방식 • 기타 여행사 관련 질문	• 여행과 관련된 특별한 경험 • 특정 여행지에 대한 선호 이유 • 최근의 여행담 서술하기

관련 질문 유형 보기

Vacation

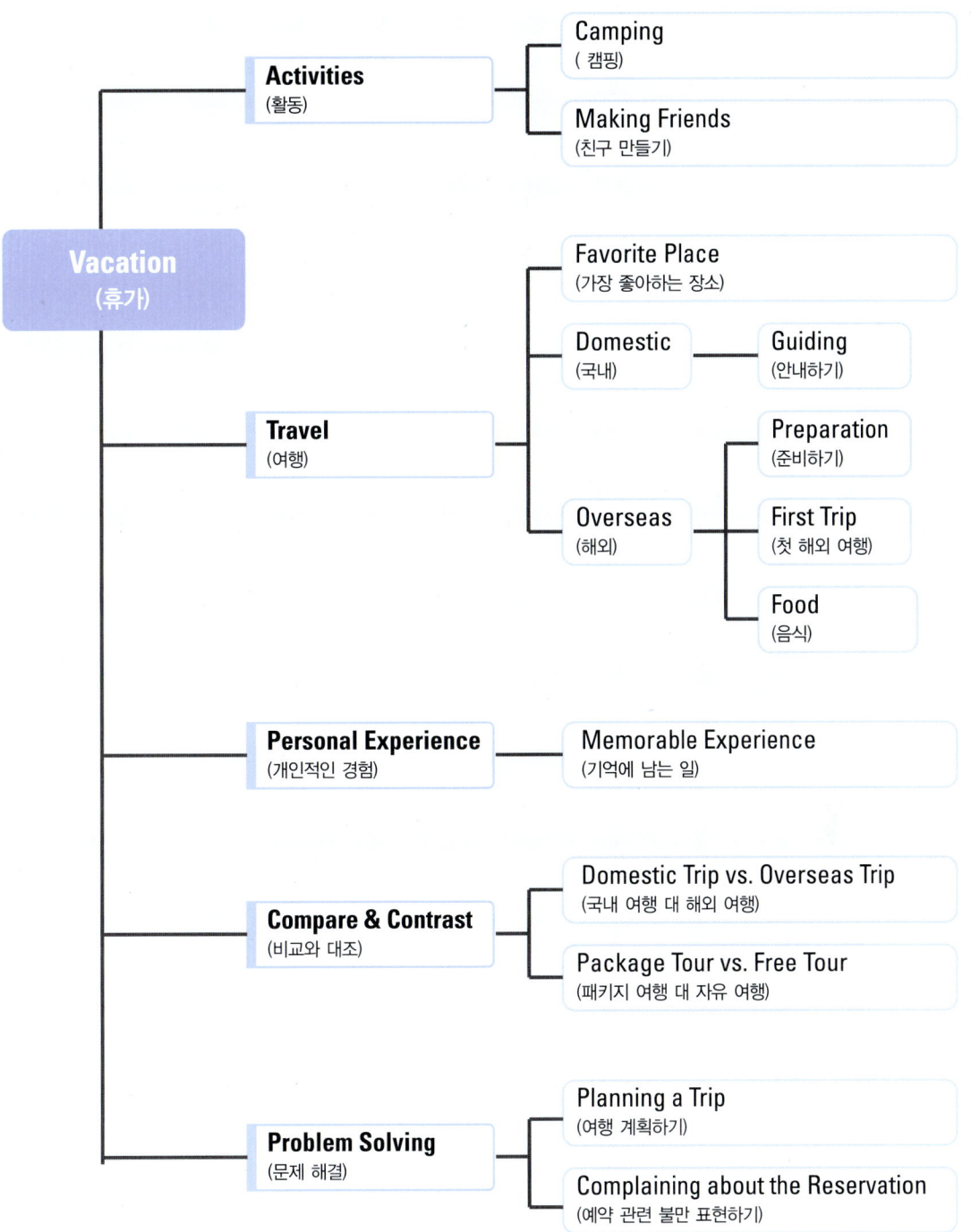

Chapter 06

관련 OPIc 예상 질문 파헤치기   `Vacation`

1 묘사 (Descriptive Speaking)

A Activities (활동)

1. You indicated in the survey that you go camping. Tell me about a camping place you went recently. Where did you go and what did you do? Describe it in detail.

설문 조사에서 캠핑을 간다고 응답했습니다. 최근에 갔던 캠핑장에 대해서 말해 보세요. 어디로 가서 무엇을 했나요? 자세히 설명해 보세요.

> **key words** surrounded with beaches, climbed to the viewing deck, a wonderful and natural beach experience, hiking and biking, taking pictures

2. Tell me about the most memorable person you've met while traveling. What kind of person was he/she? Give me the details.

여행 중 만났던 가장 기억에 남는 사람에 대해서 말해 보세요. 그는/그녀는 어떤 사람이었나요? 자세히 설명해 보세요.

> **key words** met in a café, came up to me, surprised, slept over at her place, brave woman, a chief editor, divorced, quit working, moved to Paris to study fashion industry, became good friends

3. You indicated in the survey that you enjoy overseas traveling. What is your favorite place to visit? Why do you like that place? Tell me in detail.

설문 조사에서 해외 여행을 즐긴다고 했습니다. 가장 방문하기 좋아하는 여행지는 어디인가요? 왜 그곳을 좋아하나요? 자세하게 설명해 보세요.

> **key words** Hawaii, tropical climate, perfect place to rest, thirteen, family trip, honeymoon

2 설명 (Narrative Speaking)

A Travel (여행)

1. Imagine that one of your foreign friends is visiting Korea, and you have to be his/her tour guide for a day. Give me a detailed schedule of the tour.

외국인 친구 중 한 명이 한국을 방문한다고 가정해 보세요. 당신은 하루 동안 그의/그녀의 여행 가이드가 되어야 합니다. 어디를 다닐지 여행 스케줄에 대해서 자세히 말해 보세요.

> **key words** from 9 a.m. to 8 p.m., traditional Korean tea, palace, trendy shops, amusement park, fun rides

2. You indicated in the survey that you travel overseas. Tell me about your first overseas trip. Where did you go and what did you do? Was it an enjoyable trip? Tell me about your experience in detail.

설문 조사에서 해외 여행을 다닌다고 했습니다. 당신의 첫 번째 해외 여행에 대해서 얘기해 보세요. 어디로 갔으며 무엇을 했나요? 즐거운 여행이었나요? 여행 경험을 자세히 말해 보세요.

> **key words** family trip, long flight, jet lag, everything was amazing, shopped around, watched a musical at night, had a great dinner

3. You indicated in the survey that you travel overseas. Have you ever tried interesting food when you traveled overseas? What did you try? Why was it special? Tell me in as much detail as possible.

설문 조사에서 해외 여행을 즐긴다고 했습니다. 여행 중 흥미로운 음식을 먹어 본 적이 있나요? 무엇을 먹었고, 그 음식은 왜 특별했나요? 가능한 한 자세히 말해 보세요.

> **key words** fried frog legs, looked gross, tour guide recommended, tried one, very crispy and savory, finished the dish and reordered

B Personal Experience (개인적인 경험)

1. Tell me about a memorable experience while on a vacation. What happened? Why was it special? Tell me all the details.

휴가 중 기억에 남는 경험에 대해서 말해 보세요. 무슨 일이 있었나요? 그 경험은 왜 특별했나요? 자세히 말해 보세요.

> **key words** went on a trip, packed up books, swam, slept, ate, got massage, perfect way to get away from city life

C Compare and Contrast (비교와 대조)

1. Which do you prefer, traveling in your country or traveling overseas? Why do you think one is better than the other? Explain your reasons in detail.

국내 여행과 해외 여행 중 어느 것을 더 선호하나요? 선호하는 이유는 무엇이죠? 이유를 자세히 설명해 보세요.

> **key words** prefer traveling overseas, experience different cultures, make foreign friends, taste local food, good way to refresh

2. Let's talk about package tours and self guided tours. How are they different? Which do you prefer and why? Describe in detail.

패키지 여행과 자유 여행에 대해서 이야기해 보겠습니다. 그들은 어떻게 다른가요? 어느 것을 더 선호하고 그 이유는 무엇인가요? 자세히 설명해 보세요.

> **key words** group tours, with strangers, go wherever I want, no need to be with strangers, no specific schedule

3 롤 플레이 (Role Play)

1. I'm going to give you a situation for you to act out. You want to plan an overseas trip with your family. Call up the travel agency and ask three or four questions about the trip.

상황을 드릴 테니 역할 연기를 해 보세요. 당신은 가족들과의 해외 여행을 계획하고 싶습니다. 여행사에 전화를 걸어서 여행에 관하여 서너 가지 질문을 해 보세요.

> **key words** May I talk to, depart, come back, early check-in, an extra bed, water sports activities

OPIc BOX I   Vacation

Q1 You indicated in the survey that you enjoy overseas traveling. What is your favorite place to visit? Why do you like that place? Tell me in detail.

설문 조사에서 해외 여행을 즐긴다고 했습니다. 가장 방문하기 좋아하는 여행지는 어디인가요? 왜 그곳에 가는 것을 좋아하나요? 자세하게 설명해 보세요.

가장 좋아하는 해외 여행지를 선택해 그 이유를 답하는 문제입니다. 먼저 이유에 대한 키워드를 정리하는 것이 우선입니다. 'place to take a rest' 'full of happy people' 등 간단한 key phrase로 정리합니다. 이유만으로 충분하지 않다면, '내가 가본 경험'을 사용해 답변하시기 바랍니다. 경험에 대해서도 'family trip, 13 years old' 'lots of tropical food', 'hula dancers' 등 특별한 기억을 떠올려 답하는 것이 중요합니다. 서너 가지의 key phrase를 사용하여 이야기를 풀어가는 연습을 하시기 바랍니다.

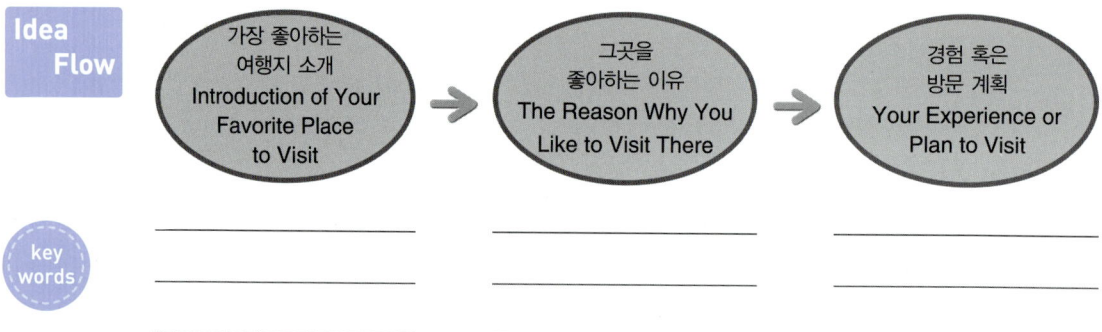

OPIc BOX

Idea	Key words	Sentences
Introduction of Your Favorite Place to Visit	Hawaii, tropical climate	My favorite place to visit is **Hawaii**. It has a warm **tropical climate**.
The Reason Why You Like to Visit There	perfect place to rest	Hawaii is the **perfect place to rest** and refresh my mind.
Your Experience or Plan to Visit	thirteen, family trip, honeymoon	I visited Hawaii when I was **thirteen**. I went there for **a family trip**. I wanted to save it for my **honeymoon**.

Sample Answer

My favorite place to visit is **Hawaii**. There are eight main islands in Hawaii. The weather is always nice there. It has a warm **tropical climate**. It is famous for diverse natural sceneries and many beaches. Besides, there are tropical fruits and attractive music with hula dancers. Hawaii is **the perfect place to rest** and refresh my mind. There are many beautiful beaches. About half of the people in Hawaii are tourists. Many of them are there for their honeymoons. I visited Hawaii when I was **thirteen**. I went there for **a family trip**. I remember people were so nice. Everybody was smiling. Since then, I have had several opportunities to visit Hawaii, but I didn't go. I wanted to save it for my **honeymoon**. When I go there, I want to visit many interesting islands and have a lot of fun. I would like to try scuba diving and eat delicious seafood. 해석 p.318

Pattern Practice I   Vacation

 답변을 구성하기 위한 문장 패턴을 익혀 봅시다.

Introduction of Your Favorite Place to Visit

My favorite place to visit is [장소]. It has a warm [기후].
제가 가장 방문하기 좋아하는 곳은 ~입니다. 그곳은 따뜻한 ~한 기후를 가지고 있습니다.

My favorite place to visit is Hawaii. It has a warm tropical climate.
제가 가장 방문하기 좋아하는 곳은 하와이입니다. 그곳은 따뜻한 열대 기후를 가지고 있습니다.

Practice: My favorite place to visit is _____.
It has a warm _____.

응용하기 | My favorite place to visit is New York. 제가 가장 방문하기 좋아하는 곳은 뉴욕입니다.
It has a warm and dry climate. 그곳은 따뜻하고 건조한 기후를 가지고 있습니다.

The Reason Why You Like to Visit There

Hawaii is [장소 설명] and refresh my mind.
하와이는 ~한 장소이고 제 마음을 상쾌하게 만듭니다.

Hawaii is the perfect place to rest and refresh my mind.
하와이는 휴식을 취하며 제 마음을 상쾌하게 만들기에 완벽한 장소입니다.

Practice: Hawaii is _____ and refresh my mind.

응용하기 | Hawaii is the ideal place to snorkel and refresh my mind.
하와이는 스노클링을 하며 제 마음을 상쾌하게 하기 이상적인 장소입니다.

Your Experience or Plan to Visit

I visited Hawaii when I was [시기 / 나이]. I went there for [여행 목적].
제가 ~ 때, 하와이에 갔습니다. 저는 ~를 하러 그곳에 갔습니다.

I visited Hawaii when I was thirteen. I went there for a family trip.
제가 열세 살 때 하와이에 갔습니다. 저는 가족 여행으로 그곳에 갔습니다.

I wanted to save it for my [목적].
저는 그곳을 저의 ~을 위해 남겨 놓고 싶었습니다.

I wanted to save it for my honeymoon.
저는 그곳을 저의 신혼여행을 위해 남겨 놓고 싶었습니다.

Practice: I visited Hawaii when I was _____. I went there for _____. I wanted to save it for my _____.

응용하기 | I visited Hawaii when I was in high school. I went there for a graduation trip.
제가 고등학생 때 하와이에 갔습니다. 졸업 여행으로 그곳에 갔습니다.
I wanted to save it for my knapsacking.
저는 그곳을 배낭여행을 위해 남겨 놓고 싶었습니다.

My OPIc BOX I Vacation

먼저, 앞에서 학습한 대로 자신만의 OPIc BOX를 완성해 보세요.
완성한 후에 패턴 연습을 통해 익힌 문장들을 더해 완전한 답변을 작성해 봅시다.

 You indicated in the survey that you enjoy overseas traveling. What is your favorite place to visit? Why do you like that place? Tell me in detail.
설문 조사에서 해외 여행을 즐긴다고 했습니다. 가장 방문하기 좋아하는 여행지는 어디인가요? 왜 그곳에 가는 것을 좋아하나요? 자세하게 설명해 보세요.

Idea	Key words	Sentences
Introduction of Your Favorite Place to Visit		
The Reason Why You Like to Visit There		
Your Experience or Plan to Visit		

My Answer

OPIc BOX II

Vacation

Q2 Imagine that one of your foreign friends is visiting Korea, and you have to be his/her tour guide for a day. Give me a detailed schedule of the tour.

외국인 친구 중 한 명이 한국을 방문했다고 가정해 보세요. 당신은 하루 동안 그의/그녀의 여행 가이드가 되어야 합니다. 어디를 다닐지 여행 스케줄에 대해서 자세히 말해 보세요.

하루의 관광 스케줄을 이야기할 때, 중요한 것은 스케줄에 대한 간략한 요약이 있어야 합니다. 무작정 스케줄을 말하기 시작하면, 듣는 사람이 혼란스러워질 수 있습니다. 관광시간은 '9 a.m.~8 p.m.'이고, 'morning – northern Seoul', 'afternoon – southern Seoul' 등의 방식으로 큰 개요를 알려주고, 그 후 세부 일과를 설명해 나갑니다. 질문의 목적에 맞게, 시간별로 동선을 따라가며 세부 일과를 설명해 나가면 됩니다.

Idea Flow

관광 일정 Tour Schedule → 오전 일과 설명 Itinerary for the Morning → 오후 일과 설명 Itinerary for the Afternoon

key words

_____   _____   _____
_____   _____   _____
_____   _____   _____
_____   _____   _____

OPIc BOX

Idea	Key words	Sentences
Tour Schedule	from 9 a.m. to 8 p.m.	I made a tour schedule **from 9 a.m. to 8 p.m.**
Itinerary for the Morning	traditional Korean tea, palace	First, we will have **traditional Korean tea**. It is the biggest **palace** in Seoul.
Itinerary for the Afternoon	trendy shops, amusement park, fun rides	There are **trendy shops** and restaurants. There is an **amusement park** where we can enjoy **fun rides**.

Sample Answer

I planned a one day tour for my friend, Sam. It is his first visit. I made a tour schedule **from 9 a.m. to 8 p.m.** We will cover the north of Seoul in the morning and the southern part in the afternoon. We will meet in Insa-dong at 9 a.m. First, we will have **traditional Korean tea**. It will be a good start to the day. After that, we will go to Gyeongbokgung. It is the biggest **palace** in Seoul. We will have lunch nearby. After lunch, we will move to the southern part of Seoul to experience modern Korea. First, we will go to Garosugil. There are **trendy shops** and restaurants. We will walk around the main street and have coffee. Then, we will go to Jamsil. There is an **amusement park** where we can enjoy **fun rides**. Then, we will have a nice fusion style Korean dinner to call it a day.

해석 p.318

Pattern Practice II   Vacation

 답변을 구성하기 위한 문장 패턴을 익혀 봅시다.

Tour Schedule

I made a tour schedule [투어 시간].
저는 ~부터 ~까지의 관광 일정표를 만들었습니다.

I made a tour schedule from 9 a.m. to 8 p.m.
저는 아침 9시부터 밤 8시까지의 관광 일정표를 만들었습니다.

Practice: I made a tour schedule _____.

응용하기 | I made a tour schedule from late night to early morning.
저는 늦은 밤부터 이른 아침까지의 관광 일정표를 만들었습니다.

Itinerary for the Morning

First, we will have [음식]. 첫 번째로, 우리는 ~을 먹을 것입니다.
It is the biggest [건축물] in Seoul. 그곳은 서울에서 가장 큰 ~입니다.

First, we will have traditional Korean tea. 첫 번째로, 우리는 한국의 전통차를 마실 것입니다.
It is the biggest palace in Seoul. 그곳은 서울에서 가장 큰 궁입니다.

Practice: First, we will have _____. It is the biggest _____ in Seoul.

응용하기 | First, we will have Thai food. 첫 번째로, 우리는 태국 음식을 먹을 것입니다.
It is the biggest department store in Seoul. 그곳은 서울에서 가장 큰 백화점입니다.

Itinerary for the Afternoon

There are [특색있는 장소] and restaurants.
그곳에는 ~와 음식점들이 있습니다.

There are trendy shops and restaurants.
그곳에는 트렌디한 상점들과 음식점들이 있습니다.

There is an [장소] where we can enjoy [즐길 수 있는 것].
그곳에는 우리가 ~를 할 수 있는 ~가 있습니다.

There is an amusement park where we can enjoy fun rides.
그곳에는 우리가 놀이기구를 즐길 수 있는 놀이공원이 있습니다.

Practice: There are _____ and restaurants. There is an _____ where we can enjoy _____.

응용하기 | There are fancy bars and restaurants. 그곳에는 고급스러운 바와 음식점들이 있습니다.
There is a noraebang where we can enjoy singing.
그곳에는 우리가 노래를 즐길 수 있는 노래방이 있습니다.

My OPIc BOX II   Vacation

먼저, 앞에서 학습한 대로 자신만의 OPIc BOX를 완성해 보세요.
완성한 후에 패턴 연습을 통해 익힌 문장들을 더해 완전한 답변을 작성해 봅시다.

Q2 **Imagine that one of your foreign friends is visiting Korea, and you have to be his/her tour guide for a day. Give me a detailed schedule of the tour.**

외국인 친구 중 한 명이 한국을 방문했다고 가정해 보세요. 당신은 하루 동안 그의/그녀의 여행 가이드가 되어야 합니다. 어디를 다닐지 여행 스케줄에 대해서 자세히 말해 보세요.

Idea	Key words	Sentences
Tour Schedule		
Itinerary for the Morning		
Itinerary for the Afternoon		

My Answer

Chapter 06 • 99

OPIc BOX III

Vacation

Q3 I'm going to give you a situation for you to act out. You want to plan an overseas trip with your family. Call up the travel agency and ask three or four questions about the trip.

상황을 드릴 테니 역할 연기를 해 보세요. 당신은 가족들과의 해외 여행을 계획하고 싶습니다. 여행사에 전화를 걸어서 여행에 관하여 서너 가지 질문을 해 보세요.

전화를 걸어 답하는 Role Play 문제는 '전화를 걸어 담당자를 찾기'로 시작합니다. 그 후, 문제에서 원하는 답변을 만들면 되는데, 이번 문제에서는 '가족 여행'에 관한 질문을 서너 가지 하는 것입니다. 여행사에 전화해 여행지와 일정에 대해 문의할 수도 있고, 미리 예약한 여행 일정에 대해 확인하는 내용도 좋습니다. 중요한 것은 의사 전달의 개요를 정확히 잡는 것인데, 여행 일정과 관련해서는 '비행 스케줄', '숙소', '현지에서 할 수 있는 활동', '비용' 등을 질문할 수 있습니다. 무조건 답변을 하려 하기 보다는 항상 어떤 답변을 하는 것이 본인에게 유리할지 정리를 한 후 이야기를 시작해야 정확하고 막힘없이 Role Play 문제에 답할 수 있습니다.

Idea Flow

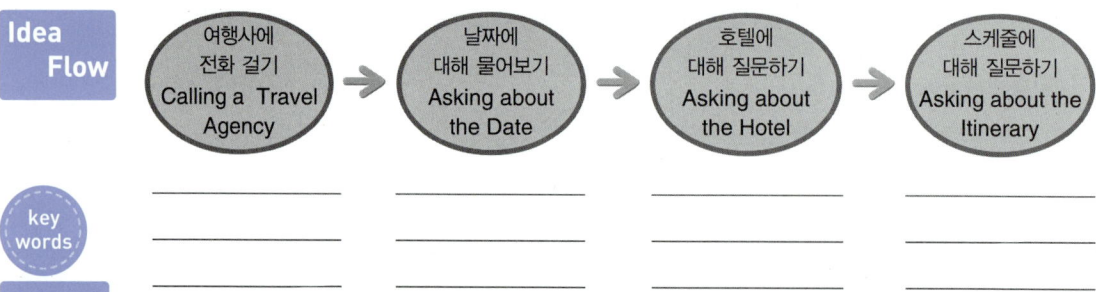

key words

_____   _____   _____   _____
_____   _____   _____   _____
_____   _____   _____   _____

OPIc BOX

Idea	Key words	Sentences
Calling a Travel Agency	may I talk to	**May I talk to** Mr. Kim?
Asking about the Date	depart, come back	We **depart** on June second from Incheon, and **come back** on June 12th.
Asking about the Hotel	an early check-in, an extra bed	I asked for **an early check-in** for the hotel in Cebu. Also, I asked for **an extra bed** for one of my children.
Asking about the Itinerary	water sports activities	I also want to know if we can make arrangements for **water sports activities**.

Sample Answer

Hello? Is this GoGo travel agency? This is Stephanie. **May I talk to** Mr. Kim? He is in charge of my family trip arrangements. Is this Mr. Kim? I want to make sure that everything is okay for my trip to Cebu. First, I would like to double check the date. We **depart** on June second from Incheon, and **come back** on June 12th. I asked for **an early check-in** for the hotel in Cebu. My flight arrives at 7 a.m., so we would like to check-in by 8 a.m. I have two kids and it will be very uncomfortable to wait with them in the lobby. Also, I asked for **an extra bed** for one of my children. I also want to know if we can make arrangements for **water sports activities**. My sons want to try snorkeling very much. Thank you for your help and I am looking forward to hearing from you soon.

해석 p.318

Pattern Practice Ⅲ　　　Vacation

 답변을 구성하기 위한 문장 패턴을 익혀 봅시다.

Calling a Travel Agency

May I talk to [대화 대상]? ~와 통화할 수 있을까요?

May I talk to Mr. Kim?
김 씨와 통화할 수 있을까요?

Practice: May I talk to _____?

응용하기 | May I talk to your supervisor?
당신의 상관과 통화할 수 있을까요?

Asking about the Date

We [출발] on June second from Incheon, and [도착] on June 12th.
우리는 6월 2일에 인천에서 ~하고 6월 12일에 ~합니다.

We depart on June second from Incheon, and come back on June 12th.
우리는 6월 2일에 인천에서 출발하고 6월 12일에 돌아옵니다.

Practice: We _____ on June second from Incheon, and _____ on June 12th.

응용하기 | We leave on June second from Incheon, and get back on June 12th.
우리는 6월 2일에 인천을 떠나서 6월 12일에 돌아옵니다.

Asking about the Hotel

I asked for [사전조치] for the hotel in Cebu.
세부에 있는 호텔에 ~을 부탁했습니다.

I asked for an early check-in for the hotel in Cebu.
세부에 있는 호텔에 이른 체크인을 부탁했었습니다.

Practice: I asked for _____ for the hotel in Cebu.

응용하기 | I asked for a free meal service for the hotel in Cebu.
세부에 있는 호텔에 무료 식사를 부탁했습니다.

Asking about the Itinerary

I also want to know if we can make arrangements for [활동].
그리고 우리가 ~을 예약할 수 있는지도 알고 싶습니다.

I also want to know if we can make arrangements for water sports activities.
그리고 우리가 수상 스포츠를 예약할 수 있는지도 알고 싶습니다.

Practice: I also want to know if we can make arrangements for _____.

응용하기 | I also want to know if we can make arrangements for the wedding rehearsal. 그리고 우리가 웨딩 리허설을 예약할 수 있는지도 알고 싶습니다.

My OPIc BOX Ⅲ

Vacation

먼저, 앞에서 학습한 대로 자신만의 OPIc BOX를 완성해 보세요.
완성한 후에 패턴 연습을 통해 익힌 문장들을 더해 완전한 답변을 작성해 봅시다.

Q3 I'm going to give you a situation for you to act out. You want to plan an overseas trip with your family. Call up the travel agency and ask three or four questions about the trip.

상황을 드릴 테니 역할 연기를 해 보세요. 당신은 가족들과의 해외 여행을 계획하고 싶습니다. 여행사에 전화를 걸어서 여행에 관하여 서너 가지 질문을 해 보세요.

Idea	Key words	Sentences
Calling a Travel Agency		
Asking about the Date		
Asking about the Hotel		
Asking about the Itinerary		

My Answer

Chapter 07 Movies

1. Favorite Movies
2. Memorable Experience at the Movies
3. Problem at the Movies

Chapter 07 Movies

Oral Proficiency Interview-computer

Topic Overview

영화보기는 시험 전에 작성하는 설문 조사의 4번, "귀하는 여가 활동으로 무엇을 하십니까?" 에 대한 하나의 보기로 설정이 되어 있습니다. 시간과 장소에 관계없이 누구나 쉽게 즐길 수 있기 때문에 영화 관람은 요즘 가장 인기 있는 여가 활동 중 하나입니다. 게다가 OPIc에서 질문도 어렵게 출제되지 않아서 공략하기 쉬운 항목이라고 할 수 있습니다. 자신감을 가지고 다음과 같은 문제 유형을 참고하세요.

기본 문제	심층 문제	고급 문제
• 자주 가는 영화관 • 좋아하는 영화 장르 • 좋아하는 영화 배우	• 영화 관람 전 / 후의 활동 • 영화 예매하는 방법 / 절차 • 영화관에서의 경험담	• 최근 관람한 영화의 내용 • 영화와 연관된 추억 • 특정 영화에 대한 느낌 및 감흥

관련 질문 유형 보기 — Movies

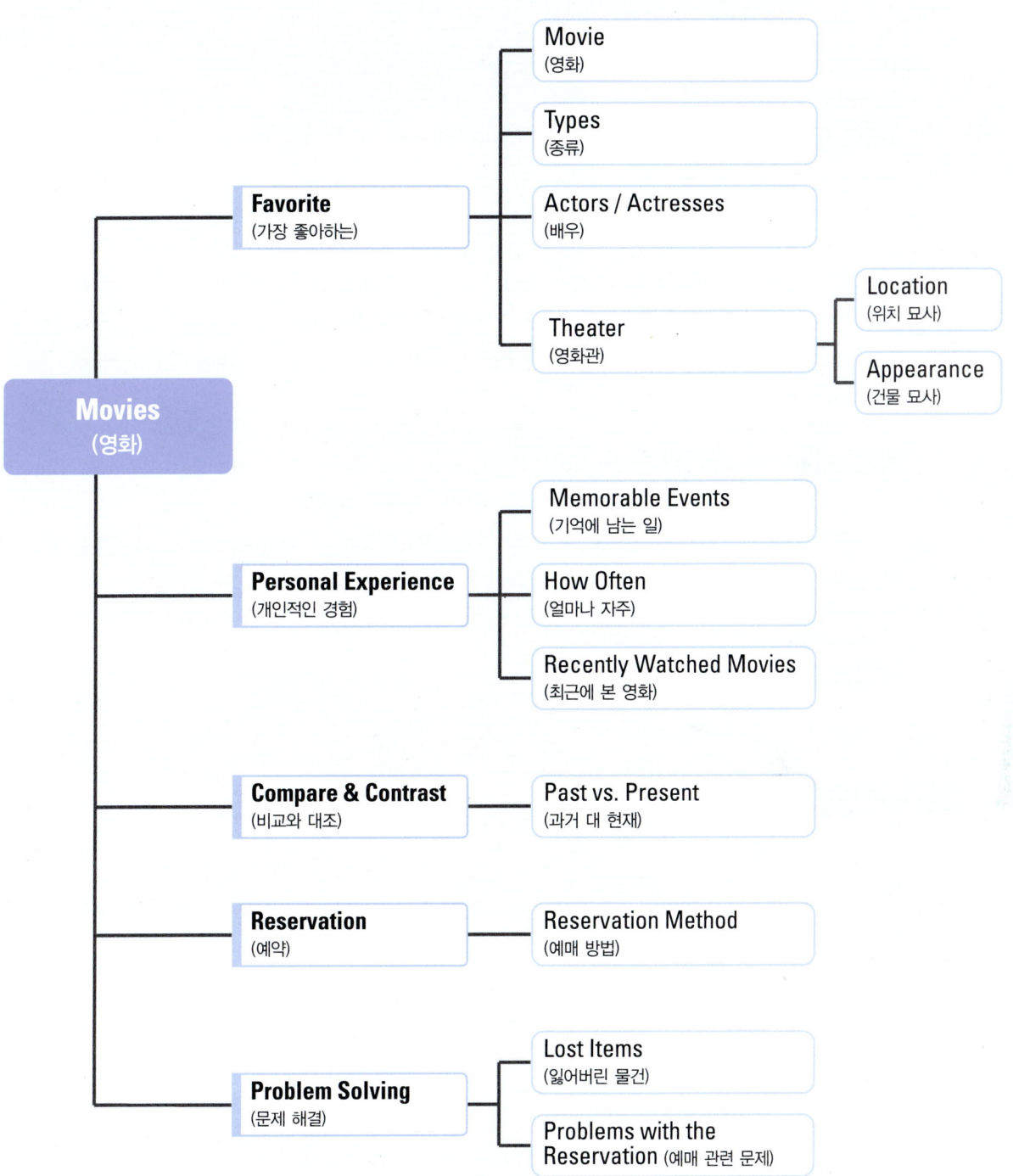

관련 OPIc 예상질문 파헤치기

1 묘사 (Descriptive Speaking)

A Favorites (가장 좋아하는)

1. Tell me about your favorite movie. Describe it in detail.
가장 좋아하는 영화에 대해서 자세히 말해 보세요.
key words Transformers 3, SF action, Michael Bay, chase scene at the end

2. I'd like to know about your favorite movie. What kind of movie is it? Why do you like it?
당신이 가장 좋아하는 영화에 대해서 알고 싶습니다. 그것은 어떤 종류의 영화인가요? 왜 그 영화를 좋아하나요?
key words action, entertaining, get rid of stress, The Godfather series, Al Pacino, Robert De Niro, Marlon Brando, starring, best action movie in my life

3. Tell me about your favorite actor/actress? Please describe him/her in as much detail as possible.
당신이 가장 좋아하는 배우는 누구인가요? 그 배우에 대해서 자세히 설명해 주세요.
key words Al Pacino, American Italian actor, starred in Scarface, Scent of a Woman, The Godfather, masculine character, subtle, poised, gentle

4. You indicated in the survey that you like to watch movies. Tell me about your favorite movie theater. Where is it located? What does it look like? Give me all the details.
당신은 설문조사에서 영화관에 간다고 말했습니다. 당신이 가장 좋아하는 영화관에 대해서 얘기해 주세요. 어디에 위치해 있고 어떻게 생겼나요? 자세히 말해 보세요.
key words CGV theater, within walking distance, modern, stylish, clean

2 설명 (Narrative Speaking)

A Experience (경험)

1. Tell me about a memorable experience at the movie theater. What happened? Describe the experience in detail.
영화관에서의 기억에 남는 경험에 대해서 말해 주세요. 어떤 일이 있었나요? 경험을 자세히 설명해 주세요.
key words lost my wallet, looking for the wallet, missing the whole movie, so embarrassed, found the wallet in the toilet trash can

2. You indicated in the survey that you like movies. How often do you watch movies? When do you watch movies? Please tell me in detail.
설문 조사에 영화를 즐긴다고 했습니다. 영화를 얼마나 자주 보나요? 언제 영화를 보나요? 자세히 설명해 주세요.
key words Once a week, Sunday night, go to the theater with my wife, buy pop corn and some drinks, enjoy watching movie in the empty theater

3. I'd like to know about a movie you watched recently. What did you watch? Who did you watch it with? Give me all the details.

당신이 최근에 본 영화에 대해서 알고 싶습니다. 무슨 영화를 보셨나요? 누구와 함께 그 영화를 보셨나요? 자세히 말해 주세요.

> **key words** Three weeks ago, Transformers 3, my husband bought the tickets, best action movie of the year, about robots fighting against evil, fun popcorn movie, had fun

B Compare & Contrast (비교와 대조)

1. Discuss how the movies have changed over the years. Compare the past and present. What things are the same? What things are different?

영화가 오랜 시간에 걸쳐 어떻게 변화해 왔는지 설명해 보세요. 영화의 과거와 현재를 비교해 보세요. 똑같은 것은 무엇인가요? 달라진 것은 무엇인가요?

> **key words** black and white, simple plot, simple camera works, more computer graphics, complicated plot, 3D, 4D

C Reservation (예약)

1. What steps do you have to take to reserve a movie ticket? Tell me about the whole process from beginning to end.

영화 티켓을 예매하기 위해서는 어떤 절차를 거쳐야 하나요? 모든 과정을 처음부터 끝까지 자세히 말해 주세요.

> **key words** check the film schedule, select one movie, login, choose the seat, get online tickets, go to the theater and show the tickets

3 롤 플레이 (Role Play)

1. I'm going to give you a situation for you to act out. Imagine that you lost your wallet at the movie theater. Call the movie theater to explain the situation and ask for help.

상황을 드릴 테니 역할 연기를 해 보세요. 당신이 영화관에서 지갑을 잃어버렸다고 가정해 보세요. 영화관에 전화를 걸어 상황을 설명하고 도움을 요청하세요.

> **key words** lost and found, lost my wallet, brown wallet, last midnight movie, check and call me back, my phone number

2. I'm going to give you a situation for you to act out. You bought two movie tickets online. However, you found out that you were overcharged. Call the movie theater to explain the situation and suggest two or three ways to solve the problem.

상황을 드릴 테니 역할 연기를 해 보세요. 당신은 온라인으로 영화 티켓을 두 장 구매했습니다. 그런데 당신은 판매자가 요금을 과다 청구한 사실을 알았습니다. 극장에 전화를 걸어 상황을 설명해 보세요. 그리고 문제를 해결하기 위해 두세 가지 제안을 해 보세요.

> **key words** theater, manager, online reservation, you charged me 10 more dollars, refund the money

OPIc BOX I

Movies

Q1 Tell me about your favorite movie. Describe it in detail.

가장 좋아하는 영화에 대해서 자세히 설명해 보세요.

본인이 좋아하는 영화에 대해 물어보는 질문을 받았을 때에는 우선 '영화제목, 장르, 좋아하는 이유 그리고 기억에 남는 장면' 4가지 idea를 바탕으로 대답해 보겠습니다. 각 idea에 대한 키워드를 아래와 같이 정리해 보세요.

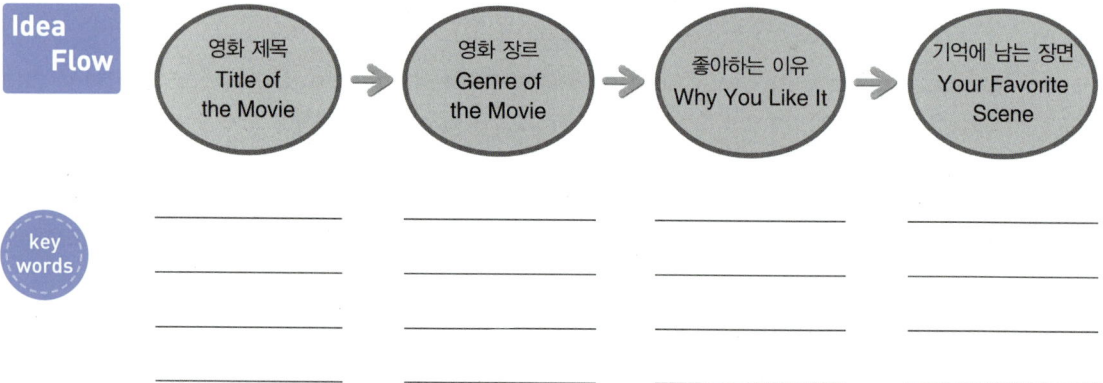

OPIc BOX

Idea	Key words	Sentences
Title of the Movie	Transformers 3	My favorite movie is **Transformers 3**.
Genre of the Movie	SF action	It is a typical Hollywood **SF action** film.
Why You Like It	Michael Bay	Actually, I am a big fan of the director **Michael Bay**.
Your Favorite Scene	chase scene at the end of the movie	The best scene from Transformers 3 was the **chase scene at the end of the movie**.

Sample Answer

My favorite movie is **Transformers 3**. I have watched all the movies in the Transformers series. And I was attracted to the trailer full of new robot characters. It is a typical Hollywood **SF action** film. SF action is my favorite movie genre. There are various Hollywood blockbusters with computer graphics. However, I think Transformers 3 is the best one of all time. Actually, I am a big fan of the director **Michael Bay**. His movies always top the international box office lists. Movies should be fun and big scale so that they allow audience to escape from harsh reality. The best scene from Transformers 3 was the **chase scene at the end of the movie**. In that scene, the cars freely transformed into robots and battled against the villains. I was so overwhelmed that I felt like I was one of the characters in the movie. It was the best film I've seen in my life. And I can't wait to see the next one in the series.

해석 p.318

Pattern Practice I   **Movies**

🧊 답변을 구성하기 위한 문장 패턴을 익혀 봅시다.

Title of the Movie

My favorite movie is [영화 제목].
제가 가장 좋아하는 영화는 ~입니다.

My favorite movie is **Transformers 3**.
제가 가장 좋아하는 영화는 트랜스포머 3입니다.

Practice: My favorite movie is _____.

응용하기 | My favorite movie is Dark Night.
제가 가장 좋아하는 영화는 다크 나이트입니다.

Genre of the Movie

[영화 제목] is [영화 장르] film.
~는 ~ 장르의 영화입니다.

Transformers 3 is a typical Hollywood **SF action** film.
트랜스포머 3는 전형적인 헐리우드 SF 액션 영화입니다.

Practice: _____ is a _____ film.

응용하기 | Casablanca is a classic black and white film.
카사블랑카는 고전 흑백 영화입니다.

Why You Like It

Actually, I am a big fan of the director [감독 이름].
사실 저는 ~감독의 열혈 팬입니다.

Actually, I am a big fan of the director **Michael Bay**.
사실 저는 Michael Bay 감독의 열혈 팬입니다.

Practice: Actually, I am a big fan of the director _____.

응용하기 | Actually, I am a big fan of the director Woody Allen.
사실 저는 Woody Allen 감독의 열혈 팬입니다.

Your Favorite Scene

The best scene from [영화 제목] was [장면].
~의 가장 훌륭한 장면은 ~였습니다.

The best scene from **Transformer 3** was the **chase scene at the end of the movie**.
트랜스포머 3의 가장 훌륭한 장면은 영화 마지막 부분의 추격신이었습니다.

Practice: The best scene from _____ was _____.

응용하기 | The best scene from Saving Private Ryan was the battle scene in the beginning of the movie.
라이언 일병 구하기의 가장 훌륭한 장면은 영화 첫 부분의 전투장면이었습니다.

My OPIc BOX I   Movies

먼저, 앞에서 학습한 대로 자신만의 OPIc BOX를 완성해 보세요.
완성한 후에 패턴 연습을 통해 익힌 문장들을 더해 완전한 답변을 작성해 봅시다.

Q1 Tell me about your favorite movie. Describe it in detail.
가장 좋아하는 영화에 대해서 자세히 설명해 보세요.

Idea	Key words	Sentences
Title of the Movie		
Genre of the Movie		
Why You Like It		
Your Favorite Scene		

My Answer

_____
_____
_____
_____
_____
_____
_____
_____
_____

OPIc BOX II   Movies

Q2 Tell me about a memorable experience at the movie theater. What happened? Describe the experience in detail.
영화관에서의 기억에 남는 경험에 대해서 말해 주세요. 어떤 일이 있었나요? 경험을 자세히 설명해 주세요.

> 먼저 기억에 남는 경험을 명확하게 제시해 주는 것이 중요합니다. 그런 다음 그 상황에 대해 자세히 설명을 하면 더 정확한 내용을 전달할 수 있습니다. 경험에 대한 소개를 하고 그 상황을 설명하고 결과를 얘기해서 마무리를 짓는 흐름을 바탕으로 대답해 보겠습니다. 각 아이디어에 대한 키워드를 아래와 같이 정리해 보세요.

Idea Flow: 기억에 남는 경험 소개 Memorable Experience → 어떤 일이 있었는지 설명 What Happened → 개인적인 느낌 Your Feelings about It → 결과 The Result

key words

OPIc BOX

Idea	Key words	Sentences
Memorable Experience	lost my wallet	I can't forget the day I **lost my wallet** at the movie theater.
What Happened	looking for the wallet, missing the whole movie	We spent almost two hours **looking for the wallet** and we ended up **missing the whole movie**.
Your Feelings about It	so embarrassed	I felt **so embarrassed** that I forgot to watch the movie.
The Result	found the wallet in the toilet trash can	In the end, I **found the wallet in the toilet trash can**.

Sample Answer

I can't forget the day I **lost my wallet** at the movie theater. Something terrible happened to me. I went to the theater with my girlfriend and lost my wallet which I had put in my back pocket. I had all my credit cards and a lot of cash in it. My girlfriend and I started looking for the wallet. We searched every place we had been to. And I notified the bank and cancelled all my credit cards. I felt **so embarrassed** that I forgot to watch the movie. In any case, I thanked my girlfriend for not grumbling at me. Unfortunately, we spent almost two hours **looking for the wallet** and we ended up **missing the whole movie**. In the end, I **found the wallet in the toilet trash can**. I guess I dropped it in the public toilet. Luckily, someone only took my cash and tossed the wallet in the garbage can. It was my worst, but, most memorable experience at the movie theater.

해석 p.319

Pattern Practice II   Movies

 답변을 구성하기 위한 문장 패턴을 익혀 봅시다.

| **Memorable Experience** | I can't forget the day I [기억에 남는 경험] at the movie theater.
저는 영화관에서 ~했던 날을 잊을 수가 없습니다.

I can't forget the day I lost my wallet at the movie theater.
저는 영화관에서 지갑을 잃어버렸던 날을 잊을 수가 없습니다.

Practice: I can't forget the day I _____ at the movie theater. |

응용하기 | I can't forget the day I met my favorite actor at the movie theater.
저는 영화관에서 제가 가장 좋아하는 영화배우를 만난 날을 잊을 수가 없습니다.

| **What Happened** | We spent almost two hours [대처 방법] and we ended up [결과].
우리는 거의 두 시간 동안 ~을 했고 결국에는 ~을 했습니다.

We spent almost two hours looking for the wallet and we ended up missing the whole movie.
우리는 거의 두 시간 동안 지갑을 찾아 헤맸고 결국에는 영화를 아예 못 보고 말았습니다.

Practice: We spent almost two hours _____ and we ended up _____. |

응용하기 | We spent almost two hours looking for a restaurant and we ended up missing the dinner.
우리는 거의 두 시간 동안 음식점을 찾아 헤맸고 결국에는 저녁 식사를 놓치고 말았습니다.

| **Your Feelings about It** | I felt [느낀 감정] that I forgot to watch the movie.
저는 ~해서 영화를 보는 것조차 잊어버렸습니다.

I felt so embarrassed that I forgot to watch the movie.
저는 너무 당황해서 영화를 보는 것조차 잊어버렸습니다.

Practice: I felt _____ that I forgot to watch the movie. |

응용하기 | I felt so tired that I forgot to watch the movie.
저는 너무 피곤해서 영화를 보는 것조차 잊어버렸습니다.

| **The Result** | In the end, I [해결]. 결국에 저는 ~ 했습니다.

In the end, I found the wallet in the toilet trash can.
결국에 저는 화장실 쓰레기통에서 지갑을 찾았습니다.

Practice: In the end, I _____. |

응용하기 | In the end, I went to the 3D theater to watch that movie.
결국에 저는 그 영화를 보러 3D 영화관에 갔습니다.

My OPIc BOX II

Movies

먼저, 앞에서 학습한 대로 자신만의 OPIc BOX를 완성해 보세요.
완성한 후에 패턴 연습을 통해 익힌 문장들을 더해 완전한 답변을 작성해 봅시다.

Q2 Tell me about a memorable experience at the movie theater. What happened? Describe the experience in detail.

영화관에서의 기억에 남는 경험에 대해서 말해 주세요. 어떤 일이 있었나요? 경험을 자세히 설명해 주세요.

Idea	Key words	Sentences
Memorable Experience		
What Happened		
Your Feelings about It		
The Result		

My Answer

OPIc BOX III

Movies

Q3 I'm going to give you a situation for you to act out. You bought two movie tickets online. However, you found out that you were overcharged. Call the movie theater to explain the situation and suggest two or three ways to solve the problem.

상황을 드릴 테니 역할 연기를 해 보세요. 당신은 온라인으로 영화 티켓을 두 장 구매했습니다. 그런데 당신은 판매자가 요금을 과다 청구한 사실을 알았습니다. 극장에 전화를 걸어 상황을 설명해 보세요. 그리고 문제를 해결하기 위해 두세 가지 제안을 해 보세요.

> Role play 문제는 끊지 않고 문장들을 이어나가야 하기 때문에 idea flow와 내가 해야 할 말들의 키워드를 뽑아내는 것이 더욱 중요합니다. 극장에 전화해서 정확하게 담당자를 찾기, 그 후 온라인 예매를 하면서 있었던 상황을 자세히 설명하고 문제를 처리할 수 있는 대안을 제시하는 세 가지 아이디어를 바탕으로 대답해 보겠습니다. 각 아이디어에 대한 키워드를 아래와 같이 정리해 보세요.

Idea Flow

전화 걸어 담당자 찾기
Calling the Theater to Find the Person in Charge
→
상황 설명
Explaining What Happened
→
대안 제시
Suggesting Ways to Solve the Problem

key words

OPIc BOX

Idea	Key words	Sentences
Calling the Theater to Find the Person in Charge	OOO theater, manager, online reservations	Hello, is this **Landmark Cinema**? Can I talk to the **manager** in charge of **online reservations**?
Explaining What Happened	you charged me 10 more dollars	After I made the payment, I found **you charged me 10 more dollars** for the tickets.
Suggesting Ways to Solve the Problem	Can you just refund the money	**Can you just refund the money** now so that I can go watch the movie in another theater?

Sample Answer

Hello, is this **Landmark Cinema**? Can I talk to the **manager** in charge of **online reservations**? Hi, this is Daniel Kim. Last night, I bought 2 movie tickets online for this Saturday. I've always bought tickets online but this has never happened before. I bought them on the movietickets.com site and I paid by credit card. After I made the payment, I found out that **you charged me 10 more dollars** for the tickets. I wonder what happened with your online payment system. If you want to check it, I can send you the receipt by e-mail. **Can you just refund the money** now so that I can go watch the movie in another theater? Or I could just get the difference back in cash on Saturday at the theater. I would like you to take care of this problem as soon as possible.

해석 p.319

Pattern Practice III   Movies

 답변을 구성하기 위한 문장 패턴을 익혀 봅시다.

Calling the Theater to Find the Person in Charge

Hello, is this [영화관 이름]? Can I talk to the [담당자] in charge of [담당 업무]?
여보세요, ~극장이죠? ~를 담당하고 있는 ~와 통화할 수 있을까요?

Hello, is this Landmark Cinema? Can I talk to the manager in charge of online reservations?
여보세요, 거기 랜드마크 영화관이죠? 온라인 예약을 담당하고 있는 매니저분과 통화할 수 있을까요?

Practice: Hello, is this _____? Can I talk to the _____ in charge of _____?

응용하기 | Hello, is this SKC theater? Can I talk to the employee in charge of the ticket booth?
여보세요, SKC 영화관이죠? 티켓창구를 담당하고 있는 직원과 통화할 수 있을까요?

Explaining What Happened

After I made the payment, I found [과다 청구] for the tickets.
비용을 지불한 후에, 저는 티켓 요금이 ~된 사실을 알아냈습니다.

After I made the payment, I found you charged me 10 more dollars for the tickets.
비용을 지불한 후에, 저는 당신이 티켓 요금보다 10달러를 과다 청구한 사실을 알아냈습니다.

Practice: After I made the payment, I found _____ for the tickets.

응용하기 | After I made the payment, I found he made me pay 10,000 won more for the tickets.
비용을 지불한 후에, 저는 그가 티켓 요금보다 10,000원을 과다 청구한 사실을 알아냈습니다.

Suggesting Ways to Solve the Problem

[처리 방법] now so that I can go watch the movie in another theater?
그리고 제가 다른 영화관에서 영화를 볼 수 있도록 ~해 줄 수 있을까요?

Can you just refund the money now so that I can go watch the movie in another theater?
그리고 제가 다른 영화관에서 영화를 볼 수 있도록 티켓값을 환불해 줄 수 있을까요?

Practice: _____ now so that I can go watch the movie in another theater?

응용하기 | Can I have my money back now so that I can go watch the movie in another theater?
그리고 제가 다른 영화관에서 영화를 볼 수 있도록 돈을 돌려받을 수 있을까요?

My OPIc BOX III

Movies

먼저, 앞에서 학습한 대로 자신만의 OPIc BOX를 완성해 보세요.
완성한 후에 패턴 연습을 통해 익힌 문장들을 더해 완전한 답변을 작성해 봅시다.

Q3 I'm going to give you a situation for you to act out. You bought two movie tickets online. However, you found out that you were overcharged. Call the movie theater to explain the situation and suggest two or three ways to solve the problem.

상황을 드릴 테니 역할 연기를 해 보세요. 당신은 온라인으로 영화 티켓을 두 장 구매했습니다. 그런데 당신은 판매자가 요금을 과다 청구한 사실을 알았습니다. 극장에 전화를 걸어 상황을 설명해 보세요. 그리고 문제를 해결하기 위해 두세 가지 제안을 해 보세요.

Idea	Key words	Sentences
Calling the Theater to Find the Person in Charge		
Explaining What Happened		
Suggesting Ways to Solve the Problem		

My Answer

Chapter 08: Going Places

1. Favorite Park
2. The Mountain or the Beach
3. Persuading Friend

Chapter 08 Going Places

Topic Overview

장소 방문하기는 시험 전에 작성하는 설문 조사의 4번, "귀하는 여가 활동으로 무엇을 하십니까?"에 등장하는 몇 가지의 보기와 연관되어 있습니다. 방문의 목적에 따라 우리가 일상생활에서 흔하게 가게 되는 장소나 기관들이 있기 때문에 잘 연습해 두면 기본적인 질문에 대한 대처 능력의 범위를 넓힐 수 있는 주제라고 할 수 있습니다. 다음과 같은 문제 유형을 염두에 두고 답변을 준비해 보세요.

기본 문제	심층 문제	고급 문제
• 공원 묘사 • 해변가 묘사 • 그 외 쇼핑몰 같은 흔한 장소에 대한 묘사	• 특정 장소에 대한 선호 이유 • 특정 장소와 연관된 개인적인 경험	• 특정 장소 선택의 이유 • 장소 예약 관련 문제

관련 질문 유형 보기

Going Places

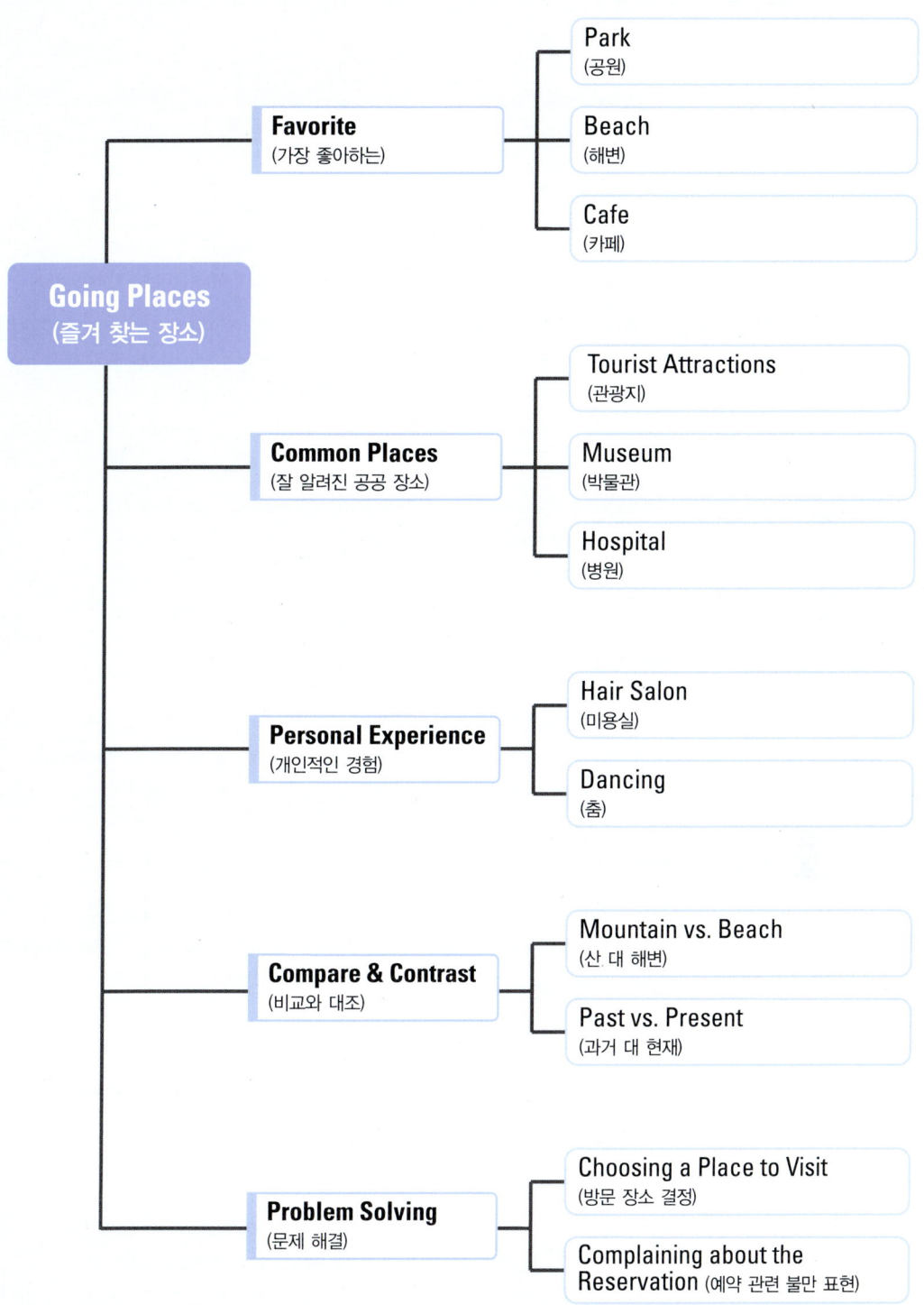

관련 OPIc 예상 질문 파헤치기 — Going Places

1 묘사 (Descriptive Speaking)

A Favorite (가장 좋아하는)

1. You indicated in the survey that you like to go to parks. Tell me about your favorite park. Where is it located, and what can you enjoy there? Describe the park in as much detail as possible.

설문 조사에서 공원에 가는 것을 즐긴다고 했습니다. 가장 좋아하는 공원에 대해서 말해 주세요. 그 공원은 어디에 위치해 있으며 왜 그곳에 가는 걸 좋아하나요? 공원에 대해서 가능한 한 자세히 설명해 보세요.

key words the perfect place for my children, along the Han River, near Yongsan, playing

2. You indicated in the survey that you like to go to the beach. What kind of activities do you enjoy at the beach? Do you like to swim or lie down at the beach? Tell me in detail.

설문 조사에서 해변가에 가는 것을 좋아한다고 했습니다. 해변가에서 무엇을 하며 즐기나요? 수영하는걸 좋아하나요 아니면 해변에 누워서 쉬는 걸 좋아하나요? 자세히 말해 보세요.

key words prefer lying down at the beach, under beach parasol, reading magazines and books, tanning, sleep under the sun, relaxing

2 설명 (Narrative Speaking)

A Common Places (잘 알려진 공공 장소)

1. Tell me about a famous place you have been in your country. What can you see there? Why is that place famous? Give reasons to support your opinion in detail.

국내에서 가봤던 유명한 장소에 대해서 말해 보세요. 그 곳에 가면 무엇을 볼 수 있나요? 그 장소는 왜 유명한가요? 이유를 들어 자세히 설명해 보세요.

key words Seoul City Hall Square, in the center of, famous for, during World Cup, introduced to the world by press

2. I'd like to know about different types of museums in your country. How are they different? Choose two different types and describe their differences in detail.

국내에 있는 서로 다른 유형의 박물관에 대해서 알고 싶습니다. 그들은 어떻게 다른가요? 두 가지 유형의 박물관을 택해서 그들의 차이점에 대해서 자세히 설명해 보세요.

key words national property, national treasure, cheap entrance fee, personal collection, expensive entrance fee

B Personal Experience (개인적인 경험)

1. You may have had a memorable experience at a hair salon. What happened? Why do you remember it until now? Tell me all the details about that experience.

미용실에서 기억에 남는 경험을 한 적이 있을 것입니다. 무슨 일이 있었나요? 왜 오늘까지 그 일을 기억하나요? 그 경험에 대해서 자세히 말해 보세요.

> **key words** my baby's first haircut, afraid of her crying, liked haircut, enjoyed doing up her hair, well-behaved, proud of her, took a picture of her

2. You indicated in the survey that you like to go dancing. Where do you go when you want to dance? Why do you like that place? Tell me in detail.

   설문 조사에서 춤추러 가는 것을 좋아한다고 했습니다. 춤추고 싶을 때는 어디로 가나요? 왜 그곳에 가기를 좋아하지요? 자세히 말해 보세요.

   > **key words** go clubbing with my friends, drink a shot of tequila, enjoy shaking and rocking, dance with beautiful ladies, have fun

C Compare and Contrast (비교와 대조)

1. Which do you prefer, going to the mountain or going to the beach? Why is it better? Explain your reasons in detail.

   산에 가는 것과 해변가에 가는 것 중 어느 것을 더 선호하나요? 당신의 의견에 대한 이유를 자세히 말해 보세요.

   > **key words** going to the beach, much more preparation, do many different things, in college, with my best friend

2. Tell me about your childhood hometown. How has it changed over the years? What things are the same? What things are different? Describe in detail.

   어린 시절에 살았던 고향에 대해 말해 보세요. 그 동안 그곳은 어떻게 바뀌었나요? 어떤 것들이 그대로이고 무엇이 변했나요? 자세히 설명해 보세요.

   > **key words** hometown, surrounded by nature, small houses, quiet and clean, developed, surprised to see the changes, high-rise buildings, apartments, franchise markets

3 롤 플레이 (Role Play)

1. I'm going to give you a situation for you to act out. You and your friend are planning a trip to New York. Your friend wants to go to the zoo, but you want to visit the museum. Explain why the museum is better and persuade your friend to go there.

   상황을 드릴 테니 역할 연기를 해 보세요. 당신과 당신의 친구는 뉴욕으로 가는 여행을 계획하고 있습니다. 당신의 친구는 동물원에 가고 싶어하지만, 당신은 박물관에 가고 싶습니다. 왜 박물관이 더 좋은지 설명하고 그곳으로 가자고 설득해 보세요.

   > **key words** decide where to go, difficult to go to the museum, a baby, impossible to avoid the sun

2. I'm going to give you a situation for you to act out. You have an exam next week, so you want to study hard with one of your friends. You reserved a quiet study room in the library. However, you just found that there is no record of your reservation. Complain to the manager and suggest two or three ways to solve to the problem.

   상황을 드릴 테니 역할 연기를 해 보세요. 당신은 다음 주에 시험이 있기 때문에 당신의 친구와 열심히 공부를 하려고 합니다. 도서관에 조용한 스터디 룸을 예약해 놓았는데 방금 당신의 예약에 대한 기록이 없는 것을 알았습니다. 도서관 매니저에게 불만을 표시해 보고, 이 문제를 해결할 두세 가지 방법을 제시해 보세요.

   > **key words** absurd and surprising, reserved a study room, have the reservation, need a room right now, very important exam, set up a room for 4 people

OPIc BOX I

Going Places

 Q1 You indicated in the survey that you like to go to parks. Tell me about your favorite park. Where is it located, and what can you enjoy there? Describe the park in as much detail as possible.

설문 조사에서 공원에 가는 것을 즐긴다고 했습니다. 가장 좋아하는 공원에 대해서 말해 주세요. 그 공원은 어디에 위치해 있으며 왜 그곳에 가는걸 좋아하나요? 그 공원에 대해서 가능한 한 자세히 설명해 보세요.

세 가지 세부 질문이 명확히 명시되어 있으므로, '공원의 이름, 위치, 즐겨 할 수 있는 일'을 순서대로 답변하면 됩니다. 어떻게 위치를 설명할지, 누구와 함께 즐길지 등에 대한 아이디어를 아래와 같이 정리해 보세요.

Idea Flow

좋아하는 이유
Why You Like to Go to the Park → 위치
Where Your Favorite Park Is Located → 즐겨 하는 것
What You Enjoy Doing in Your Favorite Park

key words

_____
_____
_____
_____

OPIc BOX

Idea	Key words	Sentences
Why You Like to Go to the Park	the perfect place for my children	The park is **the perfect place for my children**.
Where Your Favorite Park Is Located	along the Han River, near Yongsan	It is a big park which extends **along the Han River**. I usually go to the place **near Yongsan**.
What You Enjoy Doing in Your Favorite Park	playing	I love **playing** with my children.

Sample Answer

I like to go to the park on weekends. The park is **the perfect place for my children**. It is surrounded by beautiful nature and there are various activities that families can do together. One of my favorite parks in Seoul is the Han River Park. It is a big park which extends **along the Han River**. I usually go to the place **near Yongsan**. I go there almost every Saturday with my family. We leave for the park at 10:30 a.m. As soon as we get there, we have brunch together. I always prepare some food, such as homemade sandwiches, salads, and cookies. It takes a long time to make them, but my family can enjoy a great time in the park with the food I made. After that, we play together. I love **playing** with my children. We usually play soccer until we have to come back home.

해석 p.319

Pattern Practice I — Going Places

 답변을 구성하기 위한 문장 패턴을 익혀 봅시다.

Why You Like to Go to the Park

The park is [장소설명].
공원은 ~입니다.

The park is the perfect place for my children.
공원은 제 아이들에게 완벽한 장소입니다.

Practice: The park is _____.

응용하기 | The park is big enough to have a barbecue party.
공원은 바비큐 파티를 하기에 충분히 큰 장소입니다.

Where Your Favorite Park Is Located

It is a big park which extends [위치 설명 1]. I usually go to the place [위치 설명 2].
그것은 ~에 펼쳐진 큰 공원입니다. 저는 주로 ~ 부근으로 갑니다.

It is a big park which extends along the Han River. I usually go to the place near Yongsan.
그것은 한강을 따라 위치한 큰 공원입니다. 저는 주로 용산 부근으로 갑니다.

Practice: It is a big park which extends _____.
I usually go to the place _____.

응용하기 | It is a big park which extends from Seoul to Bucheon. I usually go to the place around the Seoul Station.
그것은 서울에서 부천까지 걸쳐서 위치한 큰 공원입니다. 저는 주로 서울역 부근으로 갑니다.

What You Enjoy Doing in Your Favorite Park

I love [즐거움의 수단] with my children.
저는 제 아이들과 같이 ~하는 것을 좋아합니다.

I love playing with my children.
저는 제 아이들과 같이 노는 것을 좋아합니다.

Practice: I love _____ with my children.

응용하기 | I love to travel with my children.
저는 제 아이들과 같이 여행하는 것을 좋아합니다.

Chapter 08

My OPIc BOX I

Going Places

먼저, 앞에서 학습한 대로 자신만의 OPIc BOX를 완성해 보세요.
완성한 후에 패턴 연습을 통해 익힌 문장들을 더해 완전한 답변을 작성해 봅시다.

 You indicated in the survey that you like to go to parks. Tell me about your favorite park. Where is it located, and what can you enjoy there? Describe the park in as much detail as possible.

설문 조사에서 공원에 가는 것을 즐긴다고 했습니다. 가장 좋아하는 공원에 대해서 말해 주세요. 그 공원은 어디에 위치해 있으며 왜 그곳을 좋아하나요? 공원에 대해서 가능한 한 자세히 설명해 보세요.

Idea	Key words	Sentences
Why You Like to Go to the Park		
Where Your Favorite Park is Located		
What You Enjoy Doing in Your Favorite Park		

My Answer

OPIc BOX II

Q2 **Which do you prefer, going to the mountains or going to the beach? Why is it better? Explain your reasons in detail.**

산에 가는 것과 해변에 가는 것 중 어느 것을 더 선호하나요? 당신의 의견에 대한 이유를 자세히 말해 보세요.

> OPIc 시험에 자주 등장하는 질문 유형 중 하나인 '선호'의 문제입니다. 산과 해변 중 선호하는 곳을 선택한 후, 선호하는 이유 두세 가지를 생각합니다. '물이 좋아서, 태닝을 좋아해서, 나무가 좋아서' 등 순간 머릿속에 떠오르는 이유를 생각한 후, 선호하는 장소에 갔었던 경험을 되짚어 그때의 좋았던 기억을 짤막하게 묘사하며 마무리하면 더 조리 있는 답변이 되겠죠? 장소와 이유에 대한 아이디어의 키워드를 아래와 같이 정리해 보세요.

Idea Flow

내가 선호하는 곳 설명
Which You Prefer → 선호하는 이유 설명
Why You Prefer → 예를 들어 설명
Sharing Your Experience

key words

_____   _____   _____
_____   _____   _____
_____   _____   _____

OPIc BOX

Idea	Key words	Sentences
Which You Prefer	going to the beach	I prefer **going to the beach** more than going to the mountains.
Why You Prefer	much more preparation, do many different things	Going to the mountains requires **much more preparation** than going to the beach. I can also **do many different things** at the beach.
Sharing Your Experience	in college, with my best friend	When I was **in college**, I had a one-day trip **with my best friend**.

Sample Answer

I prefer **going to the beach** to going to the mountains. Going to the mountains requires **much more preparation** than going to the beach. When I go to the mountains, I need to carry a heavy backpack, and I need to wear a hiking outfit. But when I go to the beach, I can wear anything. I can wear a bikini, cotton shirts and pants, or a nice dress. I can also **do many different things** at the beach. I can read books, take a nap or get a suntan. When I was **in college**, I had a day trip **with my best friend**. It was a sudden decision and we didn't have time to prepare anything for the trip. We decided to go to Busan, which has many beautiful beaches. When we got to the beach, I listened to my favorite music, and my friend read books. It was a very peaceful experience, and we were very satisfied.

해석 p.319

Pattern Practice II — Going Places

 답변을 구성하기 위한 문장 패턴을 익혀 봅시다.

Which You Prefer

I prefer [선호하는 것] to going to the mountains.
저는 산에 가는 것보다 ~을 더 선호합니다.

I prefer **going to the beach** to going to the mountains.
저는 산에 가는 것보다 해변에 가는 것을 더 선호합니다.

Practice: I prefer _____ to going to the mountains.

응용하기 | I prefer staying at home to going to the mountains.
저는 산에 가는 것보다 집에 있는 것을 더 선호합니다.

Why You Prefer

Going to the mountains requires [요건] than going to the beach.
산에 가는 것은 해변에 가는 것보다 ~을 필요로 합니다.

Going to the mountains requires **much more preparation** than going to the beach.
산에 가는 것은 해변에 가는 것보다 훨씬 더 많은 준비를 필요로 합니다.

I can also [가능한 활동] at the beach.
저는 또한 해변에서 ~을 할 수 있습니다.

I can also **do many different things** at the beach.
저는 또한 해변에서 여러 가지 다양한 것을 할 수 있습니다.

Practice: Going to the mountains requires _____ than going to the beach.
I can also _____ at the beach.

응용하기 | Going to the mountains requires much more physical energy than going to the beach. 산에 가는 것은 해변에 가는 것보다 훨씬 더 많은 체력을 필요로 합니다.
I can also watch the world go by at the beach.
저는 또한 해변에서 사람들을 구경할 수 있습니다.

Sharing Your Experience

When I was [시기], I had a day trip [동반자].
제가 ~때, 저는 ~와 함께 당일 여행을 다녀왔습니다.

When I was **in college**, I had a day trip **with my best friend**.
제가 대학생이었을 때, 저는 가장 친한 친구와 함께 당일 여행을 다녀왔습니다.

Practice: When I was _____, I had a day trip _____.

응용하기 | When I was a middle school student, I had a day trip by myself.
내가 중학생이었을 때, 저 혼자 당일 여행을 다녀왔습니다.

My OPIc BOX II

Going Places

먼저, 앞에서 학습한 대로 자신만의 OPIc BOX를 완성해 보세요.
완성한 후에 패턴 연습을 통해 익힌 문장들을 더해 완전한 답변을 작성해 봅시다.

Q2 **Which do you prefer, going to the mountains or going to the beach? Why is it better? Explain your reasons in detail.**

산에 가는 것과 해변에 가는 것 중 어느 것을 더 선호하나요? 이유를 자세히 말해 보세요.

Idea	Key words	Sentences
Which You Prefer		
Why You Prefer		
Sharing Your Experience		

My Answer

_____
_____
_____
_____
_____
_____
_____
_____
_____
_____
_____
_____
_____

OPIc BOX III

Going Places

Q3 I'm going to give you a situation for you to act out. You and your friend are planning a trip to New York. Your friend wants to go to the zoo, but you want to visit the museum. Explain why the museum is better and persuade your friend to go there.

상황을 드릴 테니 역할 연기를 해 보세요. 당신과 당신의 친구는 뉴욕으로 가는 여행을 계획하고 있습니다. 당신의 친구는 동물원에 가고 싶어하지만, 당신은 박물관에 가고 싶어합니다. 왜 박물관이 더 좋은지 설명하고 친구에게 그곳으로 가자고 설득해 보세요.

> Role Play 문제에서 말문을 열 때의 tip은 주어진 질문을 상대방에게 말하는 '직설 화법'으로 다시 한번 되짚어 말해주면 된다는 것입니다. 이번 문제에서도, '뉴욕 여행을 가기로 했는데, 너와 나의 ~한 의견 차이가 있지 않니?'라는 식으로 가볍게 말문을 열어줍니다. 그리고 그 이유를 알기 쉽게 설명하는데, 친구가 박물관을 갔을 때의 좋은 점, 내가 박물관을 갔을 때의 좋은 점에 대해 키워드를 뽑습니다. 그 후, 다시 고려해보는 건 어떤지, 또는 다른 의견이 있는지 등의 부드러운 설득으로 마무리하면 됩니다.

Idea Flow

논의 시작하기
Opening the Discussion
→
친구가 특정 장소에 가야 하는 이유
The Reason Why Your Friend Should Go to That Place
→
내가 특정 장소에 가야 하는 이유
The Reason Why You Should Go to That Place

key words

_____   _____   _____
_____   _____   _____
_____   _____   _____

OPIc BOX

Idea	Key words	Sentences
Opening the Discussion	decide where to go	I want to have the best time, so we need to **decide where to go**.
The Reason Why Your Friend Should Go to That Place	difficult to go to the museum, a baby	But, it will be **difficult to go to the museum**, especially with **a baby**.
The Reason Why You Should Go to That Place	impossible to avoid the sun	The zoo is located outside, so it will be **impossible to avoid the sun** all day long.

Sample Answer

Kelly, we prepared for this trip for almost a year. This will be our last trip before your wedding next month. I want to have the best time, so we need to **decide where to go**. You told me that you wanted to go to the zoo. Do you remember that I wanted to go to the museum? Think about it. You said you plan to have a baby as soon as you get married. When you have a child, you will have many chances to go to the zoo. But, it will be **difficult to go to the museum** especially with **a baby**. Many museums do not even allow children under age 5. So, you should not miss this chance to visit the museum. Another problem is the weather. The zoo is located outside, so it will be **impossible to avoid the sun** all day long. What do you think? Do you have a special reason to go to the zoo? Please reconsider your choice.

해석 p.319

Pattern Practice Ⅲ

Going Places

🧊 답변을 구성하기 위한 문장 패턴을 익혀 봅시다.

Opening the Discussion

I want to have the best time, so we need to [결정 사항].
나는 최고의 시간을 보내고 싶기 때문에 우리는 ~를 해야 해.

I want to have the best time, so we need to **decide where to go**.
나는 최고의 시간을 보내고 싶기 때문에 우리는 어디로 가야 할지 결정해야 해.

Practice: I want to have the best time, so we need to _____.

응용하기 | I want to have the best time, so we need to cut off unnecessary things.
나는 최고의 시간을 보내고 싶기 때문에 우리는 불필요한 것들을 차단해야 해.

The Reason Why Your Friend Should Go to That Place

But, it will be [상황 예측], especially with [동반하는 것].
그러나 특히 ~와 함께라면, ~할 거야.

But, it will be **difficult to go to the museum**, especially with **a baby**.
그러나 특히 어린아이와 함께라면, 박물관에 가는 것은 힘들 거야.

Practice: But, it will be _____, especially with _____.

응용하기 | But, it will be a big pleasure, especially with you.
그러나 특히 당신과 함께라면 그것은 기쁜 일이 될 거야.

The Reason Why You Should Go to That Place

The zoo is located outside, so it will be [상황 예측].
동물원은 밖에 있기 때문에 ~할 거야.

The zoo is located outside, so it will be **impossible to avoid the sun** all day long.
동물원은 밖에 있기 때문에 하루 종일 해를 피하기가 불가능할 거야.

Practice: The zoo is located outside, so it will be _____.

응용하기 | The zoo is located outside, so it will be a good chance to see wild animals.
동물원은 밖에 있기 때문에 야생 동물을 볼 수 있는 좋은 기회일 거야.

My OPIc BOX III

Going Places

먼저, 앞에서 학습한 대로 자신만의 OPIc BOX를 완성해 보세요.
완성한 후에 패턴 연습을 통해 익힌 문장들을 더해 완전한 답변을 작성해 봅시다.

Q3 I'm going to give you a situation for you to act out. You and your friend are planning a trip to New York. Your friend wants to go to the zoo, but you want to visit the museum. Explain why the museum is better and persuade your friend to go there.

상황을 드릴 테니 역할 연기를 해 보세요. 당신과 당신의 친구는 뉴욕으로 가는 여행을 계획하고 있습니다. 당신의 친구는 동물원에 가고 싶어하지만, 당신은 박물관에 가고 싶어합니다. 왜 박물관이 더 좋은지 설명하고 친구에게 그곳으로 가자고 설득해 보세요.

Idea	Key words	Sentences
Opening the Discussion		
The Reason Why Your Friend Should Go to That Place		
The Reason Why You Should Go to That Place		

My Answer

Chapter 09 Sports

1. Favorite Sports Player
2. Going to a Sports Game
3. Problem with Booking Tickets for a Sports Game

Chapter 09 Sports

Oral Proficiency Interview-computer

Topic Overview

스포츠는 시험 전에 작성하는 설문 조사의 4번과 6번에 "스포츠 관람"과 "즐기는 운동"의 항목에서 선택할 수 있도록 되어 있습니다. 평소에 스포츠를 시청하거나 즐기면서 영어를 사용할 기회가 많지 않기 때문에 특히 스포츠 관람에 관심이 많은 학습자들은 자신들이 좋아하는 경기와 관련된 용어나 표현에 익숙해지는 것이 좋은 답변을 만들어 내는 도구가 됩니다. 즐거운 주제인 만큼 다음 사항을 참고하여 스포츠 관련 질문에 대한 답변 만들기를 연습해 보세요.

기본 문제	심층 문제	고급 문제
• 좋아하는 선수 • 좋아하는 종목 • 좋아하는 경기장	• 경기장에 들어가는 절차 • 기억에 남는 경기 • 최근 관람한 경기에 대한 묘사 및 소감	• 종목별 규칙 설명하기 • 경기 관람 예약 • 클럽 가입하기 등의 상황

관련 질문 유형 보기

Sports

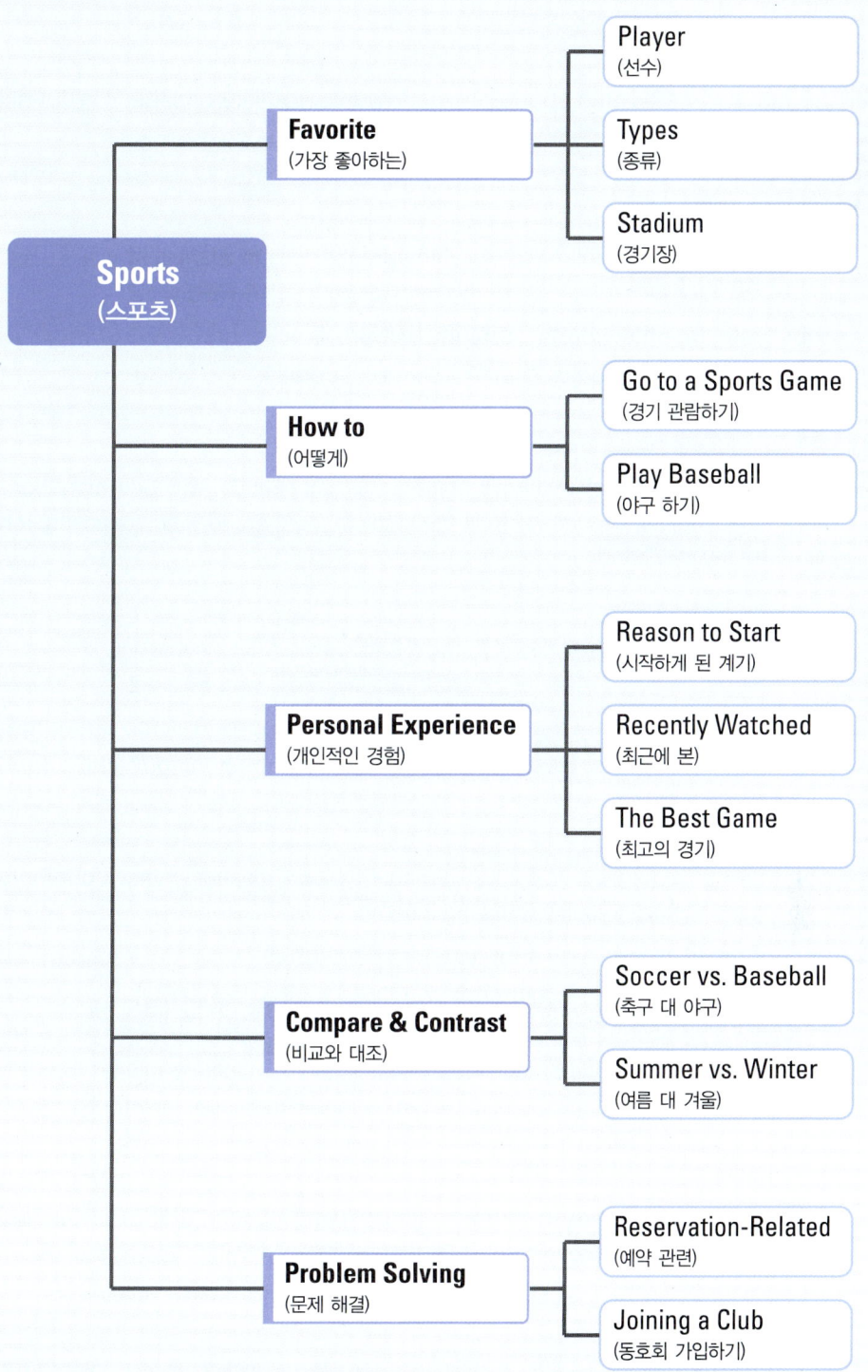

Chapter 09 • 133

관련 OPIc 예상 질문 파헤치기   Sports

1 묘사 (Descriptive Speaking)

A Favorite (가장 좋아하는)

1. **Tell me about your favorite sports player. Why do you like him/her? What skills does he/she have? Tell me in detail.**
   당신이 가장 좋아하는 스포츠 선수에 대해서 말해 보세요. 그를/그녀를 왜 좋아하나요? 그는/그녀는 어떤 기술이나 능력을 가졌나요? 자세히 설명해 보세요.

   key words Yuna Kim, a figure skater, highly recognized athletes, introduced my country, Korea, to the world, the camel spin

2. **Describe your favorite sports stadium. Where is it located? Why do you like that place and what can you enjoy there? Tell me in details.**
   당신이 가장 좋아하는 스포츠 경기장에 대해서 설명해 보세요. 어디에 위치해 있나요? 왜 그 경기장을 좋아하고 당신은 그곳에서 무엇을 즐길 수 있나요? 자세히 설명해 보세요.

   key words Olympic stadium in Jamsil, memorable experience, watched marathon, run into the stadium, concerts held in the stadium, go there to watch concerts, reminds me of my childhood

2 설명 (Narrative Speaking)

A How to (어떻게)

1. **You indicated in the survey that you enjoy watching sports. Tell me about the process of going to a sports game. Describe the process from beginning to end.**
   설문 조사에서 스포츠 관람을 즐긴다고 했습니다. 경기를 관람하러 가는 과정에 대해 이야기해 보세요. 그 과정을 처음부터 끝까지 말해 보세요.

   key words the gold medal in the 2008 Beijing Olympics, baseball, check out the schedule, book tickets, to enjoy watching a game

2. **You indicated in the survey that you play baseball. How do you play baseball? Describe the rules and the equipment you need to play the game.**
   설문 조사에서 야구를 한다고 했습니다. 야구는 어떻게 하나요? 규칙과 필요한 장비에 대해서 말해 보세요.

   key words nine players, infield, four bases, outfield, The pitcher's mound is located in the center, nine innings, each team gets one turn to bat per inning

B Personal Experience (개인적인 경험)

1. **You indicated in the survey that you enjoy playing soccer. Tell me how you started playing it. When did you learn and who did you learn it from? Tell me all the details.**
   설문 조사에서 축구를 즐긴다고 했습니다. 어떻게 해서 축구를 하기 시작했는지 말해 보세요. 언제 배웠으며 누구한테 배웠나요? 자세히 말해 보세요.

   key words learned from my dad, a junior soccer player, kicked a ball, talented in soccer, enjoy playing soccer with friends

2. You indicated in the survey that you enjoy watching sports. What is the best sports game you've ever watched? Why did you enjoy that game? Tell me in detail.
설문 조사에 스포츠 관람을 즐긴다고 했습니다. 당신이 여지껏 관람했던 경기 중 최고의 경기는 무엇이었나요? 왜 그 경기를 즐겼나요? 자세히 설명해 보세요.

> **key words** 2002 World Cup semi-final, miracle, almost 90% of Koreans watched the match, meaningful game, wrote a new history

C Compare and Contrast (비교와 대조)

1. Which do you prefer to watch? A soccer game or a baseball game? Why do you like one better than the other? Explain your reasons in detail.
축구와 야구 경기 관람 중 어느 것을 더 선호하나요? 그 이유는 무엇이죠? 당신의 의견에 대한 이유를 자세히 말해 보세요.

> **key words** a baseball game, perfect way to spend weekends with my family, cheer songs, dances, snacks

2. How are winter sports different from summer sports? Which do you prefer? Describe your reasons in detail.
겨울 스포츠는 여름 스포츠와 어떻게 다른가요? 당신은 둘 중 어떤 스포츠를 더 즐기나요? 이유를 자세히 말해 보세요.

> **key words** heavy sportswear, gears, light swimsuit, fun, love the sun, tanning, swim, prefer summer sports

3 롤 플레이 (Role Play)

1. I'm going to give you a situation for you to act out. You booked tickets for a sports game two weeks ago. However, you just found out that there is no record of your reservation. Call the ticket office and complain about the situation. Also, suggest two or three ways to solve the problem.
상황을 드릴 테니 역할 연기를 해 보세요. 당신은 스포츠 경기를 관람하기 위하여 2주일 전에 티켓을 예매했습니다. 하지만 당신은 방금 당신이 예매한 기록이 없다는 것을 알았습니다. 매표소에 전화를 걸어서 이 상황에 대해 불만을 표현해 보세요. 또한 문제 해결을 위해 두세 가지 방법을 제안해 보세요.

> **key words** Super Ticket Office, no record of my reservation, contact the head office, make another reservation for the next game

2. I'm going to give you a situation for you to act out. You've always wanted to play soccer, so you decided to join a club. Call the president of a soccer club and ask three or four questions about the club and how to join.
상황을 드릴 테니 역할 연기를 해 보세요. 당신은 언제나 축구를 하고 싶어했기 때문에 축구 동호회에 가입하기로 했습니다. 동호회 회장에게 전화를 걸어 동호회 가입 방법에 대해서 서너 가지 질문을 해 보세요.

> **key words** president of the soccer club, recommend, a big fan of soccer, process of registration, membership fee, annual fee, how often the members meet

OPIc BOX I

Sports

Q1 Tell me about your favorite sports player. Why do you like him/her? What skills does he/she have? Tell me in detail.

당신이 가장 좋아하는 스포츠 선수에 대해서 말해 보세요. 그를/그녀를 왜 좋아하나요? 그는/그녀는 어떤 특별한 기술이나 능력을 가졌나요? 자세히 설명해 보세요.

인물 소개는 자주 출제되는 문제 중 하나입니다. 특히, 이번 질문에서는 '좋아하는 스포츠 선수'를 소개해야 합니다. 먼저 서론에 '좋아하는 선수의 이름, 나이, 종목, 수상 경력' 등 일반적인 소개로 말문을 엽니다. 그 후, 내가 특별히 그를/그녀를 좋아하는 이유에 대한 키워드 한두 개를 뽑아서 부연 설명을 붙여 명료하게 대답합니다. 마지막으로 그 선수만의 테크닉이라든지, 선수로서의 개성을 설명해 준다면 다른 인물 소개와는 차별화된 답변을 완성할 수 있습니다.

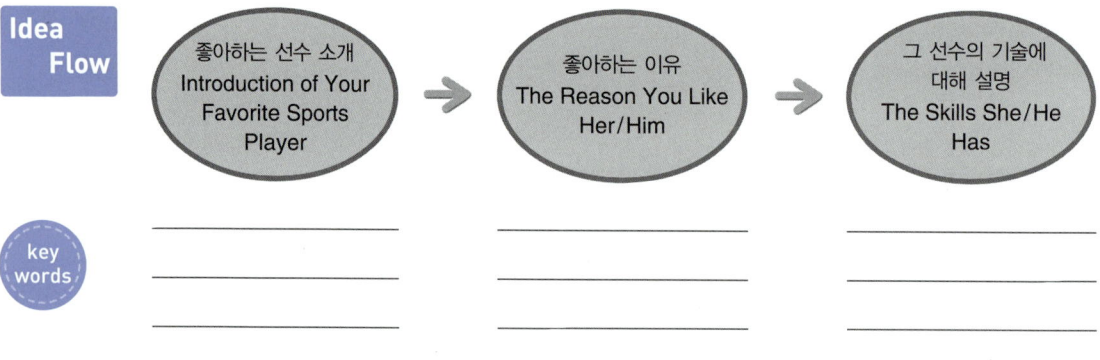

OPIc BOX

Idea	Key words	Sentences
Introduction of Your Favorite Sports Player	Yuna Kim, a figure skater, highly recognized athletes	My favorite sports player is **Yuna Kim**, **a figure skater**. She is one of the most **highly recognized athletes** in Korea.
The Reason You Like Her/Him	introduced my country, Korea, to the world	I respect her so much because she is one who **introduced my country**, **Korea, to the world**.
The Skills She/He Has	the camel spin	One of her famous moves is **the camel spin**.

Sample Answer

My favorite sports player is **Yuna Kim**, **a figure skater**. She is a World and an Olympic champion. She is one of the most **highly recognized athletes** in Korea. I respect her so much because she is one who **introduced my country**, **Korea, to the world**. Thanks to Yuna's success at the winter sports tournaments, Korea and Koreans are getting attention from many people around the world. Yuna is now a legendary sports star in Korea. She took Korean figure skating to a whole new level. Many people, including myself, admire and look up to her. One of her most famous moves is **the camel spin**. She puts her body into the general shape of the letter "T". While skating, she extends one leg behind her, parallel to the ice. Then she spins beautifully. She is also famous for executing three different triple-triple combination jumps in competitions.

해석 p.320

Pattern Practice I

Sports

🧊 답변을 구성하기 위한 문장 패턴을 익혀 봅시다.

Introduction of Your Favorite Sports Player

My favorite sports player is [이름, 종목].
제가 가장 좋아하는 스포츠 선수는 ~입니다.

My favorite sports player is Yuna Kim, a figure skater.
제가 가장 좋아하는 스포츠 선수는 피겨 스케이팅 선수 김연아 입니다.

She is one of the most [특정분야의 인지도] in Korea.
그녀는 한국에서 ~ 중 한 명입니다.

She is one of the most highly recognized athletes in Korea.
그녀는 한국에서 가장 인정받는 운동 선수 중 한 명입니다.

Practice: My favorite sports player is _____.
He/She is one of the most _____ in Korea.

응용하기 | My favorite sports player is Sangwha Lee, a speed skater.
제가 가장 좋아하는 스포츠 선수는 스피드 스케이팅 선수 이상화입니다.
She is one of the most talented athletes in Korea.
그녀는 한국에서 가장 재능 있는 운동 선수 중 한 명입니다.

The Reason You Like Her/Him

I respect her so much because she is one who [업적] to the world.
제가 그녀를 매우 존경하는 이유는 그녀가 세계에 ~을 했기 때문입니다.

I respect her so much because she is one who introduced my country, Korea, to the world.
제가 그녀를 매우 존경하는 이유는 그녀가 세계에 저의 조국인 대한민국을 알렸기 때문입니다.

Practice: I respect her so much because she is one who _____
_____ to the world.

응용하기 | I respect her so much because she is one who exposed corruption to the world.
제가 그녀를 매우 존경하는 이유는 그녀가 세상에 비리를 폭로했기 때문입니다.

The Skills She/He Has

One of her most famous moves is [특기].
그녀의 가장 유명한 동작 중 하나는 ~입니다.

One of her most famous moves is the camel spin.
그녀의 가장 유명한 동작 중 하나는 캐멀 스핀입니다.

Practice: One of her most famous moves is _____.

응용하기 | One of her most famous moves is spiral.
그녀의 가장 유명한 동작 중 하나는 스파이럴입니다.

My OPIc BOX I   Sports

먼저, 앞에서 학습한 대로 자신만의 OPIc BOX를 완성해 보세요.
완성한 후에 패턴 연습을 통해 익힌 문장들을 더해 완전한 답변을 작성해 봅시다.

Q1 Tell me about your favorite sports player. Why do you like him/her? What skills does he/she have? Tell me in detail.

당신이 가장 좋아하는 스포츠 선수에 대해서 말해 보세요. 그를/그녀를 왜 좋아하나요? 그는/그녀는 어떤 특별한 기술이나 능력을 가졌나요? 자세히 설명해 보세요.

Idea	Key words	Sentences
Introduction of Your Favorite Sports Player		
The Reason You Like Her/Him		
The Skills She/He Has		

My Answer

OPIc BOX II   Sports

Q2 You indicated in the survey that you enjoy watching sports. Tell me about the process of going to a sports game. Describe the process from beginning to end.

설문 조사에서 스포츠 관람을 즐긴다고 했습니다. 경기를 관람하러 가는 과정에 대해 설명해 보세요. 그 과정을 처음부터 끝까지 말해 보세요.

즐겨 관람하는 스포츠가 무엇인지 소개하며 말문을 엽니다. 왜 좋아하는지에 대한 이유도 짤막하게 덧붙여주면 좋습니다. 경기장에 가는 과정을 설명해야 하는데, 경기장에 가기 전, 후로 나누어 설명한다면 좀 더 조리 있게 답변할 수 있을 것입니다. 경기장에 가기 전의 과정에 대한 설명을 위해 티켓 예매, 응원 도구 준비, 함께 갈 친구들에게 연락하기 등의 키워드를 뽑아 놓습니다. 경기장에 간 후의 키워드도 두세 개 뽑습니다. 입장, 자리 잡기, 간식 준비, 응원 등의 키워드를 뽑은 후, 살을 붙여 전체적인 과정을 순서대로 이어 답변하면 됩니다.

Idea Flow

즐겨 관람하는 스포츠에 대한 소개
Explanation of Your Favorite Sports Game to Watch
→
경기 시작 전 하는 일
Describing What You Need to Do before the Game Starts
→
경기 시작 후 하는 일
Describing What You Need to Do after the Game Starts

key words

OPIc BOX

Idea	Key words	Sentences
Explanation of Your Favorite Sports Game to Watch	the gold medal in the 2008 Beijing Olympics, baseball	After Korea won **the gold medal in the 2008 Beijing Olympics, baseball** became very popular with Koreans.
Describing What You Need to Do before the Game Starts	check out the schedule, book tickets	Before the game, I **check out the schedule** first and **book tickets** in advance.
Describing What You Need to Do after the Game Starts	to enjoy watching a game	All I need to do is **to enjoy watching a game**.

Sample Answer

After Korea won **the gold medal in the 2008 Beijing Olympics, baseball** became very popular with Koreans. And I am no exception. I like watching baseball games. Before the game, I **check out the schedule** first and **book tickets** in advance. Baseball in Korea is a little different. The rules are the same, but the fans participate more actively. So, in Korean baseball, fans are part of the teams. The fans have special cheers for each star player. As soon as a game starts, the crowds start cheering along with the dancing cheerleaders. The stadium is packed, overflowing with the enthusiastic audience. All I need to do is **to enjoy watching a game**. Because a game can go longer than expected, I never forget to buy snacks. I can get dried squid and peanuts to go along with beer. It is my favorite part of watching a baseball game.

해석 p.320

Pattern Practice II — Sports

 답변을 구성하기 위한 문장 패턴을 익혀 봅시다.

Explanation of Your Favorite Sports Game to Watch

After Korea won [대회], [종목] became very popular with Koreans.
한국이 ~에서 우승한 후, ~은 한국에서 매우 인기가 많아졌습니다.

After Korea won **the gold medal in the 2008 Beijing Olympics, baseball** became very popular with Koreans.
한국이 2008 베이징 올림픽에서 금메달을 획득한 후, 야구는 한국에서 매우 인기가 많아졌습니다.

Practice: After Korea won _____, _____ became very popular with Koreans.

응용하기 | After Korea won the World Championship, handball became very popular with Koreans.
한국이 세계 선수권에서 우승한 후, 핸드볼은 한국에서 매우 인기가 많아졌습니다.

Describing What You Need to Do before the Game Starts

Before the game, I [경기 시작 전 하는 일 1] and [경기 시작 전 하는 일 2] in advance.
경기가 시작하기 전, 저는 ~와 ~를 미리 합니다.

Before the game, I **check out the schedule** and **book tickets** in advance.
경기가 시작하기 전, 저는 스케줄을 확인하고 표를 미리 예매합니다.

Practice: Before the game, I _____ and _____ in advance.

응용하기 | Before the game, I gather my friends and find our seats in advance.
경기가 시작하기 전, 저는 친구들을 모아서 우리의 좌석을 미리 찾습니다.

Describing What You Need to Do after the Game Starts

All I need to do is [경기 시작 후 하는 일].
저는 ~만 하면 됩니다.

All I need to do is **to enjoy watching a game**.
저는 경기 관람만 즐기면 됩니다.

Practice: All I need to do is _____.

응용하기 | All I need to do is to admit my fault.
저는 제 잘못만 인정하면 됩니다.

My OPIc BOX II

Sports

먼저, 앞에서 학습한 대로 자신만의 OPIc BOX를 완성해 보세요.
완성한 후에 패턴 연습을 통해 익힌 문장들을 더해 완전한 답변을 작성해 봅시다.

Q2 You indicated in the survey that you enjoy watching sports. Tell me about the process of going to a sports game. Describe the process from beginning to end.
설문 조사에서 스포츠 관람을 즐긴다고 했습니다. 경기를 관람하러 가는 과정에 대해 설명해 보세요. 그 과정을 처음부터 끝까지 말해 보세요.

Idea	Key words	Sentences
Explanation of Your Favorite Sports Game to Watch		
Describing What You Need to Do before the Game Starts		
Describing What You Need to Do after the Game Starts		

My Answer

OPIc BOX Ⅲ

Sports

Q3 I'm going to give you a situation for you to act out. You booked tickets for a sports game two weeks ago. However, you just found out that there is no record of your reservation. Call the ticket office and complain about the situation. Also, suggest two or three ways to solve the problem.

상황을 드릴테니 역할 연기를 해보세요. 당신은 스포츠 경기를 관람하기 위하여 2주일 전에 티켓을 예매해 놨습니다. 하지만 당신은 방금 당신이 예매한 기록이 없다는 것을 알았습니다. 매표소에 전화를 걸어 상황에 대해 불만을 얘기해 보세요. 또한 문제 해결을 위해 두세 가지 방법을 제안해 보세요.

티켓 관련 문제 중 하나는 예매한 티켓에 문제가 생겨 불만을 표시하는 경우입니다. 이번에는 예매 기록이 사라져 버린 상황입니다. 전화를 걸어 담당자를 찾은 후, 본인이 어떤 곤경에 처해 있는지 설명해 줍니다. 재예매, 보상, 환불 등 본인이 생각하는 대안을 키워드로 머릿속에 저장한 후, 'I want you to ~', 'You can ~' 등의 구문을 활용해 봅니다.

Idea Flow

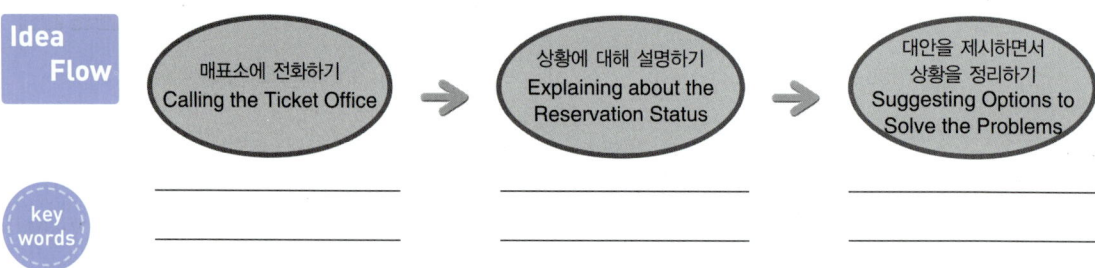

key words

OPIc BOX

Idea	Key words	Sentences
Calling the Ticket Office	Super Ticket Office	Hello, is this **Super Ticket Office**?
Explaining about the Reservation Status	no record of my reservation	However, I just found out that there is **no record of my reservation**.
Suggesting Options to Solve the Problems	contact the head office, make another reservation for the next game	So I want you to **contact the head office** to find my record. If all the tickets are sold out, I suggest you **make another reservation for the next game**.

Sample Answer

Hello? Is this **Super Ticket Office**? I booked two tickets for the Super Bowl match two weeks ago. However, I just found out that there is **no record of my reservation**. Since I made the reservation through the Internet, I received an online receipt and the confirmation number by e-mail. But, there is no record when I log on with my ID. I am so disappointed that one of the biggest ticket offices made this kind of mistake. So I want you to **contact the head office** to find my record. I will give you my confirmation number if it helps. When you find that, please send my e-tickets to my e-mail address. I want the same seats which I chose when I made the reservation. If all the tickets are sold out, I suggest you **make another reservation for the next game**. Moreover, it would be nice if you would upgrade my seats in order to make up for your mistake. Talk to the head office and please get back to me. Thank you.

해석 p.320

Pattern Practice Ⅲ　　Sports

 답변을 구성하기 위한 문장 패턴을 익혀 봅시다.

Calling the Ticket Office

Hello, is this [전화 받는 사람/장소]?
여보세요, 거기 ~인가요?

Hello, is this Super Ticket Office?
여보세요, 거기 슈퍼 매표소인가요?

Practice: Hello, is this _____?

응용하기 | Hello, is this the police station?
여보세요, 거기 경찰서인가요?

Explaining about the Reservation Status

I just found out that there is [상황].
저는 방금 ~인 것을 발견했습니다.

I just found out that there is no record of my reservation.
저는 방금 예매 기록이 없는 것을 발견했습니다.

Practice: I just found out that there is _____.

응용하기 | I just found out that there is something going on between them.
저는 방금 그들 사이에 무슨 일이 있다는 것을 발견했습니다.

Suggesting Options to Solve the Problems

I want you to [조치] to find my record.
저는 당신이 ~해서 제 기록을 찾아보기 바랍니다.

I want you to contact the head office to find my record.
저는 당신이 본사에 연락해서 제 기록을 찾아보기 바랍니다.

If all the tickets are sold out, I suggest you [제안].
만약 모든 표가 매진이라면, 저는 당신에게 ~을 제안합니다.

If all the tickets are sold out, I suggest you make another reservation for the next game.
만약 모든 표가 매진이라면, 다음 경기 표를 예매해 주는 것을 제안합니다.

Practice: So I want you to _____ to find my record.
　　　　　　If all the tickets are sold out, I suggest you _____.

응용하기 | I want you to call the police to find my record.
저는 당신이 경찰서에 전화를 걸어서 제 기록을 찾아보기 바랍니다.
If all the tickets are sold out, I suggest you go home and watch the game on TV.
만약 모든 표가 매진이라면, 저는 당신에게 집으로 가서 텔레비전으로 그 경기를 시청하는 것을 제안합니다.

My OPIc BOX III

Sports

먼저, 앞에서 학습한 대로 자신만의 OPIc BOX를 완성해 보세요.
완성한 후에 패턴 연습을 통해 익힌 문장들을 더해 완전한 답변을 작성해 봅시다.

Q3 I'm going to give you a situation for you to act out. You booked tickets for a sports game two weeks ago. However, you just found out that there is no record of your reservation. Call the ticket office and complain about the situation. Also, suggest two or three ways to solve the problem.

상황을 드릴 테니 역할 연기를 해 보세요. 당신은 스포츠 경기를 관람하기 위하여 2주일 전에 티켓을 예매해 놨습니다. 하지만 당신은 방금 당신이 예매한 기록이 없다는 것을 알았습니다. 매표소에 전화를 걸어 상황에 대해 불만을 얘기해 보세요. 또한 문제 해결을 위해 두 세가지 방법을 제안해 보세요.

Idea	Key words	Sentences
Calling the Ticket Office		
Explaining about the Reservation Status		
Suggesting Options to Solve the Problems		

My Answer

Chapter 10 Music

1. About My Favorite Kind of Music
2. About Musical Instruments I Want to Play
3. Explaining and Suggesting Solutions to a Friend

Chapter 10 Music

Topic Overview

음악은 시험 전에 작성하는 설문 조사의 5번, "귀하의 취미나 관심사는 무엇입니까?"에 등장하는 몇 가지의 보기와 연관되어 있습니다. 음악은 다른 주제들과 자연스럽게 연관된 주제가 될 수 있다는 점에서 특별하다고 할 수 있는 주제입니다. 예를 들어 노래 부르기는 콘서트와 연관될 수 있고, 음악을 듣는 도구인 MP3 Player, 또는 스마트폰은 테크놀로지 영역과 관련 있습니다. 시간이나 장소에 구애받지 않는 만큼 많은 사람들의 취미이고, 그렇기 때문에 OPIc에 자주 등장할 만한 질문이므로 반복해서 준비를 해 둘 필요가 있습니다. 다음 사항에 유의하여 답변 만들기를 연습해 보세요.

기본 문제	심층 문제	고급 문제
• 좋아하는 음악 장르 • 좋아하는 노래, 가수 • 좋아하는 악기	• 음악을 좋아하는 이유 • 악기 연주 여부 • 연주하는 악기에 대한 설명	• 음악에 연관된 특별한 추억이나 경험 • 다른 Chapter의 답변과 연계하여 생각해보기 • 음악적 취향의 변화에 대한 설명

관련 질문 유형 보기

Music

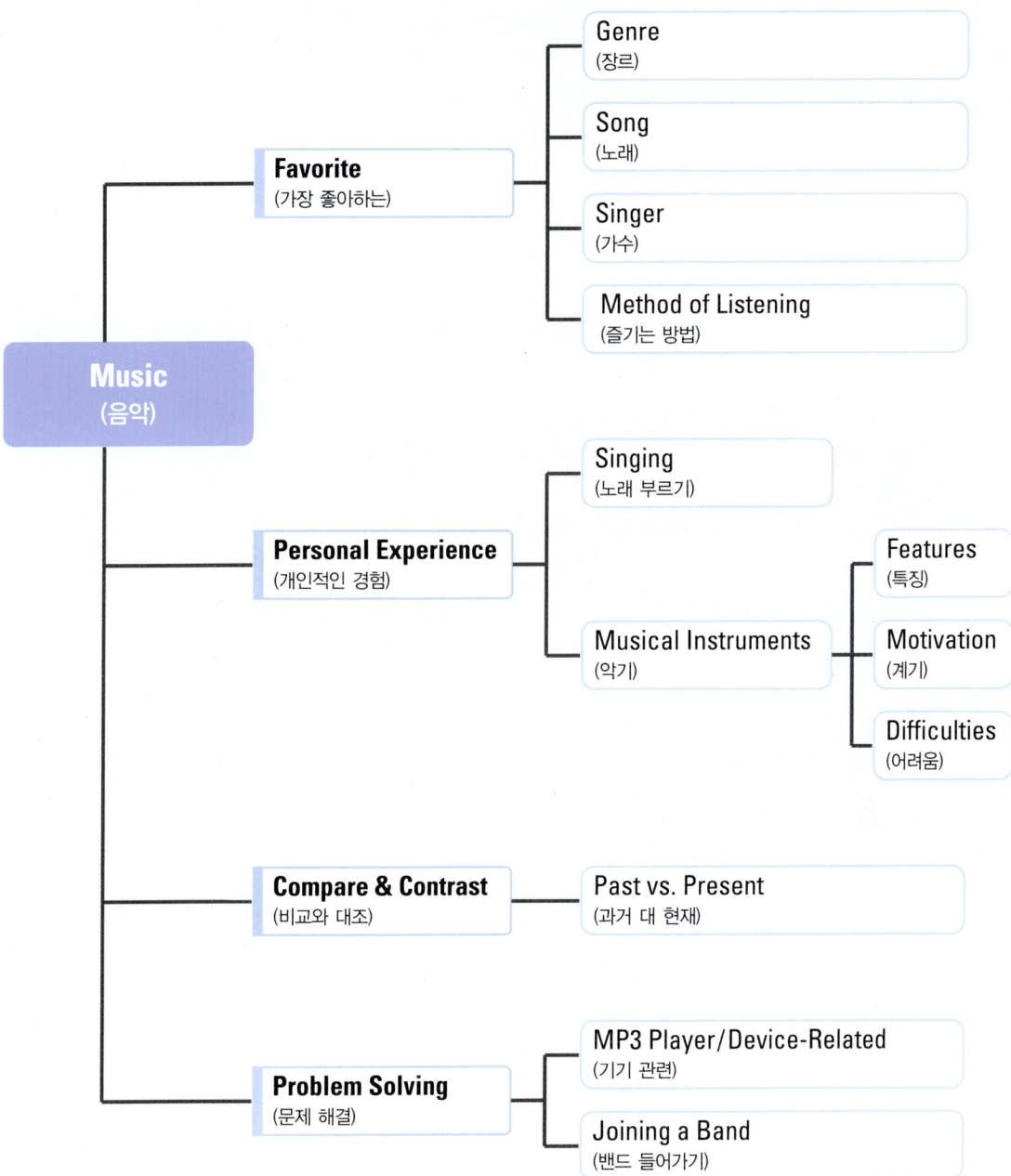

Chapter 10 • 147

관련 OPIc 예상 질문 파헤치기   `Music`

1 묘사 (Descriptive Speaking)

A Favorite (가장 좋아하는)

1. What kind of music do you enjoy listening to? Why do you like it? Describe it in detail.
당신은 어떤 장르의 음악을 즐겨 듣나요? 그것을 왜 좋아하나요? 자세히 설명해 보세요.

> `key words` movie soundtracks, romantic comedies, refresh my mind, give me good energy, the 1997 movie, My Best Friend's Wedding

2. You indicated in the survey that you like music. Tell me about your favorite song. Why do you like it? Explain your reasons in detail.
설문 조사에서 음악을 좋아한다고 했습니다. 당신이 가장 좋아하는 노래에 대해서 설명해 보세요. 왜 그 노래를 좋아하나요? 자세하게 말해 보세요.

> `key words` R&B duet song, like the lyrics, touching, used to listen in my early 20s, reminds me of my first love

3. Tell me about your favorite singer. What does he/she look like and what kind of songs does he/she sing? Describe that person in detail.
가장 좋아하는 가수에 대해서 말해 보세요. 그는/그녀는 어떻게 생겼고 어떤 노래를 부르나요? 자세히 설명해 보세요.

> `key words` best solo, female artist, powerful dancing, great singer, writes songs, owns her own fashion brand, married, but still the sexiest female artist, my admiration

4. You indicated in the survey that you like music. What devices do you use to listen to music? How do you use it? Give me as many details as possible.
설문 조사에서 음악을 좋아한다고 했습니다. 어떤 기기를 사용해서 음악을 듣나요? 그것은 어떻게 사용해야 하나요? 가능한 한 자세하게 설명해 보세요.

> `key words` ipod, download songs or buy music online, upload the songs to the device, select a song to listen, shuffle, can store more than 1000 songs

2 설명 (Narrative Speaking)

A Personal Experience (개인적인 경험)

1. You indicated in the survey that you like to sing. Do you like to sing alone? Or do you like to sing with others? Where do you sing? Tell me all the details.
설문 조사에서 노래하기를 좋아한다고 했습니다. 혼자 노래하기를 좋아하나요? 아니면 다른 사람들과 함께 노래하기를 좋아하나요? 어디서 노래하나요? 자세하게 설명해 보세요.

> `key words` go to Noraebang, sing , dance, listen to others singing

2. You indicated in the survey that you like music. What musical instrument do you like to play? Why would you like to play that instrument? Give as many details as you can.
설문 조사에서 음악을 좋아한다고 했습니다. 어떤 악기를 연주하고 왜 좋아하나요? 자세히 설명해 보세요.

> `key words` piano, five, no interest in music, create good harmony, cooperate with

3. I'd like to know how you first became interested in playing your instrument. Why did you choose that instrument? Who did you learn it from? Describe your experience in detail.

당신이 어떻게 악기 연주에 흥미를 가지기 시작했는지 알고 싶습니다. 왜 그 악기를 선택했나요? 누구한테 배웠나요? 그 경험에 대해 자세히 설명해 보세요.

key words guitar, teenager, accompany, learned the meaning of cooperation and effort

4. Was there any difficulty or trouble in learning to play your instrument? How did you deal with the problem? Tell me all the details.

당신의 악기를 연주하는데 어떤 어려움이나 문제점이 있었나요? 그 문제를 어떻게 해결했나요? 자세히 말해 보세요.

key words flute, couldn't make sound at first, didn't know how to put my lips to make sound, took almost a month to make sound, a lot of discipline, effort, practice

B Compare and Contrast (비교와 대조)

1. Let's talk about music that you enjoy listening to. Has your taste in music changed over the years? Describe the change in detail.

당신이 즐겨 듣는 음악에 대해 얘기해 보겠습니다. 지난 몇 년 동안 음악에 대한 당신의 취향에 변화가 있었나요? 그 변화에 대해서 자세히 설명해 보세요.

key words pop music, rap music, rapid beat, aggressive or strong lyrics, liked to sing along, lounge music, instrumental sounds only, not to distract while driving or working

3 롤 플레이 (Role Play)

1. I'm going to give you a situation for you to act out. You borrowed an MP3 player from your best friend, but you accidently broke it. Call your friend and explain what happened in detail. Also, offer two or three solutions about the problem.

상황을 드릴 테니 역할 연기를 해 보세요. 당신은 절친한 친구로부터 MP3를 빌렸다가 실수로 고장을 냈습니다. 친구에게 전화해서 그 이유를 자세히 설명해 보세요. 그리고 문제를 해결하기 위해 두세 가지 제안을 해 보세요.

key words borrowed your MP3 player, just saying sorry is not enough, taking your MP3 player, buy you a new MP3 player

2. I'm going to give you a situation for you to act out. You just saw a poster about an ad for a jazz band. You want to join the band. Call the phone number in the ad and ask three or four questions about the band.

상황을 드릴 테니 역할 연기를 해 보세요. 당신은 방금 재즈 밴드를 광고하는 포스터를 봤습니다. 당신은 밴드에 들어가고 싶어합니다. 광고에 나온 전화번호로 전화를 걸어 밴드에 대해서 서너 가지 질문을 해 보세요.

key words how to join a jazz band, number of members, how often do you practice, performing plans, jazz piano

OPIc BOX I

Music

Q1 What kind of music do you enjoy listening to? Why do you like it? Describe it in detail.

당신은 어떤 장르의 음악을 즐겨 듣나요? 그것을 왜 좋아하나요? 자세히 설명해 보세요.

어떤 종류의 음악을 좋아하는지 묻는 질문입니다. 자칫 질문을 잘못 이해해, 특정 가수의 음악이나 특정 곡을 설명하는 경우가 많은데, 이럴 경우 아무리 잘 이야기를 했다고 해도 질문에서 벗어나는 답변이 됩니다. 질문을 받자마자 어떤 '장르'의 음악을 좋아하는지 떠올린 후, 그 음악을 좋아하는 이유를 설명하면 됩니다. 이해를 돕기 위해 좋아하는 장르 중 특정 곡을 듣고 답변을 준비한다면 좀 더 자세한 설명을 할 수 있겠죠?

Idea Flow

음악 종류에 대한 설명
Type of Music You Like → 즐겨 듣는 이유
The Reason You Like It → 가장 좋아하는 곡
Your Favorite Song

key words

_____   _____   _____
_____   _____   _____
_____   _____   _____

OPIc BOX

Idea	Key words	Sentences
Type of Music You Like	movie soundtracks, romantic comedies	Among the different types of **movie soundtracks**, my favorites are mostly from **romantic comedies**.
The Reason You Like It	refresh my mind, give me good energy	I need music that can **refresh my mind** or **give me good energy** to concentrate better.
Your Favorite Song	the 1997 movie, My Best Friend's Wedding	My favorite soundtrack is the soundtrack album from **the 1997 movie, My Best Friend's Wedding**.

Sample Answer

I enjoy listening to various **movie soundtracks**. Among the different types of **movie soundtracks**, my favorites are mostly from **romantic comedies**. They are not too serious or difficult to listen to. Instead, they are easy listening music that I can enjoy at any time. I need music that can **refresh my mind** or **give me good energy** to concentrate better. As you know, most romantic comedy movies have happy endings. It means the soundtracks for romantic comedies are not sad or scary. They are usually pleasant enough to cheer me up. My favorite soundtrack is the soundtrack album from **the 1997 movie, My Best Friend's Wedding**. Most of the songs from the soundtrack have delightful melodies and lovely lyrics. They relieve my stress and help me to hope for a better future. Then, I can make a big smile just like the actress in the movie.

해석 p.320

Pattern Practice I

Music

 답변을 구성하기 위한 문장 패턴을 익혀 봅시다.

Type of Music You Like

Among the different types of [큰 장르], my favorites are mostly from [작은 장르].
여러 종류의 ~중에 제가 가장 좋아하는 장르는 대부분 ~입니다.

Among the different types of movie soundtracks, my favorites are mostly from romantic comedies.
여러 종류의 영화 음악 중에 제가 가장 좋아하는 장르는 대부분 로맨틱 코미디입니다.

Practice: Among the different types of _____, my favorites are mostly from _____.

응용하기 | Among the different types of rock music, my favorites are mostly from soft rocks.
여러 종류의 록 음악 중에 제가 좋아하는 장르는 대부분 소프트록입니다.

The Reason You Like It

I need music that can [효과 1] or [효과 2] to concentrate better.
저는 집중을 더 잘 하기 위해 ~나 ~을 해 줄 수 있는 음악이 필요합니다.

I need music that can refresh my mind or give me good energy to concentrate better.
저는 집중을 더 잘하기 위해 기분 전환을 해 주고 좋은 에너지를 줄 수 있는 음악이 필요합니다.

Practice: I need music that can _____ or _____ to concentrate better.

응용하기 | I need music that can relieve my stress or make me feel peaceful to concentrate better.
저는 집중을 더 잘 하기 위해 스트레스를 해소해 주고 기분을 평화롭게 해 주는 음악이 필요합니다.

Your Favorite Song

My favorite soundtrack is the soundtrack album from [출처].
제가 가장 좋아하는 사운드트랙은 ~입니다.

My favorite soundtrack is the soundtrack album from the 1997 movie, My Best Friend's Wedding.
제가 가장 좋아하는 사운드트랙은 1997년 영화 앨범, "내 남자친구의 결혼식"입니다.

Practice: My favorite soundtrack is the soundtrack album from _____, _____.

응용하기 | My favorite soundtrack is the soundtrack album from the 2003 movie, Love Actually.
제가 가장 좋아하는 사운드트랙은 2003년 영화 앨범, Love Actually입니다.

Chapter 10 • 151

My OPIc BOX I

Music

먼저, 앞에서 학습한 대로 자신만의 OPIc BOX를 완성해 보세요.
완성한 후에 패턴 연습을 통해 익힌 문장들을 더해 완전한 답변을 작성해 봅시다.

 Q1 What kind of music do you enjoy listening to? Why do you like it? Describe it in detail.

당신은 어떤 장르의 음악을 즐겨 듣나요? 그것을 왜 좋아하나요? 자세히 설명해 보세요.

Idea	Key words	Sentences
Type of Music You Like		
The Reason You Like It		
Your Favorite Song		

My Answer

OPIc BOX II

Music

 You indicated in the survey that you like music. What musical instrument do you like to play? Why would you want to play that instrument? Give as many details as you can.

설문 조사에서 음악을 좋아한다고 했습니다. 어떤 악기를 연주하는 것을 좋아하나요? 왜 그 악기를 즐겨 연주하나요? 자세히 설명해 보세요.

이 질문을 받았을 때, 가장 먼저 머릿속에 떠올려야 할 것은 연주할 수 있는 악기입니다. 어려운 악기가 아니더라도 괜찮습니다. 캐스터네츠나 탬버린이라도 그 악기에 대한 어렸을 적 기억, 또는 잊지 못할 에피소드가 있으면 답변으로 사용할 수 있다는 것을 명심하시기 바랍니다. 언제 처음 그 악기를 접했는지, 그 악기를 연주하면서 본인에게 생겼던 에피소드를 떠올리며 좋아하는 이유를 설명하면 됩니다.

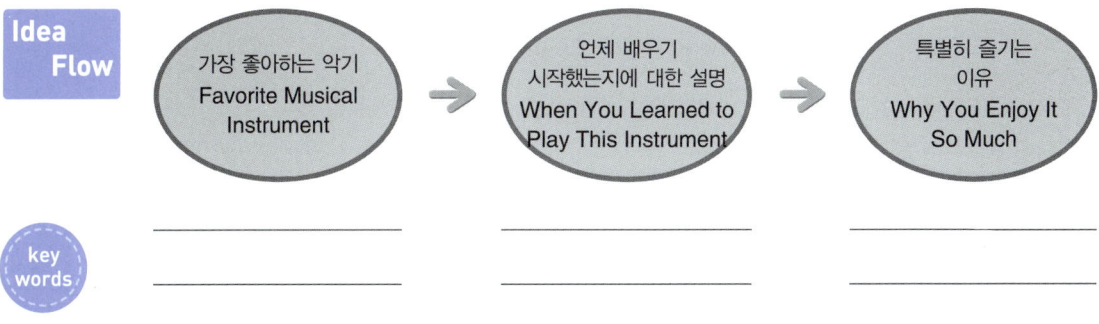

OPIc BOX

Idea	Key words	Sentences
Favorite Musical Instrument	piano	Among the various musical instruments, I love to play the **piano**.
When You Learned to Play This Instrument	five, no interest in music	I was **five** and I had **no interest in music**.
Why You Enjoy It So Much	create good harmony, cooperate with	In order to **create good harmony**, I learned it is important to **cooperate with** other musicians.

Sample Answer

Among the various musical instruments, I love to play the piano. I remember the first day I started to learn to play the **piano**. I was **five** and I had **no interest in music**. My mother was worried and suggested I take music lessons. I asked my mother if I could learn to play the piano. At that time, I just admired the beautiful dresses that pianists usually put on during their recitals. My mother was so happy about my request, she even bought a brand new piano for me. Since then, I have had private lessons twice a week. My piano teacher taught me a valuable lesson. She told me that the piano is an important musical instrument because it **creates harmony**. In order to **create good harmony**, I learned it is important to **cooperate with** other musicians. From playing the piano, I learned how to make good friends and get along well with co-workers.

해석 p.320

Pattern Practice II `Music`

📦 답변을 구성하기 위한 문장 패턴을 익혀 봅시다.

Favorite Musical Instrument

Among the various musical instruments, I love to play the [악기].
다양한 악기들 중에 저는 ~을 연주하기를 좋아합니다.

Among the various musical instruments, I love to play the piano.
다양한 악기들 중에 저는 피아노 연주하기를 좋아합니다.

Practice: Among the various musical instruments, I love to play the _____.

응용하기 | Among the various musical instruments, I love to play the violin.
다양한 악기들 중에 저는 바이올린 연주하기를 좋아합니다.

When You Learned to Play This Instrument

I was [나이] and I had [상황].
저는 ~살이었고 ~한 상황이었습니다.

I was five and I had no interest in music.
저는 다섯 살이었고 음악에 흥미가 없었습니다.

Practice: I was _____ and I had _____.

응용하기 | I was a baby and I had no idea what I could eat and what I couldn't.
저는 아기였고 내가 무엇을 먹을 수 있고 없는지 몰랐습니다.

Why You Enjoy It So Much

In order to [목표], I learned it is important to [노력] other musicians.
~을 하기 위해, 저는 다른 연주자들과 ~하는 것이 중요하다는 것을 배웠습니다.

In order to create good harmony, I learned it is important to cooperate with other musicians.
좋은 하모니를 만들기 위해 저는 다른 연주자들과 협력하는 것이 중요하다는 것을 배웠습니다.

Practice: In order to _____, I learned it is important to _____ other musicians.

응용하기 | In order to have a successful concert, I learned it is important to practice many times with other musicians.
성공적인 콘서트를 개최하기 위해, 저는 다른 연주자들과 많은 연습을 하는 것이 중요하다는 것을 배웠습니다.

My OPIc BOX Ⅱ

Music

먼저, 앞에서 학습한 대로 자신만의 OPIc BOX를 완성해 보세요.
완성한 후에 패턴 연습을 통해 익힌 문장들을 더해 완전한 답변을 작성해 봅시다.

Q2 You indicated in the survey that you like music. What musical instrument do you like to play? Why would you want to play that instrument? Give as many details as you can.

설문 조사에서 음악을 좋아한다고 했습니다. 어떤 악기를 연주하는 것을 좋아하나요? 왜 그 악기를 즐겨 연주하나요? 자세히 설명해 보세요.

Idea	Key words	Sentences
Favorite Musical Instrument		
When You Learned to Play This Instrument		
Why You Enjoy It So Much		

My Answer

OPIc BOX III

Music

 I'm going to give you a situation for you to act out. You borrowed an MP3 player from your best friend, but you accidentally broke it. Call your friend and explain your reasons in detail. Also, offer two or three solutions about the problem.

상황을 드릴 테니 역할 연기를 해 보세요. 당신은 절친한 친구로부터 MP3를 빌렸다가 실수로 고장을 냈습니다. 친구에게 전화해서 그 이유를 자세히 설명해 보세요. 그리고 문제를 해결하기 위해 두세 가지 제안을 해 보

전화를 걸어 문제를 해결하려고 할 때 가장 기본적으로 여러분들이 익혀 두어야 할 것은 전화를 걸어 상대방을 찾는 일입니다. 시작 부분인 전화 걸기에서 막혀버린다면 아무리 좋은 해결책을 생각해 두었다고 해도 말문이 막혀 답변을 제대로 이끌어 낼 수가 없습니다. Is this [사람]?, Is [사람] there? May I speak to [사람]? 등과 같은 구문을 익혀 답변을 막힘없이 시작해야 합니다. 그런 후 순차적으로 상황에 대한 세부 설명, 정확한 해결책을 'first option', 'second option' 등의 단어를 사용하며 명확히 제시하시기 바랍니다.

Idea Flow

상황 설명 Explanation of the Situation → 정중히 사과하기 Sincere Apology → 두 가지 해결책 제시 Offering Two Solutions

key words

_____

_____

_____

OPIc BOX

Idea	Key words	Sentences
Explanation of the Situation	borrowed your MP3 player	Do you remember I **borrowed your MP3 player** yesterday?
Sincere Apology	Just saying sorry is not enough	**Just saying sorry is not enough** to be forgiven.
Offering Two Solutions	taking your MP3 player, buy you a new MP3 player	The first option is **taking your MP3 player** to the service center. The second option is to simply **buy you a new MP3 player**.

Sample Answer

Hello? May I speak to Tom, please? This is his friend, George speaking. Hi, Tom. I wanted to tell you this in person, but I have to let you know as quickly as possible. Do you remember I **borrowed your MP3 player** yesterday? This afternoon, my older sister visited me with her two-year-old son, Charlie. When I came home from work, I noticed Charlie playing with your MP3 player. He had it in his mouth, so I took it out. But your MP3 player didn't work after that. I am very sorry about this. **Just saying sorry is not enough** to be forgiven. So, I thought about two solutions for you. The first option is **taking your MP3 player** to the service center. My sister will pay for all the costs. And, she will buy you a brand new headset as an expression of apology. The second option is to simply **buy you a new MP3 player**. Please tell me which option you prefer. Again I am very sorry.

해석 p.321

Pattern Practice Ⅲ

Music

📦 답변을 구성하기 위한 문장 패턴을 익혀 봅시다.

Explanation of the Situation

Do you remember I [상기시키기] yesterday?
어제 내가 ~했던 것 기억하니?

Do you remember I **borrowed your MP3 player** yesterday?
어제 내가 네 MP3 플레이어 빌려 간 것 기억하니?

Practice: Do you remember I _____ yesterday?

응용하기 | Do you remember I used your computer yesterday?
어제 내가 네 컴퓨터 사용한 것 기억하니?

Sincere Apology

[불충분한 대처] to be forgiven.
~하는 것으로는 용서받기에 ~해.

Just saying sorry is not enough to be forgiven.
단지 미안하다는 말로는 용서받기에 충분하지 않아.

Practice: _____ to be forgiven.

응용하기 | Just buying a gift is not sufficient to be forgiven.
단지 선물을 사 주는 것으로는 용서받기에 충분하지 않아.

Offering Two Solutions

The first option is [조치 1] to the service center.
첫 번째 옵션은 서비스 센터로 ~하는 것이야.

The first option is **taking your MP3 player** to the service center.
첫 번째 옵션은 서비스 센터로 네 MP3 플레이어를 가져가는 것이야.

The second option is to simply [조치 2].
두 번째 옵션은 단순히 ~하는 것이야.

The second option is to simply **buy you a new MP3 player**.
두 번째 옵션은 단순히 네게 새로운 MP3 플레이어를 사 주는 것이야.

Practice: The first option is _____ to the service center.
The second option is to simply _____.

응용하기 | The first option is taking your computer to the service center.
첫 번째 옵션은 서비스 센터로 네 컴퓨터를 가져가는 것이야.
The second option is to simply buy you a new computer.
두 번째 옵션은 단순히 네게 새로운 컴퓨터를 사주는 것이야.

Chapter 10 • 157

My OPIc BOX Ⅲ

Music

먼저, 앞에서 학습한 대로 자신만의 OPIc BOX를 완성해 보세요.
완성한 후에 패턴 연습을 통해 익힌 문장들을 더해 완전한 답변을 작성해 봅시다.

Q3 I'm going to give you a situation for you to act out. You borrowed an MP3 player from your best friend, but you accidently broke it. Call your friend and explain your reasons in detail. Also, offer two or three solutions about the problem.

상황을 드릴 테니 역할 연기를 해 보세요. 당신은 절친한 친구로부터 MP3를 빌렸다가 실수로 고장을 냈습니다. 친구에게 전화해서 그 이유를 자세히 설명해 보세요. 그리고 문제를 해결하기 위해 두세 가지 제안을 해 보세요.

Idea	Key words	Sentences
Explanation of the Situation		
Sincere Apology		
Offering Two Solutions		

My Answer

Chapter 11: Cooking

1. Favorite Food to Cook
2. First Cooking Experience
3. Cooking a Nice Dish for the Party

Chapter 11 Cooking

Topic Overview

요리는 시험 전에 작성하는 설문 조사의 5번, "귀하의 취미나 관심사는 무엇입니까?"에 "요리하기"의 항목으로 나와 있습니다. 얼핏 어렵게 느껴지는 주제 같기도 하지만, 사실 나올 수 있는 질문의 유형은 제한되어 있습니다. 조리법, 주방기구, 그리고 맛에 대한 단어나 표현을 익혀두면 요리의 영역 외에도 취미나 외식 등 다른 주제의 영역과도 연관 지어서 활용할 수 있는 유용한 주제입니다. 볶음밥, 카레, 라면과 같이 여성들뿐 아니라 남성들도 어렵지 않게 만들 수 있는 요리를 생각해 보고 어떠한 방식으로 쉽게 답변을 만들어 낼지 다음 문제 유형을 참고해서 준비해 보세요.

기본 문제	심층 문제	고급 문제
• 좋아하는 음식과 즐겨 만드는 요리 • 요리를 하는 빈도 • 요리 도구의 종류	• 좋아하는 요리의 조리 과정 • 요리와 관련된 기억에 남는 경험 • 요리 추천하기	• 다른 종류의 요리에 대한 비교 및 대조 • 요리에 관한 조언하기

관련 질문 유형 보기　　　　　　　　　　　Cooking

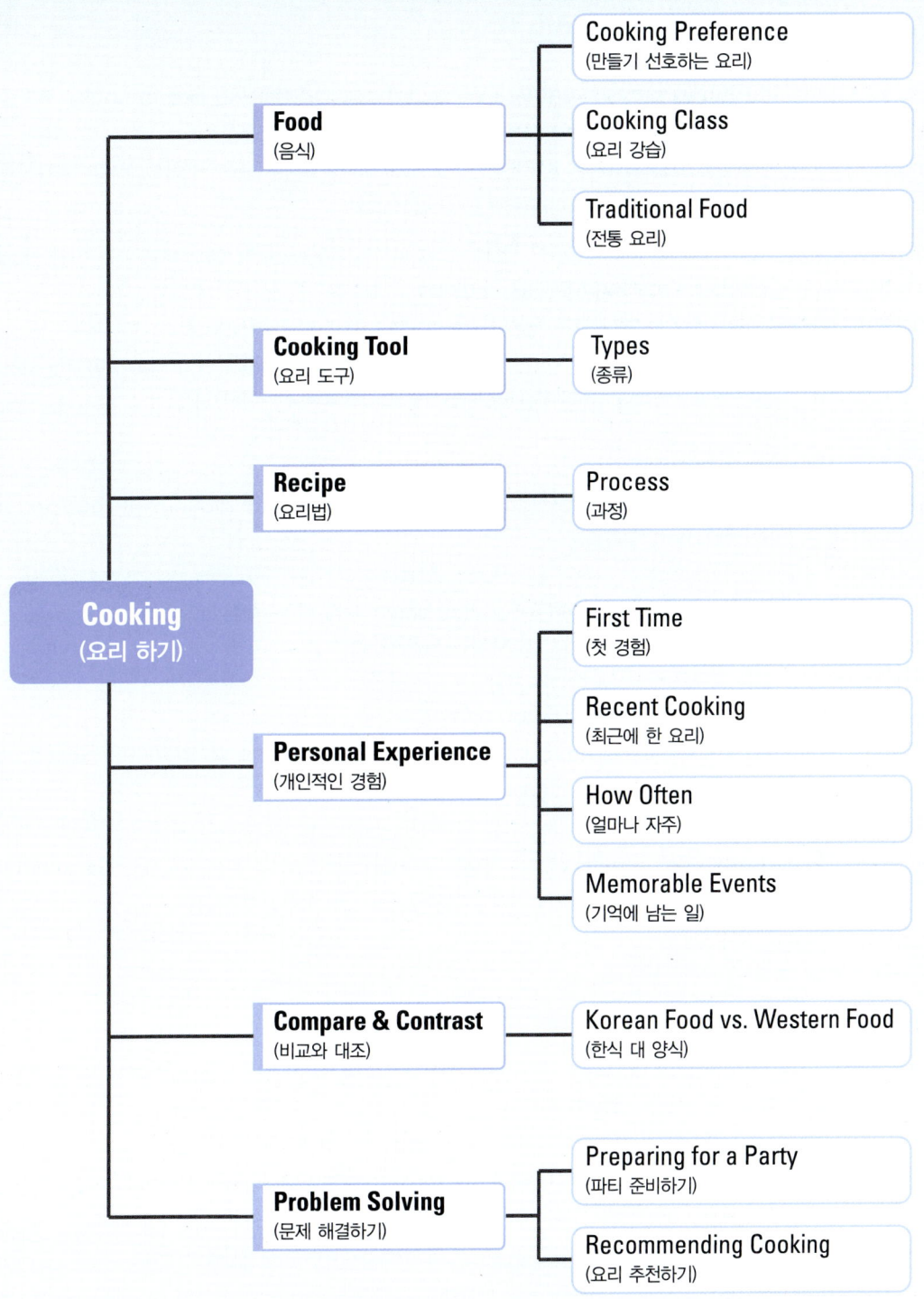

Chapter 11

관련 OPIc 예상 질문 파헤치기　　　　　　　　　Cooking

1 묘사 (Descriptive Speaking)

A Food (음식)

1. You indicated in the survey that you cook. What food do you like to cook? Why do you like to cook it? Explain your reasons in detail.
설문 조사에서 요리를 좋아한다고 했습니다. 어떤 음식을 요리하는 것을 좋아하나요? 왜 좋아하나요? 자세하게 말해 보세요.
> **key words** pasta, easy to make, possible to customize

2. I'd like to know about traditional food in your country. Choose one of the popular dishes and describe the ingredients in detail.
당신 나라의 전통 음식에 대해 알고 싶습니다. 유명한 음식을 선택해서 들어가는 재료에 대해 자세히 말해 보세요.
> **key words** Bibimbab, steamed rice, many kinds of vegetables, Korean pepper paste, Hollywood star's favorite dish, favorite vegetable as topping

B Cooking Tool (요리 도구)

1. You indicated in the survey that you cook. Tell me about the most useful cooking tool you use. Describe it in detail.
설문 조사에 요리를 한다고 했습니다. 당신이 가장 유용하게 사용하는 요리 기구에 대해 자세히 설명해 보세요.
> **key words** air fryer, no oil needed, good for health, very comfortable, no need to sweat, no greasy fries

C Recipe (요리법)

1. You indicated in the survey that you enjoy cooking. What is your favorite dish? How do you cook it? Tell me the process in order.
설문 조사에서 요리를 좋아한다고 했습니다. 만들기 좋아하는 음식은 무엇인가요? 어떻게 요리를 하나요? 자세히 말해 보세요.
> **key words** Russian vegetable soup, prepare ingredients, cabbages, carrots, potatoes, tomato, curry, salt, chop, heat the pot, stir, fry, add water, boil

2 설명 (Narrative Speaking)

A Personal Experience (개인적인 경험)

1. Tell me about the first time you cooked. What kind of food did you cook and why did you cook it? Give me the details.
처음으로 요리를 했을 때에 대해서 말해 보세요. 어떤 음식을 만들었고 왜 만들었나요? 자세히 말해 보세요.
> **key words** my parents' wedding anniversary, an American style breakfast, surprised, delicious breakfast

2. Tell me about a recent cooking experience. What did you cook? When did you cook it? Who did you cook it for? Were you satisfied with the taste? Describe the experience in detail.

최근에 요리를 했던 경험에 대해서 말해 보세요. 무엇을 만들었나요? 언제 그것을 만들었나요? 누구를 위해서 요리를 했나요? 맛은 만족스러웠나요? 그 경험에 대해 상세하게 설명해 보세요.

> **key words** porridge for my baby, prepared organic ingredients, satisfied, felt happy

3. Tell me about your most memorable cooking experience. What was the occasion? Why was it special? Tell me about the experience in as much detail as possible.

요리와 관련된 경험 중 가장 기억에 남는 일을 말해 보세요. 어떤 상황이었나요? 왜 특별한 경험이었나요? 그 경험에 대해서 가능한 한 자세히 설명해 보세요.

> **key words** prepared cold noodles, best ingredients, prepared before they arrived, boiled noodles earlier, noodles gone too soft, couldn't serve, ordered Chinese food, embarrassed

B Compare and Contrast (비교와 대조)

1. How is cooking Korean food different from cooking Western food? Do they use different ingredients or cooking tools? Tell me as many details as possible.

한국 음식을 만드는 것은 서양 음식을 만드는 것과 어떻게 다른가요? 다른 재료들이나 요리 기구들을 사용하나요? 가능한 한 자세히 설명해 보세요.

> **key words** no specific recipe, mother's recipe, rice, use lots of garlic, spring onion, boil, steam, easy to make, bread, bake, fry

3 롤 플레이 (Role Play)

1. I'm going to give you a situation for you to act out. You are going to have a party at your home and your parents-in-law are coming. Call your mother and ask three or four questions about cooking a nice dish for the party.

상황을 드릴 테니 역할 연기를 해 보세요. 당신은 집에서 파티를 열 예정이고 시부모님들이 오시기로 하셨습니다. 당신의 어머니께 전화를 걸어서 파티를 위해 준비하기 좋은 음식에 대해서 서너 가지 질문을 해 보세요.

> **key words** my parents-in-law, coming, what kind of food, prepare traditional Korean dishes, the table decorations

2. I'm going to give you a situation for you to act out. One of your friends eats too much junk food, so you are worried. Call your friend and persuade him/her to start cooking at home. Recommend a food and explain why it is good and how to make it.

상황을 드릴 테니 역할 연기를 해 보세요. 당신은 친구 중 한 명이 패스트푸드를 너무 많이 먹어서 걱정하고 있습니다. 친구에게 전화를 걸어서 집에서 음식을 만들어 먹기 시작해 보라고 권유해 보세요. 하나의 음식을 추천하고 왜 그것이 좋으며 어떻게 만드는지 설명해 보세요.

> **key words** worried about your eating habits, think of your health, eat at home, cook for yourself, cook soup for yourself, have breakfast with side dishes and soup, better for your health

OPIc BOX I

Cooking

Q1 You indicated in the survey that you cook. What food do you like to cook? Why do you like to cook it? Explain your reasons in detail.

설문 조사에서 요리를 좋아한다고 했습니다. 어떤 음식을 요리하는 것을 좋아하나요? 왜 좋아하나요? 자세하게 말해 보세요.

본인이 요리하기 좋아하는 음식을 단답형으로 대답하기는 쉽지만, 그 이유를 구체적으로 설명하기는 쉬운 일이 아닙니다. 그 요리를 처음 만들게 된 계기, 특별히 본인만이 가지고 있는 비법, 그 음식을 먹어본 사람들의 반응 등을 키워드로 머릿속에 입력해 두신다면 요리 문제가 나왔을 때 막힘없이 답변해 나갈 수 있습니다.

Idea Flow

가장 요리하기 좋아하는 음식
Explanation of Your Favorite Dish to Cook → 좋아하는 이유 1
Reason 1 → 좋아하는 이유 2
Reason 2

key words

_____   _____   _____
_____   _____   _____
_____   _____   _____
_____   _____   _____

OPIc BOX

Idea	Key words	Sentences
Explanation of Your Favorite Dish to Cook	pasta	Among various dishes, my favorite dish to cook is **pasta**.
Reason 1	easy to make	The first reason why I like to cook pasta is that it is **easy to make**.
Reason 2	possible to customize it	The second reason why I like to cook pasta is that it is **possible to customize it**.

Sample Answer

Among various dishes, my favorite dish to cook is **pasta**. First, I tried to cook it by searching the Internet or reading cookbooks. However, it was too casual. I wanted to learn it in a professional way. So, I chose to take private classes from several professional chefs. It was very helpful because they taught me from the basics and helped me to develop my own recipe. The first reason why I like to cook pasta is that it is **easy to make**. All I need to do is to prepare noodles and sauce. I boil the noodles and make sauce by preparing the ingredients from the recipe and adding them in order. The second reason why I like to cook pasta is that it is **possible to customize it**. If I cook for kids, I remove some of the salt and pepper. If I cook for a cheese lover, I put in extra cheese. With little changes, I can make many different pasta dishes. 해석 p.321

Pattern Practice I — Cooking

 답변을 구성하기 위한 문장 패턴을 익혀 봅시다.

Explanation of Your Favorite Dish to Cook

Among various dishes, my favorite dish to cook is [음식 이름].
다양한 음식 중, 제가 요리하기 제일 좋아하는 음식은 ~입니다.

Among various dishes, my favorite dish to cook is **pasta**.
다양한 음식 중, 제가 요리하기 제일 좋아하는 음식은 파스타입니다.

Practice: Among various dishes, my favorite dish to cook is _____.

응용하기 | Among various dishes, my favorite dish to cook is omelet.
다양한 음식 중, 제가 요리하기 제일 좋아하는 음식은 오믈렛입니다.

Reason 1

The first reason why I like to cook pasta is that it is [좋아하는 이유 1].
제가 파스타를 요리하기 좋아하는 첫 번째 이유는 ~입니다.

The first reason why I like to cook pasta is that it is **easy to make**.
제가 파스타를 요리하기 좋아하는 첫 번째 이유는 만들기가 쉽기 때문입니다.

Practice: The first reason why I like to cook pasta is that it is _____.

응용하기 | The first reason why I like to cook pasta is that it is delicious.
제가 파스타를 요리하기 좋아하는 첫 번째 이유는 맛있기 때문입니다.

Reason 2

The second reason why I like to cook pasta is that it is [좋아하는 이유 2].
제가 파스타를 요리하기 좋아하는 두 번째 이유는 ~입니다.

The second reason why I like to cook pasta is that it is **possible to customize it**.
제가 파스타를 요리하기 좋아하는 두 번째 이유는 제 취향대로 조리하는 것이 가능하기 때문입니다.

Practice: The second reason why I like to cook pasta is that it is _____.

응용하기 | The second reason why I like to cook pasta is that it is my friends' favorite dish.
제가 파스타를 요리하기 좋아하는 두 번째 이유는 제 친구들이 가장 좋아하는 음식이기 때문입니다.

My OPIc BOX I

Cooking

먼저, 앞에서 학습한 대로 자신만의 OPIc BOX를 완성해 보세요.
완성한 후에 패턴 연습을 통해 익힌 문장들을 더해 완전한 답변을 작성해 봅시다.

Q1 You indicated in the survey that you cook. What food do you like to cook? Why do you like to cook it? Explain your reasons in detail.

설문 조사에서 요리를 좋아한다고 했습니다. 어떤 음식을 요리하는 것을 좋아하나요? 왜 좋아하나요? 자세하게 말해 보세요.

Idea	Key words	Sentences
Explanation of Your Favorite Dish to Cook		
Reason 1		
Reason 2		

My Answer

_____
_____
_____
_____
_____
_____
_____
_____
_____
_____

OPIc BOX II

Q2 Tell me about the first time you cooked. What kind of food did you cook and why did you cook it? Give me the details.

처음으로 요리를 했을 때에 대해서 말해 보세요. 어떤 음식을 만들었고 왜 만들었나요? 자세히 말해 보세요.

어떤 일이든 처음 무엇인가를 시작한 경험은 머릿속에 생생히 남아 있습니다. 이번 문제 역시 요리를 처음으로 한 경험과 음식의 종류, 그 음식을 왜 만들었는지를 자세히 설명하는 문제입니다. 처음 요리하던 순간을 떠올리며 그림을 그리듯 묘사해 보시기 바랍니다. 여기서 반드시 잊지 말아야 할 것은 과거의 경험이므로 동사를 사용할 때마다 시제에 주의해야 한다는 점입니다.

Idea Flow

처음으로 요리를 하게 된 배경
Background of Your First Cooking Experience
→
내가 처음으로 요리한 음식
Explanation of the First Dish You Cooked
→
요리한 후의 나의 느낌
Result of Your First Cooking Experience

OPIc BOX

Idea	Key words	Sentences
Background of Your First Cooking Experience	my parents' wedding anniversary	It was **my parents' wedding anniversary** and I wanted to do something special for them.
Explanation of the First Dish You Cooked	an American style breakfast	We thought cooking Korean dishes would be challenging so we chose **an American style breakfast**.
Result of Your First Cooking Experience	surprised, delicious breakfast	They were really **surprised** and they told us that it was the most **delicious breakfast** they ever had in their lives.

Sample Answer

I was eight when I cooked for the first time. It was **my parents' wedding anniversary** and I wanted to do something special for them. As an eight-year-old kid, I didn't have many options to choose from. After a long discussion with my younger sister, we decided to make a wonderful breakfast for them. We thought cooking Korean dishes would be challenging so we chose **an American style breakfast**. There were pancakes, scrambled eggs and sausages. We didn't need a recipe because we helped mom prepare this kind of breakfast every Sunday. We decided to put more whipped cream and strawberries on top of the pancakes since it was a special day. We successfully finished cooking and woke our parents up. They were really **surprised** and they told us that it was the most **delicious breakfast** they ever had in their lives. We were satisfied with our work and we also made a good memory to talk about over and over throughout our lifetime.

해석 p.321

Pattern Practice II — Cooking

 답변을 구성하기 위한 문장 패턴을 익혀 봅시다.

Background of Your First Cooking Experience

It was [기념일] and I wanted to do something special for them.
그날은 ~이어서 나는 그들에게 뭔가 특별한 것을 해 주고 싶었습니다.

It was **my parents' wedding anniversary** and I wanted to do something special for them.
그날은 제 부모님의 결혼기념일이어서 저는 그들에게 뭔가 특별한 것을 해 드리고 싶었습니다.

Practice: It was _____ and I wanted to do something special for them.

응용하기 | **It was my best friend's graduation and I wanted to do something special for them.** 그날은 가장 친한 제 친구들의 졸업식이어서 저는 그들에게 뭔가 특별한 것을 해 주고 싶었습니다.

Explanation of the First Dish You Cooked

We thought cooking Korean dishes would be challenging so we chose [대체 선택].
우리는 한국 음식을 만드는 것은 너무 큰 도전이라고 생각해서 ~을 선택했습니다.

We thought cooking Korean dishes would be challenging so we chose **an American style breakfast**.
우리는 한국 음식을 만드는 것은 너무 큰 도전이라고 생각해서 미국 스타일의 아침식사를 선택했습니다.

Practice: We thought cooking Korean dishes would be challenging so we chose _____.

응용하기 | **We thought cooking Korean dishes would be challenging so we chose to hire a chef.** 우리는 한국 음식을 만드는 것은 너무 큰 도전이라고 생각해서 요리사를 고용하기로 선택했습니다.

Result of Your First Cooking Experience

They were really [감정] and they told us that it was the most [기억에 남는 것] they ever had in their lives.
그들은 정말 ~했고, 그것은 그들의 인생에서 가장 ~였다고 했습니다.

They were really **surprised** and they told us that it was the most **delicious breakfast** they ever had in their lives.
그들은 정말 놀랐고, 그것은 그들의 인생에서 가장 맛있는 아침식사였다고 했습니다.

Practice: They were really _____ and they told us that it was the most _____ they ever had in their lives.

응용하기 | **They were really upset and they told us that it was the most terrible accident they ever had in their lives.**
그들은 정말 화났고, 그것은 그들의 인생에서 가장 끔찍한 사건이었다고 했습니다.

My OPIc BOX II

Cooking

먼저, 앞에서 학습한 대로 자신만의 OPIc BOX를 완성해 보세요.
완성한 후에 패턴 연습을 통해 익힌 문장들을 더해 완전한 답변을 작성해 봅시다.

Q2. Tell me about the first time you cooked. What kind of food did you cook and why did you cook it? Give me the details.

처음으로 요리를 했을 때에 대해서 말해 보세요. 어떤 음식을 만들었고 왜 만들었나요? 자세히 말해 보세요.

Idea	Key words	Sentences
Background of Your First Cooking Experience		
Explanation of the First Dish You Cooked		
Result of Your First Cooking Experience		

My Answer

OPIc BOX III

Cooking

Q3 I'm going to give you a situation for you to act out. You are going to have a party at your home and your parents-in-law are coming. Call your mother and ask three or four questions about cooking a nice dish for the party.

상황을 드릴 테니 역할 연기를 해 보세요. 당신은 집에서 파티를 열 예정이고 시부모님들이 오시기로 하셨습니다. 당신의 어머니께 전화를 걸어서 파티에 알맞은 음식 준비에 대해서 서너 가지 질문을 해 보세요.

어머니에게 전화를 걸어 다양한 질문을 하는 문제이기 때문에 질문형 문장이 반복적으로 나올 수 밖에 없습니다. 똑같은 구문이 반복된다면 좋은 점수를 받을 수 없으니, 'What should I ~?', 'What do you think about ~?', 'Can you recommend ~?', 'If I were you, how would you ~?' 등의 다양한 구문들을 익혀 질문을 하는 것이 좋습니다.

Idea Flow

전화한 이유 설명 Explanation of the Reason You Called → 첫 번째 질문 First Question → 두 번째 질문 Second Question → 세 번째 질문 Third Question

key words

OPIc BOX

Idea	Key words	Sentences
Explanation of the Reason You Called	my parents-in-law, coming	Today, **my parents-in-law** are **coming** to my house.
First Question	what kind of food	**What kind of food** should I prepare for them?
Second Question	prepare traditional Korean dishes	Would it be better to **prepare traditional Korean dishes**?
Third Question	the table decorations	Mom, what about **the table decorations**?

Sample Answer

Mom, it is me, Faith. Do you have time to talk for a while? I really need your help. Today, **my parents-in-law** are **coming** to my house. We will have dinner together. They want to have it at home. **What kind of food** should I prepare for them? It is their first time having dinner in my house, so I don't want to disappoint them. I think I need to show off my culinary skills. Would it be better to **prepare traditional Korean dishes**? Or should I make something special? Yes, you are right. I will go for fusion-style Korean dishes. The dishes will both look good and give an opportunity to experience something new. You usually put a lot of sesame oil in Korean barbecue. Should I put less of it and put in some cheese to make it fusion style, instead? Mom, what about **the table decorations**? Should I put some flowers in the middle? I have no idea. Please help me.

해석 p.321

Pattern Practice Ⅲ 　　　　Cooking

 답변을 구성하기 위한 문장 패턴을 익혀 봅시다.

Explanation of the Reason You Called

Today, [대상] are [이동 / 방문] to my house.
오늘, ~가 저희 집에 ~합니다.

Today, my parents-in-law are coming to my house.
오늘, 제 시부모님들이 저희 집에 오십니다.

Practice: Today, _____ are _____ to my house.

응용하기 | Today, a postman is delivering a letter to my house.
오늘, 우체부가 저희 집에 편지를 배달하러 옵니다.

First Question

[준비 사항] should I prepare for them?
그들을 위해 ~을 준비해야 하나요?

What kind of food should I prepare for them?
그들을 위해 어떤 음식을 준비해야 하나요?

Practice: _____ should I prepare for them?

응용하기 | How many portions should I prepare for them?
그들을 위해 몇 인분을 준비해야 하나요?

Second Question

Would it be better to [선택]?
~하는 것이 더 나을까요?

Would it be better to prepare traditional Korean dishes?
전통 한국 음식을 준비하는 것이 더 나을까요?

Practice: Would it be better to _____?

응용하기 | Would it be better to read books instead of watching movies?
영화를 보는 것보다 책을 읽는 것이 더 나을까요?

Third Question

Mom, what about [의견]?
엄마, ~는 어때요?

Mom, what about the table decorations?
엄마, 테이블 장식은 어떻게 할까요?

Practice: Mom, what about _____?

응용하기 | Mom, what about having dinner outside?
엄마, 저녁 때 외식하는 것은 어때요?

My OPIc BOX Ⅲ   Cooking

먼저, 앞에서 학습한 대로 자신만의 OPIc BOX를 완성해 보세요.
완성한 후에 패턴 연습을 통해 익힌 문장들을 더해 완전한 답변을 작성해 봅시다.

Q3 I'm going to give you a situation for you to act out. You are going to have a party at your home and your parents-in-law are coming. Call your mother and ask three or four questions about cooking a nice dish for the party.

상황을 드릴 테니 역할 연기를 해 보세요. 당신은 집에서 파티를 열 예정이고 시부모님들이 오시기로 하셨습니다. 당신의 어머니께 전화를 걸어서 파티에 알맞은 음식 준비에 대해서 서너 가지 질문을 해 보세요.

Idea	Key words	Sentences
Explanation of the Reason You Called		
First Question		
Second Question		
Third Question		

My Answer

Chapter 12 Exercise

1. The Gym I Go to
2. Interesting Experience Related to Yoga
3. Suggesting Alternatives for My Friend

Chapter 12 Exercise

Oral Proficiency Interview-computer

Topic Overview

운동은 설문 조사의 6번에 나와 있는 "즐기는 운동"의 항목과 연관되어 있습니다. 외모에 신경 쓰는 현대인들이 특히나 관심을 두고 활발하게 참여하는 분야의 주제라고 볼 수 있습니다. 특히나 헬스장에서 하는 운동은 다이어트나 몸매 관리를 위해 많은 사람들이 하고 있는 만큼 OPIc 시험에서 쉽게 볼 수 있는 문제입니다. 하지만 헬스에서 하는 운동이나 기구의 명칭은 전문 용어이기 때문에 실전에서 답변을 잘 풀어 나가려면 그에 맞는 준비가 필요한 것이 사실입니다. 비단 헬스뿐만 아니라 건강을 위해 흔하게 하는 다른 운동들도 마찬가지입니다. 다음 문제 유형을 참고하여 운동에 관한 본인의 답을 만들어 보세요.

기본 문제	심층 문제	고급 문제
• 헬스장의 위치 • 헬스장의 기구 • 헬스장에 가는 빈도	• 운동 파트너에 대한 설명 • PT 사용 여부 • 기타 헬스장에서의 활동 묘사	• 최고의 운동에 대한 본인의 의견 • 운동의 효과 • 운동과 관련된 어려웠거나 특별했던 경험

관련 질문 유형 보기 — Exercise

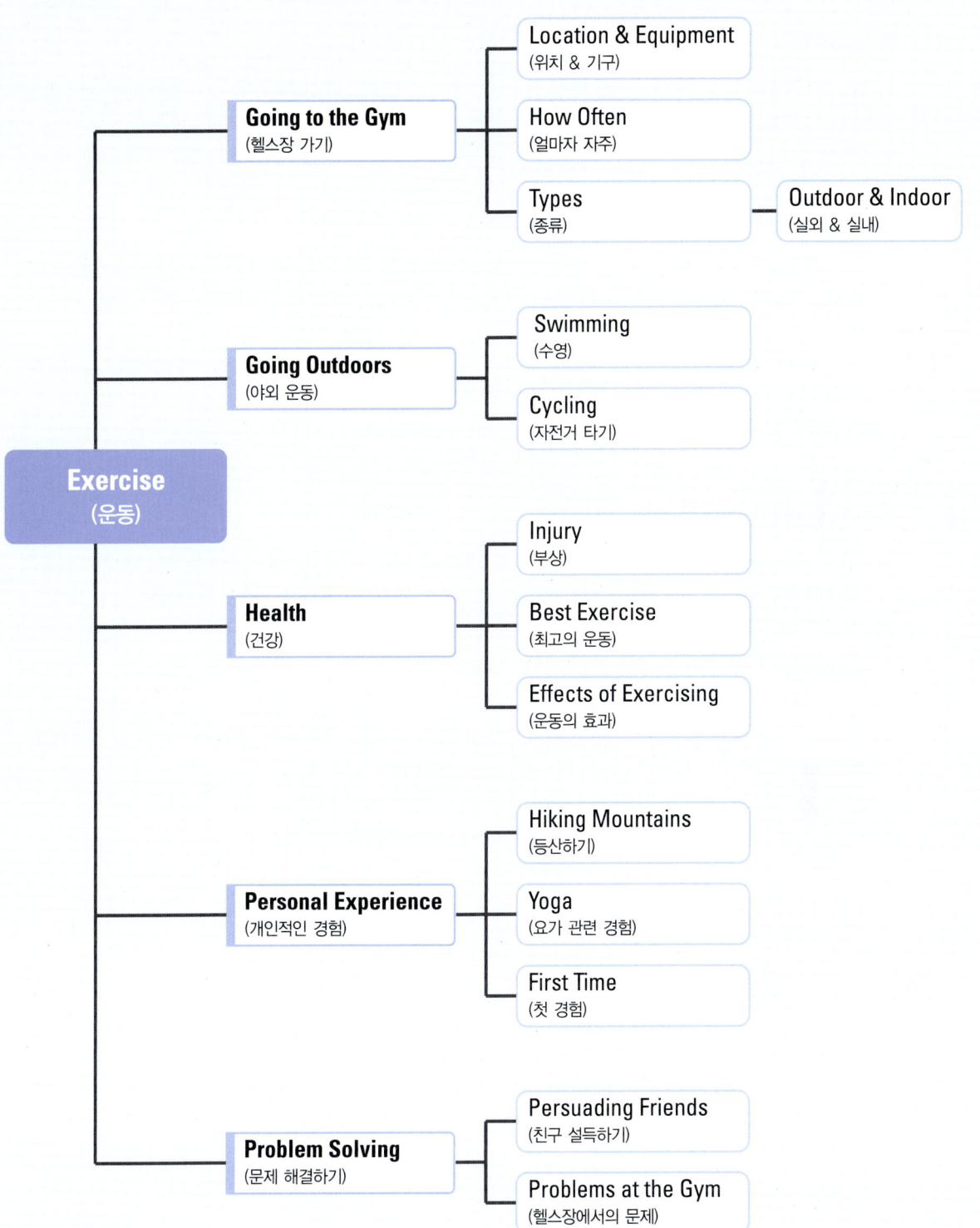

관련 OPIc 예상 질문 파헤치기

Exercise

1 묘사 (Descriptive Speaking)

A Going to the Gym (헬스장 가기)

1. You indicated in the survey that you go to the gym. Where is it located and why do you like to go there? What kind of equipment do you use? Tell me in detail.

설문 조사에서 헬스장에 간다고 했습니다. 어디에 위치해 있고 왜 그곳에 가는 것을 좋아하나요? 어떤 기구들을 사용하나요? 자세히 설명해 보세요.

> **key words** near my office, release my stress, the treadmill

2. You indicated in the survey that you go to the gym. What kind of exercises do you do at the gym? Tell me about some of the exercises that you usually do. Describe in detail.

설문 조사에서 헬스장에 다닌다고 했습니다. 헬스장에서는 어떤 운동을 하나요? 일반적으로 당신이 헬스장에서 하는 운동에 대해서 자세히 설명해 보세요.

> **key words** warm-up stretch, treadmill, 45 minutes, cardio, core training

B Going Outdoors (야외 운동)

1. You indicated in the survey that you like to swim. Why do you enjoy swimming? Where do you go to swim? How often do you go there? Describe in detail.

설문 조사에서 수영을 즐긴다고 했습니다. 왜 수영을 즐기나요? 어디서 수영을 즐기며 얼마나 자주 가나요? 자세히 설명해 보세요.

> **key words** paddling in a hot tub, like to go to the swimming pool, good swimmer, a good family sport

2. You indicated in the survey that you like to ride your bicycle. Where is your favorite place to ride your bike? Describe your favorite trail in detail.

설문 조사에 자전거를 타는 것을 즐긴다고 했습니다. 자전거를 타기 위해 가장 좋아하는 장소는 어디인가요? 자세히 말해 주세요.

> **key words** Han river park, cycle lane along the river, safe, lots of cycle clubs, benches, take a rest, free exercise equipments

2 설명 (Narrative Speaking)

A Health (건강)

1. Have you ever got injured while exercising? What happened and where did you get hurt? Tell me your experience in detail.

운동을 하면서 다친 적이 있나요? 무슨 일이 일어났고 어디를 다쳤나요? 다친 경험에 대해 자세히 설명해 보세요.

> **key words** in the swimming pool, 8 years old, school swimming club, slipped on the wet tile, hurt back, still have back pain

2. You indicated in the survey that you enjoy jogging. Why do you go jogging? What are the benefits you can get from doing it? Explain the reasons in detail.

설문 조사에서 조깅을 즐긴다고 했습니다. 왜 조깅을 하나요? 조깅을 함으로써 얻는 이득은 무엇인가요? 당신의 의견에 대한 이유를 자세히 설명해 보세요.

> **key words** jog along the river, refreshed, sweat, feel better after jogging, good to strengthen muscles, maintain healthy skin

B Personal Experience (개인적인 경험)

1. Tell me about a memorable experience while you were hiking in the mountains. Why was it a special experience? Describe your experience in detail.

등산을 하다가 겪었던 기억에 남는 일에 대해서 말해 보세요. 그것은 왜 특별한 경험이었나요? 자세히 설명해 보세요.

> **key words** climbed up Bukhan mountain, with my professor and other students, not prepared, rough and irregular sides, stony mountain, about to lose control, did not go to mountains again

2. You indicated in the survey that you enjoy yoga. Tell me about an interesting experience you had while doing yoga. Describe all the details.

설문 조사에서 요가를 즐긴다고 했습니다. 요가와 관련된 흥미로운 경험에 대해 자세히 설명해 보세요.

> **key words** relieved my pain, now gone, improve your figure

3 롤 플레이 (Role Play)

1. I'm going to give you a situation for you to act out. Your friend wants to go jogging with you, but you want to go alone. Call your friend and explain your reasons. Then suggest two or three alternatives.

상황을 드릴 테니 역할 연기를 해 보세요. 당신의 친구가 당신과 함께 조깅을 하고 싶어하지만, 당신은 혼자서 하고 싶습니다. 친구에게 전화를 걸어 이유를 설명해 보세요. 그리고 두세 가지 대안을 제시해 보세요.

> **key words** go jogging with you, bother you, meet early, do stretching

2. I'm going to give you a situation for you to act out. You are running on a machine at the gym. Suddenly, it stops working and you almost fall down to the floor. Call the manager and complain about the situation. Also, suggest two or three ways to solve the problem.

상황을 드릴 테니 역할 연기를 해 보세요. 당신은 헬스장에서 운동 기구를 사용해서 달리고 있습니다. 갑자기 기구가 멈췄고 당신은 바닥에 넘어질 뻔했습니다. 매니저에게 전화를 해서 그 상황에 대해 불만을 표시해 보세요. 또한 문제를 해결하기 위해 두세 가지 방법을 제안해 보세요.

> **key words** on the treadmill, didn't press any button, watching TV, kept running, fell down from it, wounded my knee, scars, need to check the equipment, pay the medical bills, very frightened

OPIc BOX I

Exercise

You indicated in the survey that you go to the gym. Where is it located and why do you like to go there? What kind of equipment do you use? Tell me in detail.

설문 조사에서 헬스장에 간다고 했습니다. 어디에 위치해 있고 왜 그곳에 가는 것을 좋아하나요? 어떤 기구들을 사용하나요? 자세히 설명해 보세요.

이러한 유형의 문제는 세 개의 질문이 명확히 명시되어 있기 때문에 질문에만 충실히 답변하면 좋은 점수를 받을 수 있습니다. 먼저 질문의 키워드는 '본인이 가는 헬스장의 위치' '그 헬스장을 좋아하는 이유', 그리고 '운동을 할 때 사용하는 기구'와 연관되어 있습니다. 세 가지 질문에 대한 답을 짤막하게 만든 후, 그 답변에 대한 부연 설명을 두 세 문장씩 덧붙여 말한다면 자신만의 완벽한 모범 답변을 만들 수 있습니다.

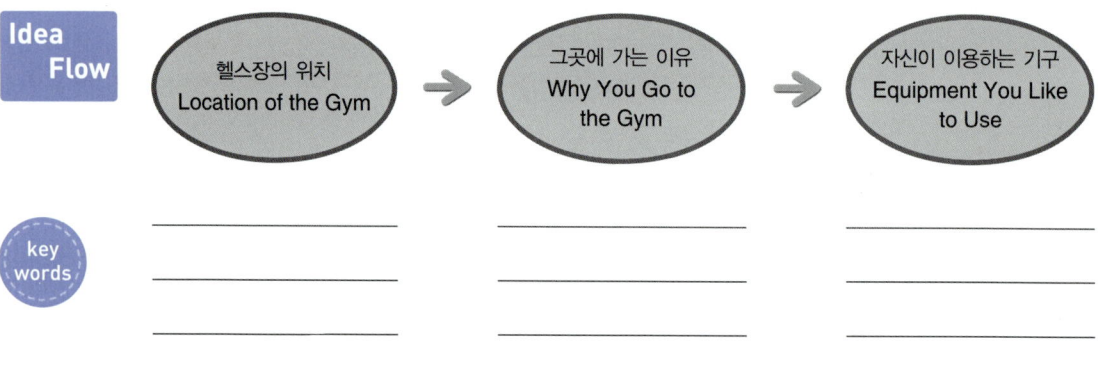

Idea	Key words	Sentences
Location of the Gym	near my office	The gym I go to is located **near my office**.
Why You Go to the Gym	release my stress	I like to go to the gym because it helps me to **release my stress**.
Equipment You Like to Use	the treadmill	One of my favorites is **the treadmill**.

Sample Answer

I try to go to the gym at least twice a week. The gym I go to is located **near my office**. My office is in Yeouido, Seoul. My gym is located on the first floor of the 63 building which is one of Yeouido's landmarks. I like to go to the gym because it helps me to **release my stress**. In my opinion, working out is the healthiest way to release stress. It also helps me start my day early. I like to keep my work-out simple. So, there are not many different types of equipment that I use. One of my favorites is **the treadmill**. I always use this machine for twenty minutes or so. Another favorite is the one which helps me to do sit-ups. Since it helps me to build my abdominals, I use it every time I go to the gym.

해석 p.322

Pattern Practice I

Exercise

🧊 답변을 구성하기 위한 문장 패턴을 익혀 봅시다.

Location of the Gym

The gym I go to is located [위치].
제가 다니는 헬스장은 ~에 위치해 있습니다.

The gym I go to is located near my office.
제가 다니는 헬스장은 직장 근처에 위치해 있습니다.

Practice: The gym I go to is located _____.

응용하기 | The gym I go to is located next to my home.
제가 다니는 헬스장은 집 옆에 위치해 있습니다.

Why You Go to the Gym

I like to go to the gym because it helps me to [유익한 점].
~하는 것을 도와 주기 때문에 저는 헬스장에 다니는 것을 좋아합니다.

I like to go to the gym because it helps me to release my stress.
스트레스 푸는 것을 도와 주기 때문에 저는 헬스장에 다니는 것을 좋아합니다.

Practice: I like to go to the gym because it helps me to _____.

응용하기 | I like to go to the gym because it helps me to be in a good shape.
좋은 몸상태를 유지하도록 도와 주기 때문에 저는 헬스장에 다니는 것을 좋아합니다.

Equipment You Like to Use

One of my favorites is [애용하는 운동 기구].
제가 가장 좋아하는 운동 기구 중에 하나는 ~입니다.

One of my favorites is the treadmill.
제가 가장 좋아하는 운동 기구 중에 하나는 러닝머신입니다.

Practice: One of my favorites is _____.

응용하기 | One of my favorites is the bench press.
제가 가장 좋아하는 운동 기구 중에 하나는 벤치 프레스입니다.

My OPIc BOX I

Exercise

먼저, 앞에서 학습한 대로 자신만의 OPIc BOX를 완성해 보세요.
완성한 후에 패턴 연습을 통해 익힌 문장들을 더해 완전한 답변을 작성해 봅시다.

Q1 You indicated in the survey that you go to the gym. Where is it located and why do you like to go there? What kind of equipment do you use? Tell me in detail.

설문조사에 헬스장에 간다고 했습니다. 어디에 위치해 있고 왜 그곳에 가는 것을 좋아하나요? 어떤 기구들을 사용하나요? 자세히 설명해 보세요.

Idea	Key words	Sentences
Location of the Gym		
Why You Go to the Gym		
Equipment You Like to Use		

My Answer

OPIc BOX II

Exercise

Q2 You indicated in the survey that you enjoy yoga. Tell me about an interesting experience you had while doing yoga. Describe all the details.

설문 조사에서 요가를 즐긴다고 했습니다. 요가와 관련된 흥미로운 경험에 대해 자세히 말해 보세요.

갑자기 본인이 하는 운동에 대한 흥미로운 에피소드를 이야기해야 하는 문제를 받게 되면 당황하게 마련입니다. 머릿속에 순간 떠오르는 에피소드가 없어서 아예 답변을 하지 못하는 경우도 있습니다. 그렇기 때문에 처음 말문을 여는 것이 중요한데, 요가를 처음 시작하게 된 동기, 왜 요가를 좋아하는지 등을 말하며 답변을 시작하면 그와 관련된 기억이나 추억들도 자연스럽게 생각나기 마련입니다. 떠오르는 에피소드를 이야기하고, 그 에피소드를 통해 느낀 점 등을 말하면 좋은 답변을 만들어 낼 수 있습니다.

Idea Flow

요가를 시작하게 된 이유
Why You Started Doing Yoga
→
요가를 통한 흥미로운 경험
Interesting Experience of Doing Yoga
→
요가를 통해 얻게 된 효과
Benefits of Yoga

key words

_____   _____   _____
_____   _____   _____
_____   _____   _____
_____   _____   _____

OPIc BOX

Idea	Key words	Sentences
Why You Started Doing Yoga	relieved my pain	None of them truly **relieved my pain**.
Interesting Experience of Doing Yoga	now gone	I can definitely say that my back pain is **now gone**.
Benefits of Yoga	improve your figure	Yoga is a good exercise if you want to **improve your figure**.

Sample Answer

I started doing yoga almost a year ago. I chose yoga rather than other options because I believed it was the best option for my severe back pain. I tried all kinds of treatments, including physical therapy, chiropractic, massage therapy and acupuncture. None of them truly **relieved my pain**. I attended yoga class three times a week for one year. At first, I didn't feel anything, but I slowly felt less back pain. I can definitely say that my back pain is **now gone**. It is an amazing experience for me because I tried almost everything for my back pain. In addition, I lost about five pounds. Other than yoga, I didn't do anything in particular to lose weight. The better news is that people think I lost more than ten pounds. Yoga is a good exercise if you want to **improve your figure**.

해석 p.322

Pattern Practice II

Exercise

 답변을 구성하기 위한 문장 패턴을 익혀 봅시다.

Why You Started Doing Yoga

None of them truly [효과].
그 어떠한 것도 ~을 완전하게 ~해주지 못했습니다.

None of them truly **relieved my pain**.
그 어떠한 것도 제 통증을 완전히 없애주지는 못했습니다.

Practice: None of them truly _____.

응용하기 | None of them truly gave me a good solution.
그 어떠한 것도 제게 완전히 좋은 해결책을 주지는 못했습니다.

Interesting Experience of Doing Yoga

I can definitely say that my back pain is [효과].
저는 제 허리 통증이 ~라고 확실히 말할 수 있습니다.

I can definitely say that my back pain is **now gone**.
저는 제 허리 통증이 이제는 사라졌다고 확실히 말할 수 있습니다.

Practice: I can definitely say that my back pain is _____.

응용하기 | I can definitely say that my back pain is almost cured.
저는 제 허리 통증이 거의 치료되었다고 확실히 말할 수 있습니다.

Benefits of Yoga

Yoga is a good exercise if you want to [요가의 이점].
당신이 ~하기 원한다면 요가는 매우 좋은 운동입니다.

Yoga is a good exercise if you want to **improve your figure**.
당신이 몸매를 향상시키고 싶다면 요가는 매우 좋은 운동입니다.

Practice: Yoga is a good exercise if you want to _____.

응용하기 | Yoga is a good exercise if you want to relax your mind.
당신이 마음을 안정시키고 싶다면 요가는 매우 좋은 운동입니다.

My OPIc BOX II

Exercise

먼저, 앞에서 학습한 대로 자신만의 OPIc BOX를 완성해 보세요.
완성한 후에 패턴 연습을 통해 익힌 문장들을 더해 완전한 답변을 작성해 봅시다.

Q2 You indicated in the survey that you enjoy yoga. Tell me about an interesting experience you had while doing yoga. Describe all the details.

설문 조사에 요가를 즐긴다고 했습니다. 요가와 관련된 흥미로운 경험에 대해 자세히 말해 보세요.

Idea	Key words	Sentences
Why You Started Doing Yoga		
Interesting Experience of Doing Yoga		
Benefits of Yoga		

My Answer

Chapter 12 • 183

OPIc BOX III

Exercise

Q3 I'm going to give you a situation for you to act out. Your friend wants to go jogging with you, but you want to go alone. Call your friend and explain your reasons. Then suggest two or three alternatives.

상황을 드릴 테니 역할 연기를 해 보세요. 당신의 친구가 당신과 함께 조깅을 하고 싶어하지만, 당신은 혼자서 하고 싶습니다. 친구에게 전화를 걸어 이유를 설명해 보세요. 그리고 두세 가지 대안을 제시해 보세요.

전화로 상대방과 이야기를 하는 Role Play 문제는 자주 출제되는 유형입니다. 전화를 걸어 안부를 묻고 통화가 가능한지 정중히 묻는 구문들을 외워 두면 유용하게 사용할 수 있습니다. 그런 후, 본론으로 들어가 전화를 건 이유를 설명하고 나의 의견이나 생각을 명확히 정리해야 합니다. 그리고 난 후 상대방의 기분이 상하지 않게, 'Why don't you ~?', 'What if you ~?' 등의 구문을 이용해 상대방에게 대안을 제시하시기 바랍니다.

Idea Flow

친구에게 전화 걸기
Opening the Conversation → 혼자 조깅을 하고 싶은 이유
Why You Want to Go Alone → 대안 제시
Alternatives

key words

_____   _____   _____
_____   _____   _____
_____   _____   _____
_____   _____   _____

OPIc BOX

Idea	Key words	Sentences
Opening the Conversation	go jogging with you	Do you remember you asked me to **go jogging with you**?
Why You Want to Go Alone	bother you	I don't want to **bother you** while jogging.
Alternatives	meet early, do stretching	Instead of jogging together, why don't we **meet early** and **do stretching** together?

Sample Answer

Hello, Sarah. This is Christy speaking. What's up? Do you remember you asked me to **go jogging with you**? I know that you go jogging everyday and you are very good at it. But, as you know, I recently started jogging. I can hardly run for five minutes. I remember you saying you run more than an hour a day. It means we are on different levels. To be honest, I don't want to **bother you** while jogging. Also, I don't want to feel pressured. So, I think it is better if we jog separately. However, I agree with your idea that we need work-out buddies to motivate each other. Instead of jogging together, why don't we **meet early** and **do stretching** together? We can have a nice chat before running, and you can give me some good advice. I need to know how much and where I should run. Please think it over.

해석 p.322

Pattern Practice Ⅲ

Exercise

🧊 답변을 구성하기 위한 문장 패턴을 익혀 봅시다.

Open the Conversation

Do you remember you asked me to [과거의 제안]?
네가 나에게 ~했던 것 기억하니?

Do you remember you asked me to **go jogging with you**?
네가 나에게 같이 조깅하자고 했던 것 기억하니?

Practice: Do you remember you asked me to _____?

응용하기 | Do you remember you asked me to have dinner with you?
네가 나에게 저녁 식사를 함께 하자고 했던 것 기억하니?

Why you Want to Go Alone

I don't want to [방해] while jogging.
나는 조깅하는 동안 ~ 하고 싶지 않아.

I don't want to **bother you** while jogging.
나는 조깅하는 동안 너를 방해하고 싶지 않아.

Practice: I don't want to _____ while jogging.

응용하기 | I don't want to burden you while jogging.
나는 조깅하는 동안 네게 부담이 되고 싶지 않아.

Alternatives

Instead of jogging together, why don't we [대안 1] and [대안 2] together?
조깅을 같이 하는 대신, ~해서 같이 ~하는 것은 어때?

Instead of jogging together, why don't we **meet early** and **do stretching** together?
조깅을 같이 하는 대신, 일찍 만나서 스트레칭을 같이 하는 것은 어때?

Practice: Instead of jogging together, why don't we _____ and _____ together?

응용하기 | Instead of jogging together, why don't we meet after jogging and have lunch together?
조깅을 같이 하는 대신, 조깅 후에 만나서 점심을 같이 먹는 것은 어때?

My OPIc BOX III

Exercise

먼저, 앞에서 학습한 대로 자신만의 OPIc BOX를 완성해 보세요.
완성한 후에 패턴 연습을 통해 익힌 문장들을 더해 완전한 답변을 작성해 봅시다.

Q3 I'm going to give you a situation for you to act out. Your friend wants to go jogging with you, but you want to go alone. Call your friend and explain your reasons. Then suggest two or three alternatives.

상황을 드릴 테니 역할 연기를 해 보세요. 당신의 친구가 당신과 함께 조깅을 하고 싶어하지만, 당신은 혼자서 하고 싶습니다. 친구에게 전화를 걸어 이유를 설명해 보세요. 그리고 두세 가지 대안을 제시해 보세요.

Idea	Key words	Sentences
Opening the Conversation		
Why You Want to Go Alone		
Alternatives		

My Answer

Chapter 13: Occupations

1. The Police Officers in Your Country
2. Opening a Bank Account
3. Giving Advice on Becoming a Farmer

Chapter 13
Occupations

Topic Overview

어느 나라든지 경찰, 농부, 은행원, 선생님, 의사, 또는 미용사 등 반드시 존재하는 직업이 있고 학습자 자신도 그러한 직업을 가지고 있거나 그러한 직업을 가진 사람들과 더불어 삽니다. 하지만 같은 직업이라고 해도 모든 나라의 경찰이나 농부가 같은 모습을 하고 같은 행동을 하지는 않는 만큼, 그들의 모습과 역할을 자세히 설명할 줄 알아야 합니다. 최근의 OPIc 시험에서는 그와 관련된 문제들이 돌발 질문으로 출제되고 있습니다. 다음 문제 유형을 참고하여 직업에 관한 질문의 답변을 만들어 보세요.

기본 문제
- 직업의 외형별 특징 묘사
- 다양한 직업의 역할 묘사
- 본인의 직업 묘사

심층 문제
- 일반적인 직업을 가진 사람들과의 특별한 경험
- 특정한 직업을 가진 사람에 대한 선호와 이유

고급 문제
- 국내와 해외의 일반적인 직업에 대한 비교 또는 대조
- 특정한 직업의 과거와 현재
- 특정한 직업을 원하는 사람들에게 조언하기

관련 질문 유형 보기

Occupations

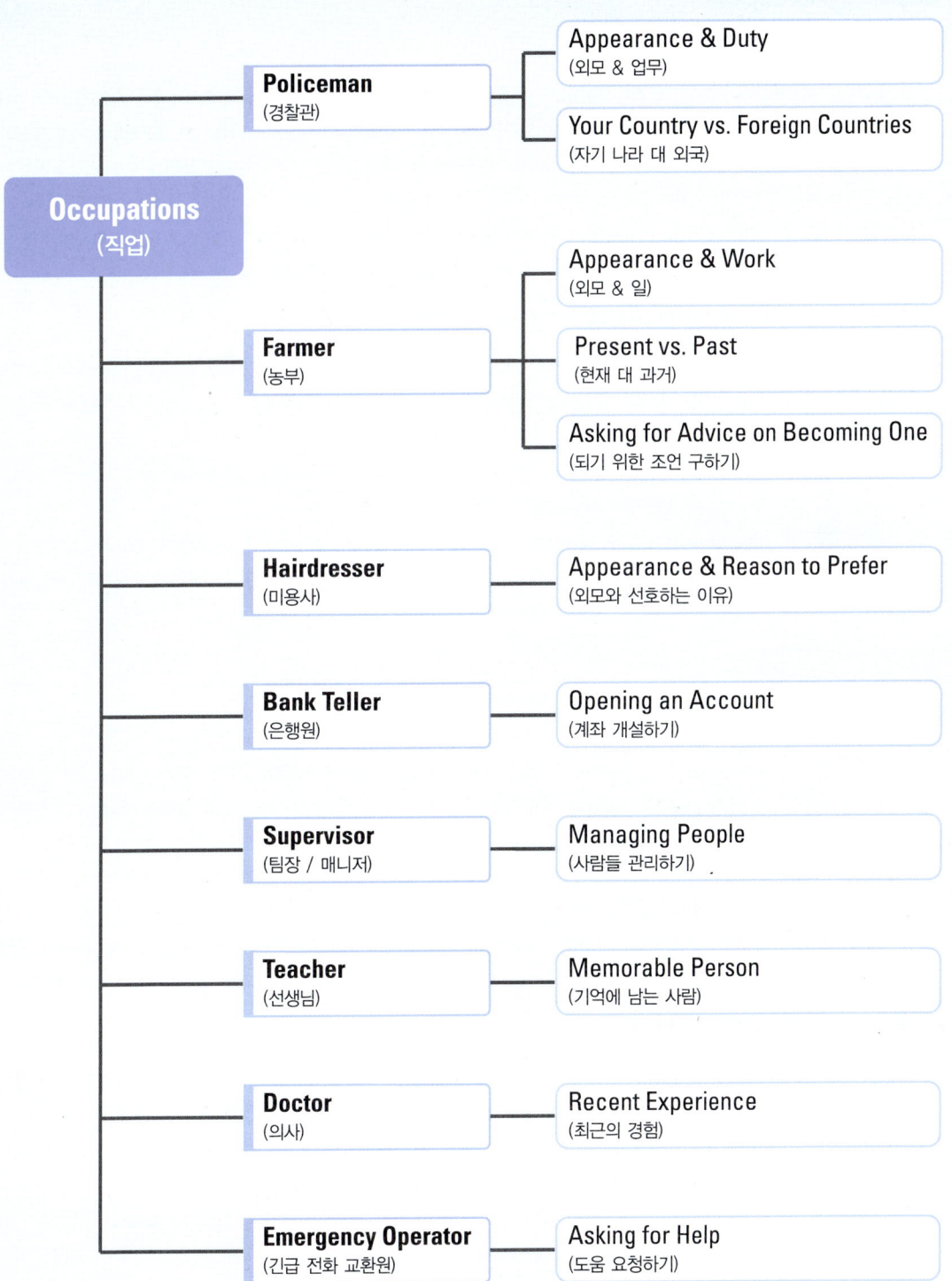

관련 OPIc 예상 질문 파헤치기   Occupations

1 Policeman (경찰관)

A Appearance & Duty (외모와 업무)

1. Let's talk about police officers in your country. How are they dressed? What are their main roles? What does a police car look like? Describe in as much detail as possible.

당신 나라의 경찰관에 대해서 얘기해 보겠습니다. 그들은 어떤 복장을 하고 있나요? 그들의 역할은 무엇이죠? 경찰차는 어떻게 생겼나요? 가능한 한 자세히 설명해 보세요.

> **key words** white shirts, navy ties, navy pants, provide a safe environment against crimes and accidents, white and blue, the police symbol marked

B Your Country vs. Foreign Country (자기 나라 대 외국)

1. How are the policemen in your country different from the policemen in other countries? Do they talk differently? Do they work at different places? Explain your reasons in detail.

당신 나라의 경찰관은 다른 나라의 경찰관들과 어떻게 다른가요? 그들이 말하는 데에 차이점이 있나요? 그들은 다른 장소에서 근무하나요? 당신의 의견에 대한 이유를 자세히 설명해 보세요.

> **key words** no big difference, working places and duties, different uniforms, all the policemen in the world, make safer environment for citizens, fight against crimes, in police stations or at the crime scenes

2 Farmer (농부)

A Appearance & Work (외모와 일)

1. I'd like to know about farmers in your country. What do they look like? Where do they live? What do they grow and when are they busy? Tell me in as much detail as possible.

당신 나라의 농부에 대해서 알고 싶습니다. 그들은 어떻게 생겼나요? 그들은 어디에 살죠? 그들은 무엇을 재배하고 어떤 시기에 바쁜가요? 가능한 한 자세히 설명해 보세요.

> **key words** shorter than city people, tanned, less young people than city, live in the country side, grow crops and grains, busy in spring and fall, mechanized, less busy than the past

B Present vs. Past (현재와 과거)

1. What kind of changes have farmers experienced in your country? Why did that change happen? What do you think about those changes? Tell me in detail.

당신 나라의 농부들은 어떤 변화를 거쳤습니까? 그 변화들은 왜 일어난 거죠? 변화에 대해서 어떻게 생각하나요? 자세히 설명해 보세요.

> **key words** development of agricultural equipments, automation, mechanization, tough and hard works, low profit, young people left, systematic sales, less work, high profit, young people are coming back

C Asking for Advice (조언 구하기)

1. I'm going to give you a situation for you to act out. Your friend has just told you that he / she wants to move to the countryside to become a farmer. What would you say to him / her? Give your friend your opinion about being a farmer.

상황을 드릴 테니 역할 연기를 해 보세요. 당신의 친구가 방금 당신에게 자신은 시골로 이사를 가서 농부가 되고 싶다고 이야기 했습니다. 그 / 그녀에게 무슨 말을 해 주겠습니까? 농부가 되는 것에 대한 당신의 의견을 친구에게 말해 보세요.

> **key words** think, a professional farmer, give me a ring

3 Bank Teller (은행원)

A Opening a Bank Account (계좌 개설하기)

1. Tell me how to open a bank account. Describe the whole process from beginning to end.

어떻게 은행 계좌를 개설하는지 설명해 보세요. 모든 절차를 처음부터 끝까지 묘사해 보세요.

> **key words** choose the appropriate bank for yourself, what you need to prepare in advance, a numbered slip, a number dispenser

4 Teacher (선생님)

A Memorable (기억에 남는)

1. Do you have a memorable teacher from college or high school? Why do you remember him/her? How did that person influence your life? Tell me about the teacher in detail.

대학교나 고등학교 때 선생님 중에서 기억에 남는 선생님이 있나요? 그 분은 당신의 인생에 어떤 영향을 주었나요? 그 선생님에 대해서 자세히 말해 보세요.

> **key words** home room teacher, found my talent and encouraged me, best counselor, fun lectures, motivated students to study by themselves

5 Doctor (의사)

A Recent Experience (최근의 경험)

1. Tell me about your recent visit to the hospital. How did the doctor treat you? What kind of advice did he/she give you on your condition? Describe in detail.

최근에 병원에 갔던 경험에 대해서 얘기해 보세요. 의사가 당신을 어떻게 대했나요? 당신의 상태에 대해서 그는/그녀는 어떤 조언을 하던가요? 그 사람은 친절했나요? 당신의 경험을 자세히 설명해 보세요.

> **key words** pediatrics for my son, fever and cough, swollen throat, influenza, prescriptions for medication, flu shot, kind and nice

OPIc BOX I

Q1 Let's talk about police officers in your country. How are they dressed? What are their main roles? What does a police car look like? Describe in as much detail as possible.

당신 나라의 경찰관에 대해 얘기해 봅시다. 그들은 어떤 복장을 하고 있습니까? 그들의 역할은 무엇입니까? 경찰차는 어떻게 생겼나요? 가능한 한 자세하게 설명해 보세요.

이번 문제는 세 개의 질문이 명확히 제시되어 있기 때문에, 질문의 키워드(경찰 복장, 역할, 경찰차)를 머릿속에 기억해 놓은 후 순서대로 답변하면 됩니다. 복장을 설명할 때에는 머리부터 발끝까지 시각적인 순서에 따라 설명하거나, 유니폼 같은 주요 복장에서부터 그 밖의 모자, 장식 등의 순서로 설명할 수 있습니다. 경찰의 업무를 모두 설명할 수 없으니, 본인이 설명하기 쉬운 주요 업무를 자세히 설명하는 것이 더 현명한 방법입니다.

Idea Flow

경찰 복장 묘사 How Police Officers Are Dressed → 경찰의 역할 What Police Officers Do → 경찰차 묘사 How Police Cars Look Like

key words

_____

_____

_____

_____

OPIc BOX

Idea	Key words	Sentences
How Police Officers Are Dressed	white shirts, navy ties, navy pants	They wear **white shirts, navy ties**, and **navy pants**.
What Police Officers Do	provide a safe environment against crimes and accidents	Their main role is to **provide a safe environment against crimes and accidents.**
How Police Cars Look Like	white and blue, the police symbol marked	Police cars are **white and blue** with **the police symbol marked** on the side.

Sample Answer

Police officers in South Korea wear uniforms. They wear **white shirts**, **navy ties**, and **navy pants**. On the shirts, there are big pockets and shiny police badges. Also, they wear hats. There are badges on their navy colored hats, too. Their main role is to **provide a safe environment against crimes and accidents**. If you see them with their uniforms, they are on duty. It is called patrolling. For example, you see police officers patrolling around the schools to prevent incidents such as school violence and kidnappings. When they go out on patrol, they often use their police cars. Sometimes you see police cars with sirens on because they need to go to the crime or accident scenes as soon as possible. Police cars are **white and blue** with **the police symbol marked** on the side. Everybody can easily recognize them.

해석 p.322

Pattern Practice I

Occupations

🧊 답변을 구성하기 위한 문장 패턴을 익혀 봅시다.

How Police Officers Are Dressed

They wear [경찰 제복에 대한 묘사].
그들은 ~를 입습니다.

They wear **white shirts**, **navy ties**, and **navy pants**.
그들은 하얀 셔츠와 남색 넥타이, 그리고 남색 바지를 입습니다.

Practice: They wear _____, _____, and _____.

응용하기 | They wear black caps, bulletproof jackets, and black boots.
그들은 검은 모자와 방탄 조끼, 그리고 검정 부츠를 신습니다.

What Police Officers Do

Their main role is to [하는 일].
그들의 주요 역할은 ~입니다.

Their main role is to **provide a safe environment against crimes and accidents**.
그들의 주요 역할은 범죄와 사고로부터 안전한 환경을 만들어 주는 것입니다.

Practice: Their main role is to _____.

응용하기 | Their main role is to carry out operations and arrest criminals.
그들의 주요 역할은 작전을 수행하고 범죄자를 검거하는 것입니다.

How Police Cars Look Like

Police cars are [색상] with [문양] on the side.
경찰차는 ~색이고 옆에 ~문양이 표시되어 있습니다.

Police cars are **white and blue** with **the police symbol marked** on the side.
경찰차는 흰색과 파란색이고 옆에 경찰의 상징인 문양이 표시되어 있습니다.

Practice: Police cars are _____ with _____ on the side.

응용하기 | Police cars are black and white with lights on the side.
경찰차는 흰색과 검정색이고 옆에 등이 달려 있습니다.

My OPIc BOX I

Occupations

먼저, 앞에서 학습한 대로 자신만의 OPIc BOX를 완성해 보세요.
완성한 후에 패턴 연습을 통해 익힌 문장들을 더해 완전한 답변을 작성해 봅시다.

 Q1 Let's talk about police officers in your country. How are they dressed? What are their main roles? What does a police car look like? Describe in as much detail as possible.

당신 나라의 경찰관에 대해 얘기해 봅시다. 어떤 복장을 하고 있습니까? 그들의 역할은 무엇입니까? 경찰차는 어떻게 생겼나요? 가능한 한 자세하게 설명해 보세요.

Idea	Key words	Sentences
How Police Officers Are Dressed		
What Police Officers Do		
How Police Cars Look Like		

My Answer

OPIc BOX II

Q2 **Tell me how to open a bank account. Describe the whole process from beginning to end.**
어떻게 은행 계좌를 개설하는지 설명해 보세요. 모든 절차를 처음부터 끝까지 묘사해 보세요.

은행 계좌 개설의 모든 과정을 설명하라는 하나의 질문만 주어졌습니다. 세부 질문이 없기 때문에 문제를 받자마자 나만의 idea flow를 어떻게 구성할지 빠르게 결정해야 합니다. 가장 먼저 머릿속에 떠오르는 키워드는 '은행을 가기 전 준비 사항'과 '은행에서 할 일'입니다. 그런 후, 다시 은행을 가기 전에 해야 할 사항들을 세부적으로 더 나눌 수 있는지 또는 '은행에서 할 일'을 나눌 수 있을지 결정합니다. 짧은 순간 조리 있게 설명하려면 순발력 있게 답변을 구성하는 것이 가장 중요합니다.

Idea Flow

은행 선택하기
Choosing a Bank → 은행계좌 서류 준비하기
Preparing Necessary Documentation → 은행 방문하기
Visiting the Bank

OPIc BOX

Idea	Key words	Sentences
Choosing a Bank	choose the appropriate bank for yourself	Before opening a bank account, you need to **choose the appropriate bank for yourself**.
Preparing Necessary Documentation	what you need to prepare in advance	In order to minimize unnecessary work, you call the bank first to ask **what you need to prepare in advance**.
Visiting the Bank	a numbered slip, a number dispenser	First, you get **a numbered slip** from **a number dispenser** and wait.

Sample Answer

Before opening a bank account, you need to **choose the appropriate bank for yourself**. You must review the purpose of opening a bank account because each bank offers different interest rates and services. You must visit the bank in person to open an account. In order to minimize unnecessary work, you call the bank first to ask **what you need to prepare in advance**. After preparing the necessary documentation, you visit the bank. First, you get **a numbered slip** from **a number dispenser** and wait. When a teller calls your number, you go to the counter. The teller will kindly ask you to fill out the necessary information to open an account. You can ask for additional services, such as, an ATM card, phone banking, Internet banking and mobile banking. Each service requires certain processes. And you need to fill out all the necessary information to use those services.

해석 p.322

Pattern Practice II

Occupations

🔲 답변을 구성하기 위한 문장 패턴을 익혀 봅시다.

| **Choosing a Bank** | Before opening a bank account, you need to [사전 준비].
은행 계좌를 개설하기 전, 당신은 ~할 필요가 있습니다.

Before opening a bank account, you need to **choose the appropriate bank for yourself**.
은행 계좌를 개설하기 전, 당신은 당신에게 적합한 은행을 선택할 필요가 있습니다.

Practice: Before opening a bank account, you need to _____. |

응용하기 | Before opening a bank account, you need to check the location of the bank.
은행 계좌를 개설하기 전, 당신은 은행의 위치를 확인해 볼 필요가 있습니다.

| **Preparing Necessary Documentation** | In order to minimize unnecessary work, you call the bank first to ask [사전 준비].
불필요한 일을 최소화하기 위해서 먼저 은행에 전화를 걸어 ~을 물어봅니다.

In order to minimize unnecessary work, you call the bank first to ask **what you need to prepare in advance**.
불필요한 일을 최소화하기 위해서 먼저 은행에 전화를 걸어 미리 준비해 가야 할 사항들에 대해 물어봅니다.

Practice: In order to minimize unnecessary work, you call the bank first to ask _____. |

응용하기 | In order to minimize unnecessary work, you call the bank first to ask how much money you need to open an account.
불필요한 일을 최소화하기 위해서 먼저 은행에 전화를 걸어 계좌를 열기 위해 얼마의 금액이 필요한지 물어봅니다.

| **Visiting the Bank** | First, you get [행동] from [장소 / 물건] and wait.
우선, ~에서 ~를 가지고 기다립니다.

First, you get **a numbered slip** from **a number dispenser** and wait.
우선 번호표 카운터에서 번호표를 뽑아 가지고 기다립니다.

Practice: First, you get _____ from _____ and wait. |

응용하기 | First, you get a withdrawal slip from a teller and wait.
우선, 은행원으로부터 출금전표를 받아 가지고 기다립니다.

My OPIc BOX II

Occupations

먼저, 앞에서 학습한 대로 자신만의 OPIc BOX를 완성해 보세요.
완성한 후에 패턴 연습을 통해 익힌 문장들을 더해 완전한 답변을 작성해 봅시다.

Q2 Tell me how to open a bank account. Describe the whole process from beginning to end.

어떻게 은행 계좌를 개설하는지 설명해 보세요. 모든 절차를 처음부터 끝까지 묘사해 보세요.

Idea	Key words	Sentences
Choosing a Bank		
Preparing Necessary Documentation		
Visiting the Bank		

My Answer

OPIc BOX Ⅲ

Occupations

Q3 I'm going to give you a situation for you to act out. Your friend has just told you that he/she wants to move to the countryside to become a farmer. What would you say to him/her? Give your friend your opinion about being a farmer.

상황을 드릴 테니 역할 연기를 해 보세요. 당신의 친구가 방금 당신에게 자신은 시골로 이사를 가서 농부가 되고 싶다고 이야기했습니다. 그에게/그녀에게 무슨 말을 해 주겠습니까? 농부가 되는 것에 대한 당신의 의견을 친구에게 말해 보세요.

먼저, 친구에게 어떤 소식을 들었고 그때의 나의 감정은 어땠는지에 대해 이야기하며 말문을 엽니다. 친구에게 큰 결심에 대한 확신이 있는지에 대한 여부와, 그 후 준비 과정이 어떻게 진행되고 있는지 물어보며 자연스럽게 이야기를 풀어갑니다. 마무리로는, 지지를 한다면 축하와 격려를, 반대를 한다면 그 이유와 설득을 하고 추후 다시 이야기를 하고 싶다는 말로 조리 있는 답변을 완성할 수 있습니다.

Idea Flow

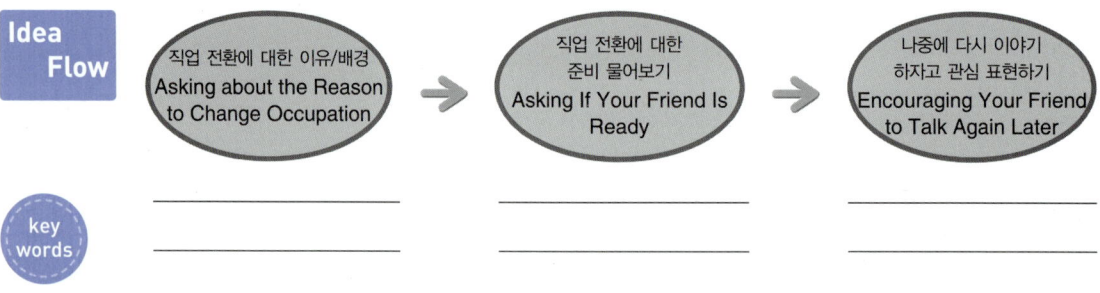

key words

OPIc BOX

Idea	Key words	Sentences
Asking about the Reason to Change Occupation	think	What makes you **think** this way?
Asking If Your Friend Is Ready	a professional farmer	Are you ready to be **a professional farmer**?
Encouraging Your Friend to Talk Again Later	give me a ring	If you need someone to talk to, **give me a ring** any time.

Sample Answer

Tony, I was so surprised to hear that you want to move to the countryside to be a farmer. The place you live and the career you have are the most important and critical factors in your life. You want to change these two important factors all of sudden. What makes you **think** this way? Are you ready to be **a professional farmer**? You need certain knowledge as well as certain experience to be a farmer. If you really want to change your career path, you should prepare for this change in advance. Please give yourself a week to reconsider. If your mind doesn't change even after a week, do some serious research. If it requires more study, get a degree. If it requires some experience, find the best person who can train you to become a good farmer. Tony, let's meet in a week. If you need someone to talk to, **give me a ring** any time. Please remember I am always here for you.

해석 p.323

Pattern Practice Ⅲ — Occupations

 답변을 구성하기 위한 문장 패턴을 익혀 봅시다.

Asking about the Reason to Change Occupation

What makes you [행동] this way?
네가 이렇게 ~하게 만든 계기가 무엇이니?

What makes you **think** this way?
네가 이런 생각을 하게 만든 계기가 무엇이니?

Practice: What makes you _____ this way?

응용하기 | What makes you behave this way?
네가 이런 행동을 하게 만든 계기가 무엇이니?

Asking If Your Friend Is Ready

Are you ready to be [직업]?
넌 ~이 될 준비가 되어 있어?

Are you ready to be **a professional farmer**?
넌 전업농이 될 준비가 되어 있어?

Practice: Are you ready to be _____?

응용하기 | Are you ready to be a professional boxer?
넌 프로 권투선수가 될 준비가 되어 있어?

Encouraging Your Friend to Talk Again Later

If you need someone to talk to, [대안] any time.
만일 이야기할 사람이 필요하다면, 언제든지 ~해.

If you need someone to talk to, **give me a ring** any time.
만일 이야기할 사람이 필요하다면, 언제든지 내게 전화해.

Practice: If you need someone to talk to, _____ any time.

응용하기 | If you need someone to talk to, visit my office at any time.
만일 이야기할 사람이 필요하다면, 언제든지 내 사무실로 찾아 와.

My OPIc BOX Ⅲ

Occupations

먼저, 앞에서 학습한 대로 자신만의 OPIc BOX를 완성해 보세요.
완성한 후에 패턴 연습을 통해 익힌 문장들을 더해 완전한 답변을 작성해 봅시다.

Q3 I'm going to give you a situation for you to act out. Your friend has just told you that he/she wants to move to the countryside to become a farmer. What would you say to him/her? Give your friend your opinion about being a farmer.

상황을 드릴 테니 역할 연기를 해 보세요. 당신의 친구가 방금 당신에게 자신은 시골로 이사를 가서 농부가 되고 싶다고 이야기했습니다. 그에게/그녀에게 무슨 말을 해 주겠습니까? 농부가 되는 것에 대한 당신의 의견을 친구에게 말해 보세요.

Idea	Key words	Sentences
Asking about the Reason to Change Occupation		
Asking If Your Friend Is Ready		
Encouraging Your Friend to Talk Again Later		

My Answer

Chapter 14: Performances

1. Favorite Musical
2. Memorable Experience at a Concert
3. Suggesting a Good Concert to a Friend

Chapter 14 Performances

Oral Proficiency Interview-computer

Topic Overview

공연은 시험 전에 작성하는 설문 조사의 4번, "귀하는 여가 활동으로 무엇을 하십니까?"에 "공연 보기"나 "콘서트 보기"로 나와 있습니다. 비록 영화처럼 흔하게 접하게 되지는 않지만, 대부분의 사람들은 자신이 좋아하는 가수나 음악가의 콘서트에 한번쯤은 가봤던 경험을 가지고 있는 만큼 OPIc에서 출제되기 쉬운 문제 중 하나입니다. 설사 실제 경험이 많이 부족하더라도 문제의 유형은 예상하기 쉬운 편입니다. 다음 문제 유형에 유의하여 공연 보기에 대한 답변 만들기를 연습해 보세요.

기본 문제
- 좋아하는 가수 또는 연극 배우에 대한 묘사
- 좋아하는 공연 장르, 뮤지컬, 또는 콘서트 장소 등에 대한 묘사

심층 문제
- 처음 본 공연
- 최근에 본 공연
- 공연에서의 잊지 못할 기억
- 특별한 공연에 대한 느낌

고급 문제
- 공연을 보는 절차
- 특정 공연을 선호하는 이유
- 공연 추천이나 문의하기

관련 질문 유형 보기   Performances

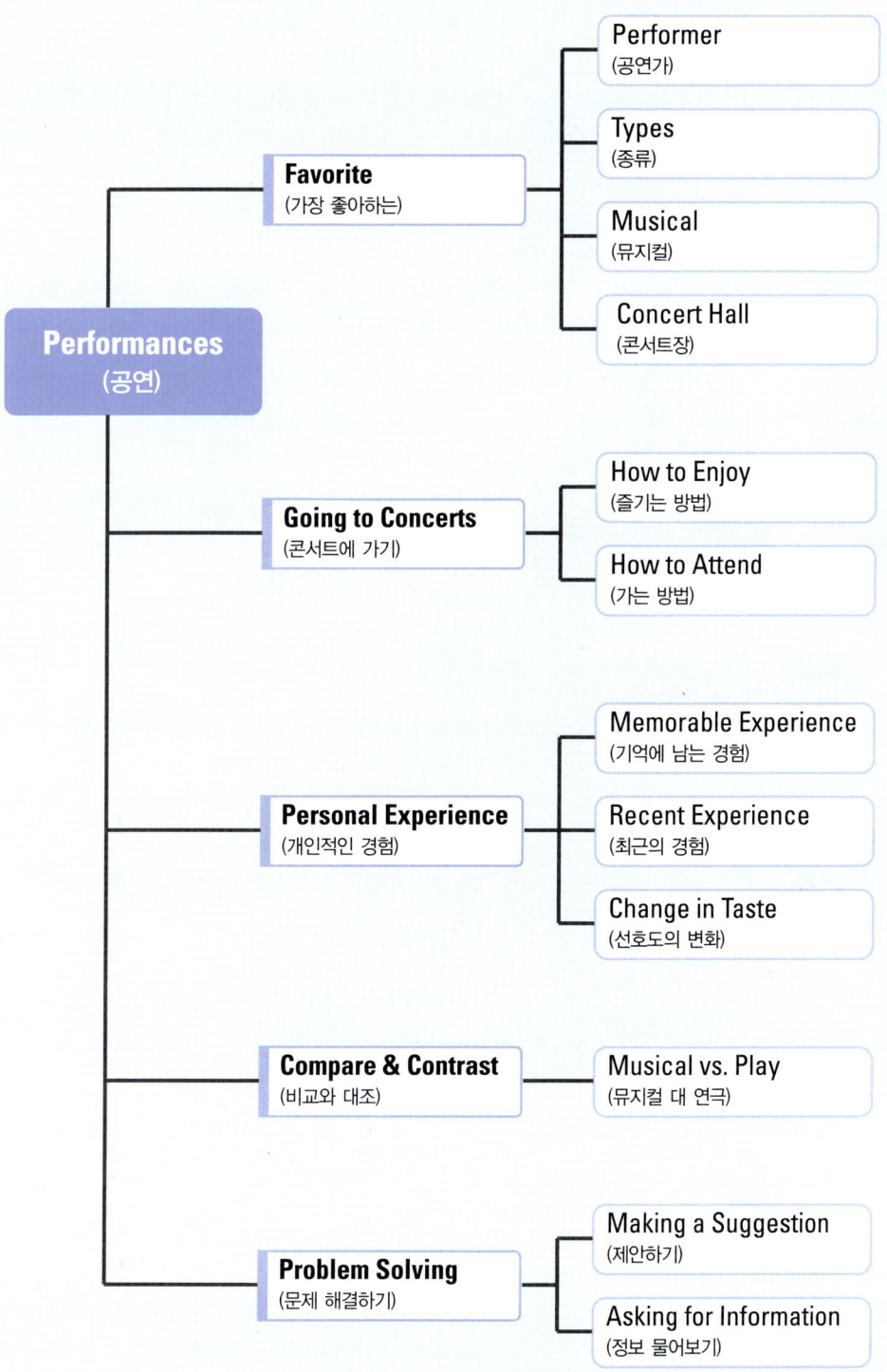

관련 OPIc 예상 질문 파헤치기   **Performances**

1 묘사 (Descriptive Speaking)

A Favorite (가장 좋아하는)

1. Tell me about your favorite performer. What does that person perform? Why do you like his/her performance so much? Describe the performer in as much detail as possible.
당신이 가장 좋아하는 공연가에 대해서 말해 보세요. 그 사람은 어떤 공연을 하나요? 왜 그의/그녀의 공연을 매우 좋아하나요? 공연가에 대해서 최대한 자세히 설명해 보세요.

> **key words** Girls Generation, famous K-pop group, fans all around the world, dance and sing, individual performances, time flies, R&B to rap

2. You indicated in the survey that you go to performances. What kind of performances do you enjoy going to? How often do you go there? Tell me in detail.
설문 조사에서 공연을 보러 간다고 했습니다. 어떤 종류의 공연을 즐기나요? 얼마나 자주 보러 가죠? 자세히 말해 보세요.

> **key words** musical, once a month, Korean musicals, foreign musical teams, visit Korea to perform, composite arts, songs, dances, acting

3. Tell me about your favorite musical. Describe it in detail.
당신이 가장 좋아하는 뮤지컬에 대해서 자세히 말해 보세요.

> **key words** Cats, a sophomore in college, great songs, great dances

4. Describe your favorite concert hall. How often do you go there, and why do you like that place? What makes that place special? Tell me in detail.
당신이 가장 좋아하는 콘서트장을 묘사해 보세요. 얼마나 자주 그곳에 가며 왜 그곳에 가는 것을 좋아하나요? 무엇이 그 공연장을 특별하게 만들죠? 자세히 설명해 보세요.

> **key words** art center, marriage proposal, get married, enjoy various performances, reminds me of the day

2 설명 (Narrative Speaking)

A Going to Concerts (콘서트에 가기)

1. Let's talk about going to concerts. What steps do you have to take to go to a concert? Tell me the process from beginning to end.
콘서트에 대해서 얘기해 보겠습니다. 콘서트에 가기 위해서 어떤 절차를 거쳐야 하나요? 처음부터 끝까지 말해 보세요.

> **key words** check out the concert schedule, choose favorite ones, check the ticket price and venue, friends to join, buy tickets online

B Personal Experience (개인적인 경험)

1. Tell me about a memorable experience at a concert. Who was performing? What made it so special? Describe in detail why it was so memorable.
   콘서트장에서 있었던 기억에 남는 일에 대해서 말해 보세요. 누가 공연을 하고 있었나요? 왜 그 경험이 특별했나요? 왜 기억에 남는 경험인지 자세히 설명해 보세요.

   key words my uncle's recital, my uncle, the heart-warming performance

2. Tell me how your taste in going to performances has changed over the years. What did you like before, and why did it change? Explain your reasons in detail.
   공연을 보러 가는 것에 대한 선호도가 어떻게 바뀌었는지 말해 보세요. 전에는 어떤 공연을 좋아했고, 무슨 이유로 바뀌었나요? 당신의 이유를 자세히 설명해 보세요.

   key words no big changes, like all kinds of performances, from classical music to pop music, no particular favorite genre

C Compare and Contrast (비교와 대조)

1. Which do you prefer, going to a musical or a play? How do they differ from each other? Give me your opinion and several reasons to support it.
   뮤지컬과 연극을 보러 가는 것 중에 무엇을 더 선호하나요? 그 둘의 다른 점은 무엇인가요? 당신의 의견에 대한 이유를 몇 가지 말해 보세요.

   key words composite art, mixture of dancing, acting, singing, more dynamic, fun to watch, play-acting, focused on emotional expression, boring, prefer musicals

3 롤 플레이 (Role Play)

1. I'm going to give you a situation for you to act out. Your foreign friend wants to go to a play, but you want to go to a concert. Suggest a good concert to your friend. Give reasons why it will be a special experience.
   상황을 드릴 테니 역할 연기를 해 보세요. 당신의 외국인 친구가 연극을 보러 가고 싶어하지만 당신은 콘서트에 가고 싶습니다. 친구에게 좋은 콘서트를 제안해 보세요. 왜 콘서트에 가는 것이 특별한 경험이 될지 이유를 말해 보세요.

   key words make a reservation, language, Lady Gaga

2. I'm going to give you a situation for you to act out. A new theater recently opened near your house. You have a small child and you want to take him/her there. Call the theater and ask two or three questions to get more information.
   상황을 드릴 테니 역할 연기를 해 보세요. 당신의 집 근처에 새로운 극장이 문을 열었습니다. 당신에게는 어린아이가 있고 아이를 극장에 데리고 가고 싶어합니다. 극장에 전화를 걸어서 두세 가지 질문을 해서 정보를 알아내 보세요.

   key words saw a leaflet, what kinds of performances, any performances for kids, parking lot, free parking, price for kids under 5 years old

OPIc BOX I   Performances

Q1 Tell me about your favorite musical. Describe it in detail.
당신이 가장 좋아하는 뮤지컬에 대해서 자세히 말해 보세요.

이 문제는 세부 질문이 없기 때문에, 스스로 흐름을 조리 있게 구성하는 것이 중요합니다. 누구든 '좋아하는 뮤지컬에 대한 소개'로 말문을 열 수는 있으나, 그 이유를 한두 개 설명하고 난 후, 자칫 더 이상 할 말이 없어질 수 있습니다. 그렇기 때문에 관람한 경험, 뮤지컬에 얽힌 개인적인 사연 등 에피소드를 적절히 넣어줘야 좋은 답변을 완성할 수 있습니다.

Idea Flow

가장 좋아하는 뮤지컬에 대한 소개
Introduction of Your Favorite Musical → 경험에 대한 설명
Description of Your Experience → 좋아하는 이유 설명
Explanation of the Reason Why You Like It So Much

key words

_____   _____   _____
_____   _____   _____
_____   _____   _____
_____   _____   _____

OPIc BOX

Idea	Key words	Sentences
Introduction of Your Favorite Musical	Cats	Without a doubt, **Cats** is still one of the world's biggest musical success stories of all time.
Description of Your Experience	a sophomore in college	I first saw this musical when I was **a sophomore in college**.
Explanation of the Reason Why You Like It So Much	great songs, great dances	I like a musical with **great songs** and **great dances**.

Sample Answer

My favorite musical is **Cats**. Without a doubt, **Cats** is still one of the world's biggest musical success stories of all time. I first saw this musical when I was **a sophomore in college**. I was on trip to New York with my family and my mother insisted on seeing this musical during our trip. There was no real plot, and it was mostly just a series of singing-and-dancing performances. In each act, different cats were introduced. It was strange that I was so into this musical and immediately fell in love with it. I like a musical with **great songs** and **great dances**. In Cats, the storyline isn't the reason I love this musical. The reason I love this musical so much is the unforgettable music, the wonderfully unique sets, the transformative costumes and makeup as well as the overall magical experience of the production.

해석 p.323

Pattern Practice I

Performances

 답변을 구성하기 위한 문장 패턴을 익혀 봅시다.

Introduction of Your Favorite Musical

Without a doubt, [공연 제목] is still one of the world's biggest musical success stories.
의심할 여지 없이, ~은 여전히 세계적으로 가장 성공한 뮤지컬 중 하나입니다.

Without a doubt, **Cats** is still one of the world's biggest musical success stories.
의심할 여지 없이, 캣츠는 여전히 세계적으로 가장 성공한 뮤지컬 중 하나입니다.

Practice: Without a doubt, _____ is still one of the world's biggest musical success stories.

응용하기 | Without a doubt, Wicked is still one of the world's biggest musical success stories.
의심할 여지 없이, 위키드는 여전히 세계적으로 가장 성공한 뮤지컬 중 하나입니다.

Description of Your Experience

I first saw this musical when I was [시기].
제가 ~일 때, 처음으로 이 뮤지컬을 보았습니다.

I first saw this musical when I was **a sophomore in college**.
제가 대학교 2학년 때, 처음으로 이 뮤지컬을 보았습니다.

Practice: I first saw this musical when I was _____.

응용하기 | I first saw this musical when I was in elementary school.
제가 초등학교에 다닐 때, 처음으로 이 뮤지컬을 보았습니다.

Explanation of the Reason Why You Like It So Much

I like a musical with [특징 1] and [특징 2].
저는 ~과 ~이 있는 뮤지컬을 좋아합니다.

I like a musical with **great songs** and **great dances**.
저는 멋진 노래와 춤이 있는 뮤지컬을 좋아합니다.

Practice: I like a musical with _____ and _____.

응용하기 | I like a musical with great actors and great atmosphere.
저는 멋진 배우들과 훌륭한 분위기를 가진 뮤지컬을 좋아합니다.

My OPIc BOX I Performances

먼저, 앞에서 학습한 대로 자신만의 **OPIc BOX**를 완성해 보세요.
완성한 후에 패턴 연습을 통해 익힌 문장들을 더해 완전한 답변을 작성해 봅시다.

 Tell me about your favorite musical. Describe it in detail.
당신이 가장 좋아하는 뮤지컬에 대해서 자세히 말해 보세요.

Idea	Key words	Sentences
Introduction of Your Favorite Musical		
Description of Your Experience		
Explanation of the Reason Why You Like It So Much		

My Answer

OPIc BOX II

Performances

Q2 Tell me about a memorable experience at a concert. Who was performing? What made it so special? Describe in detail why it was so memorable.

콘서트장에서 있었던 기억에 남는 일에 대해서 얘기해 보세요. 누가 공연을 하고 있었나요? 왜 그 경험이 특별했나요? 왜 기억에 남는 경험인지 자세히 설명해 보세요.

보통 콘서트라고 하면, 대부분 가수의 콘서트를 떠올립니다. 하지만 연주회도 콘서트가 될 수 있다는 것을 기억하시기 바랍니다. 따라서, 클래식 연주회, 학생들의 리사이틀 등도 콘서트가 될 수 있습니다. 이번 문제는 세 개의 세부 질문으로 정확히 나뉘어져 있습니다. 세부 질문으로는 '기억에 남는 콘서트 소개', '연주자' 그리고 '특별한 이유'가 있습니다. '특별한 이유'를 설명할 때에는 현장에서 일어난 일, 내가 감동받은 대목 등을 생생하게 묘사하는 것이 중요합니다.

Idea Flow

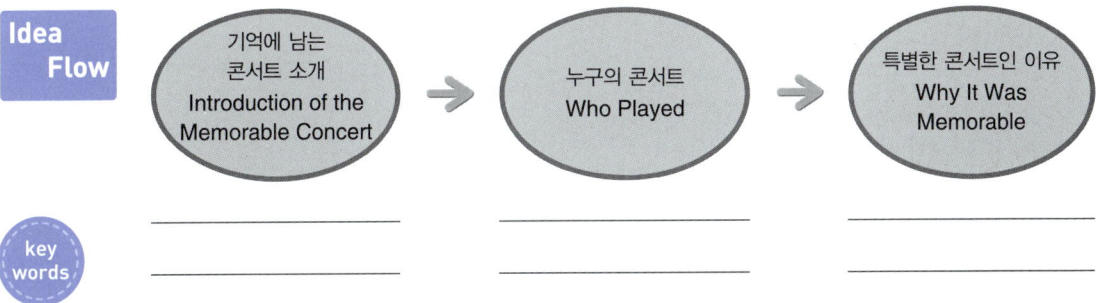

OPIc BOX

Idea	Key words	Sentences
Introduction of the Memorable Concert	my uncle's recital	I had my most memorable experience at **my uncle's recital**.
Who Played	my uncle	**My uncle** is a famous violinist now, but he was not famous at that time.
Why It Was Memorable	the heart-warming performance	Everybody was touched by **the heart-warming performance**.

Sample Answer

I had my most memorable experience at **my uncle's recital**. He had many recitals. But, I think his first recital in Seoul was the most special. He had a small recital to make his debut. **My uncle** is a famous violinist now, but he was not famous at that time. It was just a debut concert and most of the audience was his family members and friends. As one of his family members, I had to be there. I didn't have much interest in classical music, so I had no high expectations. However, he really tried his best. Everybody was touched by **the heart-warming performance**. When the concert was over, the audience applauded for an encore. Unlike other classical violinists, he played a pop song, "I'll Be There" by The Jackson Five. One of his friends, an opera singer, sang along. It was very exciting. The concert taught me to try my best in any situation.

해석 p.323

Pattern Practice Ⅱ — Performances

 답변을 구성하기 위한 문장 패턴을 익혀 봅시다.

Introduction of the Memorable Concert

I had my most memorable experience at [공연].
저는 ~에서 가장 기억에 남는 경험을 했습니다.

I had my most memorable experience at my uncle's recital.
저는 삼촌 독주회에서 가장 기억에 남는 경험을 했습니다.

Practice: I had my most memorable experience at _____.

응용하기 | I had my most memorable experience at my grandmother's choir performance.
저는 할머니의 합창 공연에서 가장 기억에 남는 경험을 했습니다.

Who Played

[연주자] is a famous violinist now, but he was not famous at that time.
지금은 ~가 유명한 바이올린 연주자이지만, 그 당시에는 유명하지 않았습니다.

My uncle is a famous violinist now, but he was not famous at that time.
지금은 제 삼촌이 유명한 바이올린 연주자이지만, 그 당시에는 유명하지 않았습니다.

Practice: _____ is a famous violinist now, but he was not famous at that time.

응용하기 | My sister is a famous violinist now, but she was not famous at that time.
지금은 제 누나가 유명한 바이올린 연주자이지만, 그 당시에는 유명하지 않았습니다.

Why It Was Memorable

Everybody was touched by [감동적 요소].
모두가 ~에 감동 받았습니다.

Everybody was touched by the heart-warming performance.
모두가 가슴 따뜻해 지는 공연에 매우 감동 받았습니다.

Practice: Everybody was touched by _____.

응용하기 | Everybody was touched by her incredible performance.
모두가 그녀의 믿기 힘들 만큼 놀라운 공연에 감동 받았습니다.

My OPIc BOX II

Performances

먼저, 앞에서 학습한 대로 자신만의 OPIc BOX를 완성해 보세요.
완성한 후에 패턴 연습을 통해 익힌 문장들을 더해 완전한 답변을 작성해 봅시다.

Q2 Tell me about a memorable experience at a concert. Who was performing? What made it so special? Describe in detail why it was so memorable.

콘서트장에서 있었던 기억에 남는 일에 대해서 얘기해 보세요. 누가 공연을 하고 있었나요? 왜 그 경험이 특별했나요? 왜 기억에 남는 경험인지 자세히 설명해 보세요.

Idea	Key words	Sentences
Introduction of the Memorable Concert		
Who Played		
Why It Was Memorable		

My Answer

OPIc BOX III

Performances

Q3 I'm going to give you a situation for you to act out. Your foreign friend wants to go to a play, but you want to go to a concert. Suggest a good concert to your friend. Give reasons why it will be a special experience.

상황을 드릴 테니 역할 연기를 해 보세요. 당신의 외국인 친구가 연극을 보러 가고 싶어하지만 당신은 콘서트에 가고 싶습니다. 친구에게 좋은 콘서트를 제안해 보세요. 왜 콘서트에 가는 것이 특별한 경험이 될 이유를 말해 보세요.

> 서론에서는 주어진 질문을 상대방에게 다시 짚어 주며 시작하면 됩니다. 이번 문제에서는 통화상으로 인지, 직접 이야기를 하는지가 정확히 명시되어 있지 않기 때문에 본인이 임의로 상상하여 말문을 열어야 합니다. 외국인 친구라는 특성을 살려, 연극보다 콘서트가 나은 이유에 대한 키워드를 생각해 냅니다. '언어 문제', '외국 가수의 콘서트 스케줄' 등 연관성 있는 이유를 떠올린 후, 부연 설명을 추가하며 말을 이어가면 됩니다.

Idea Flow

서론 Introduction of the Conversation → 콘서트를 선택해야 하는 이유 The Reason to Choose a Concert → 제안하고 싶은 콘서트 Suggesting a Good Concert

key words

_____   _____   _____
_____   _____   _____
_____   _____   _____
_____   _____   _____

OPIc BOX

Idea	Key words	Sentences
Introduction of the Conversation	make a reservation	I need to **make a reservation** for our plans tomorrow.
The Reason to Choose a Concert	language	**Language** can be a barrier to enjoying a play, but it is different in a concert.
Suggesting a Good Concert	Lady Gaga	I know you are a big fan of **Lady Gaga**.

Sample Answer

Jim, I need to **make a reservation** for our plans tomorrow. You said you wanted to go to a play tomorrow, but, I would like to suggest going to a concert instead. First, I tried to find a play being performed in English, but there is none in Seoul. Instead, why don't we go to a concert? **Language** can be a barrier to enjoying a play, but it is different in a concert. I have good news. You know that Lady Gaga is coming to Korea, right? She is having a concert tomorrow. My friend was invited to the concert, but she was suddenly informed she had to go on an important business trip. She has to leave tomorrow, and she asked me if I was interested in attending the concert. I know you are a big fan of **Lady Gaga**. Let's go to the concert instead of a play. What do you think?

해석 p.323

Pattern Practice III — Performances

 답변을 구성하기 위한 문장 패턴을 익혀 봅시다.

Introduction of the Conversation

I need to [계획에 따라 해야 하는 일] for our plans tomorrow.
나는 내일 우리의 계획에 따라 ~을 해야 해.

I need to **make a reservation** for our plans tomorrow.
나는 내일 우리의 계획에 따라 예약을 해야 해.

Practice: I need to _____ for our plans tomorrow.

응용하기 | I need to search for a timetable of the movie for our plans tomorrow.
나는 내일 우리의 계획에 따라 영화 상영 시간표를 찾아봐야 해.

The Reason to Choose a Concert

[장애요소] can be a barrier to enjoying a play, but it is different in a concert.
연극을 보는 데에는 ~이 있을 수 있지만 콘서트에서는 그렇지 않아.

Language can be a barrier to enjoying a play, but it is different in a concert.
연극을 보는 데에는 언어 장벽이 있을 수 있지만 콘서트에서는 그렇지 않아.

Practice: _____ can be a barrier to enjoying a play, but it is different in a concert.

응용하기 | The parking lot can be a barrier to enjoying a play, but it is different in a concert.
연극을 보는 데에는 주차장이 문제가 될 수 있지만 콘서트에서는 그렇지 않아.

Suggesting a Good Concert

I know you are a big fan of [좋아하는 가수].
나는 네가 ~의 팬이라는 것을 알고 있어.

I know you are a big fan of **Lady Gaga**.
나는 네가 Lady Gaga의 열렬한 팬이라는 것을 알고 있어.

Practice: I know you are a big fan of _____.

응용하기 | I know you are a big fan of LMFAO.
나는 네가 LMFAO의 열렬한 팬이라는 것을 알고 있어.

My OPIc BOX Ⅲ

Performances

먼저, 앞에서 학습한 대로 자신만의 OPIc BOX를 완성해 보세요.
완성한 후에 패턴 연습을 통해 익힌 문장들을 더해 완전한 답변을 작성해 봅시다.

Q3 I'm going to give you a situation for you to act out. Your foreign friend wants to go to a play, but you want to go to a concert. Suggest a good concert to your friend. Give reasons why it will be a special experience.

상황을 드릴 테니 역할 연기를 해 보세요. 당신의 외국인 친구가 연극을 보러 가고 싶어하지만 당신은 콘서트에 가고 싶습니다. 친구에게 좋은 콘서트를 제안해 보세요. 왜 콘서트에 가는 것이 특별한 경험이 될지 이유를 말해 보세요.

Idea	Key words	Sentences
Introduction of the Conversation		
The Reason to Choose a Concert		
Suggesting a Good Concert		

My Answer

Chapter 15: Reading Books

1. Your Child's Favorite Book
2. Reading Books or Watching Movies
3. Advice for a Friend on Reading Books to Her Child

Chapter 15 Reading Books

Topic Overview

독서는 시험 전에 작성하는 설문 조사의 5번, "귀하의 취미나 관심사는 무엇입니까?"의 보기 중 "아이에게 책 읽어주기"와 연관되어 있습니다. 아이와 관련된 보기라고 해도, 독서는 모든 사람이 어떤 방식으로든 일상적으로 접하고 있는 취미 활동인 만큼 시험에서 학습자 본인의 독서 활동에 관련된 문제로도 나타날 수 있습니다. 질문이 광범위하게 출제될 수 있는 만큼 자세히 대비해 두어야 합니다. 다음의 문제 유형에 주목하여 독서에 대한 답변을 준비하세요.

기본 문제	심층 문제	고급 문제
• 가장 좋아하는 책 • 좋아하는 책의 유형 • 좋아하는 책의 작가 • 자녀가 좋아하는 책	• 독서량 • 독서를 하는 시간 • 독서하기 좋아하는 장소 • 독서를 좋아하는 이유	• 독서의 장점 • 전자책의 등장으로 인한 변화 • 독서 활동에 대한 조언이나 정보 공유

관련 질문 유형 보기   Reading Books

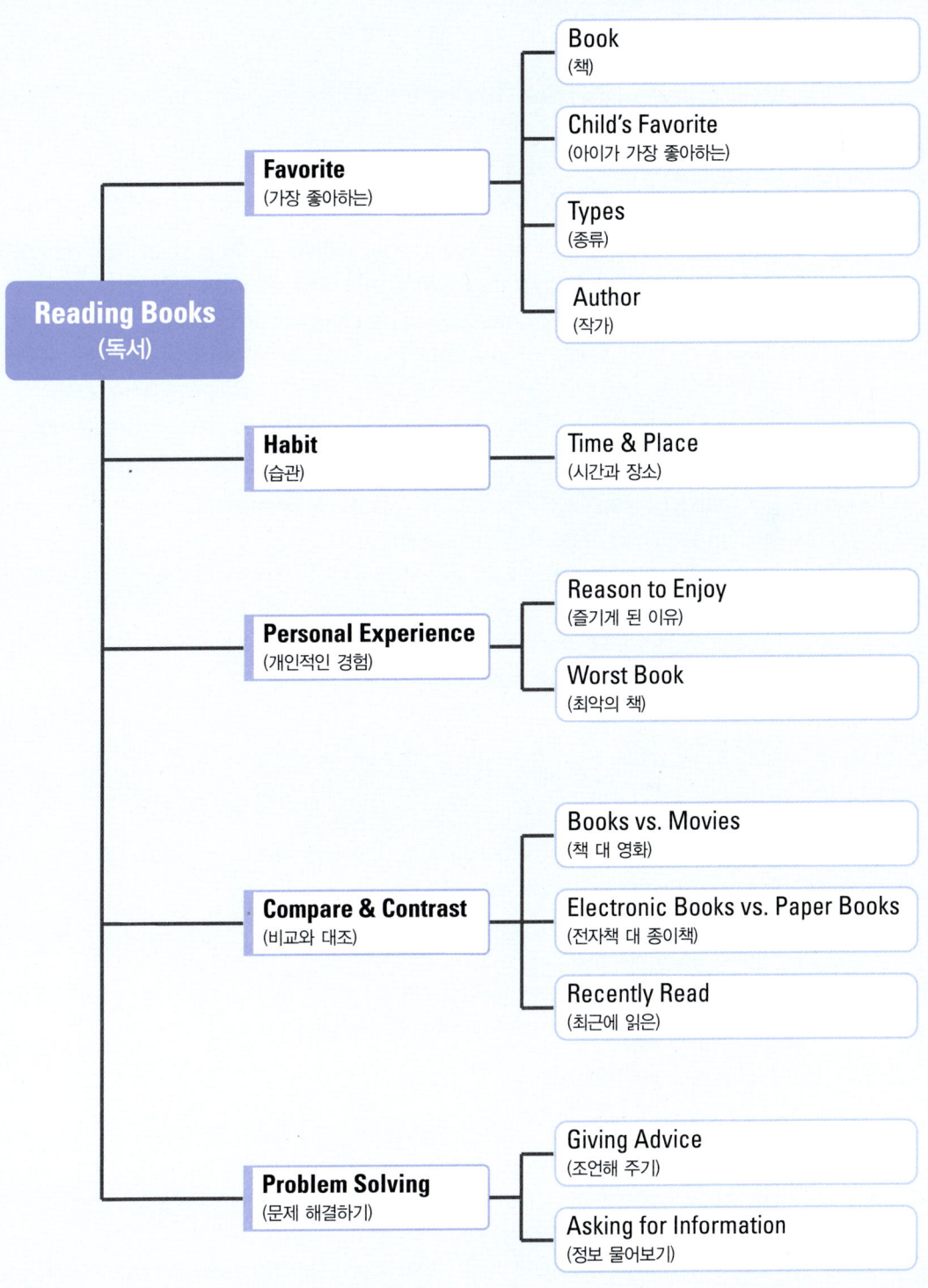

Chapter 15 • 217

관련 OPIc 예상 질문 파헤치기 — Reading Books

1 묘사 (Descriptive Speaking)

A Favorite (가장 좋아하는)

1. Tell me about your favorite book. Who is the author and what is the story about? Describe the book in detail.

당신이 좋아하는 책에 대해서 말해 보세요. 작가는 누구이고 무엇에 관한 내용인가요? 그 책에 대해서 자세히 말해 보세요.

key words Harry Potter series, J.K Rowling, fantasy, adventure of wizards, magical power

2. You indicated in the survey that you like to read books to your child. Tell me about your child's favorite book. Who is the author and what is it about? Why does your child like it so much? Describe the book in as much detail as possible.

설문 조사에서 아이에게 책을 읽어 주는 것을 즐긴다고 했습니다. 아이가 가장 좋아하는 책에 대해서 말해 보세요. 작가는 누구이고 무엇에 관한 내용인가요? 아이는 왜 그 책을 매우 좋아하나요? 책에 대해서 가능한 한 자세히 설명해 보세요.

key words a girl, Little Red Riding Hood, the different voices I make, basic words, enunciation skills, a strong relationship

3. What kind of books do you like to read? Do you like fiction or nonfiction? Why do you like those particular types of books? Tell me in detail.

당신은 어떤 종류의 책을 읽는 것을 좋아하나요? 소설을 좋아하나요? 아니면 비소설을 좋아하나요? 왜 그 종류의 책을 선호하나요? 자세히 말해 보세요.

key words prefer fiction more than nonfiction, escaping from reality, Twilight, love vampire stories, helps to develop creativity, lost track of time

2 설명 (Narrative Speaking)

A Habit (습관)

1. How often do you read books? Where do you like to read and when do you read? Tell me your reading patterns in detail.

당신은 얼마나 자주 독서를 하나요? 어디서 책을 읽는 것을 좋아하고 언제 읽는 것을 좋아하나요? 당신의 독서 패턴에 대해서 자세히 설명해 보세요.

key words three books per month, in my bed, before I go to sleep, sometimes in café, finish a chapter, never fall asleep while reading, use a bookmark

B Personal Experience (개인적인 경험)

1. I'd like to know what made you to start enjoy reading books. Were you influenced by a person or a specific book? Tell me about your experience in detail.

당신이 왜 독서를 좋아하게 되었는지에 대한 계기에 대해서 알고 싶습니다. 어떤 사람이나 특별한 책이 당신에게 영향을 주었나요? 당신의 경험에 대해서 자세히 설명해 보세요.

key words watched Harry Potter and the Philosopher's Stone, curious about the next story, started to enjoy reading, fantasy books, better than movie

2. What was the worst book you have ever read? Who wrote that book and what was it about? What made you to dislike that book? Give me the details.
   당신이 읽었던 책 중에 최악의 책은 무엇이었나요? 그 책은 누가 썼고 무엇에 관한 내용이었나요? 왜 그 책이 그렇게 싫었습니까? 자세히 얘기해 보세요.

   key words too long, doubt on religion, difficult to understand

C Compare and Contrast (비교와 대조)

1. Which do you prefer, reading books or watching movies? Why is it better? Explain your reasons in detail.
   독서를 하는 것과 영화를 보는 것 중 무엇을 더 선호하나요? 왜 그것이 더 좋은가요? 당신의 이유를 자세히 설명해 보세요.

   key words reading books, anywhere at anytime, Pyramid Thinking, Barbara Minto, think creatively, reason clearly and express ideas logically

2. Pick two books you have read recently. Who wrote them? What are their similarities and differences? Explain your reasons in as much detail as possible.
   당신이 최근에 읽었던 책 중에 두 개를 선택해 보세요. 작가는 누구인가요? 그 책들의 어떤 점이 비슷하고 어떤 점이 다른가요? 당신의 이유를 자세히 설명해 보세요.

   key words Twilight and Harry Potter and the Philosopher's Stone, Stephenie Meyer, J.K Rowling, one is about, the other is, made into movies

3 롤 플레이 (Role Play)

1. I'm going to give you a situation for you to act out. Your friend says that his/her child hates reading books. He/She wants your advice. Call your friend and give him/her several suggestions.
   상황을 드릴 테니 역할 연기를 해 보세요. 당신의 친구가 그의/그녀의 아이가 독서를 싫어한다고 합니다. 친구는 당신의 조언을 원합니다. 친구에게 전화를 걸어서 그에게/그녀에게 몇 가지 제안을 해 보세요.

   key words your call, read books, after dinner, select the books, read in the afternoon instead, let your son pick what to read

2. I'm going to give you a situation for you to act out. Your son/daughter wants a book for birthday, so you came to the bookstore to buy one. However, you don't know which book to buy. Ask one of the staffs three or four questions about the best book for your child.
   상황을 드릴 테니 역할 연기를 해 보세요. 당신의 아들/딸이 생일 선물로 책을 원해서 당신은 책을 사려고 서점에 왔습니다. 하지만 당신은 어떤 책을 사야 할지 모릅니다. 직원들 중 한 명에게 아이에게 사줄 가장 좋은 책에 대해서 서너 가지 질문을 해 보세요.

   key words daughter's birthday, loves reading, current bestselling books for children, please recommend to me, gift-wrap

OPIc BOX I

Reading Books

You indicated in the survey that you like to read books to your child. Tell me about your child's favorite book. Who is the author and what is it about? Why does your child like it? Describe the book in detail.

설문 조사에서 당신의 아이에게 책을 읽어 주는 것을 즐긴다고 했습니다. 아이가 가장 좋아하는 책에 대해서 말해 보세요. 작가는 누구이고 무엇에 관한 내용인가요? 왜 그 책을 매우 좋아하나요? 자세히 설명해 보세요.

세부 질문이 정확히 명시되어 있는 문제입니다. 아이가 가장 좋아하는 '책 제목'을 머릿속에 떠올린 후, '저자와 내용' 그리고 '아이가 책을 좋아하는 이유'를 설명하면 됩니다. 질문 외에도 아이와 이 책을 읽으며 얻게 되는 유대감이라든지 내가 이 책을 읽어 주며 느끼는 감정 등을 추가하면 좋습니다. 이 질문을 답변함에 있어 중요한 부분은 '아이가 책을 좋아하는 이유'를 예와 함께 설명하는 것입니다. '책의 표지를 좋아해서', '엄마의 성우 연기를 좋아해서', '캐릭터와 동화되어' 등 두세 개의 키워드를 머릿속에 떠올린 후 답변을 풀어 보시기 바랍니다.

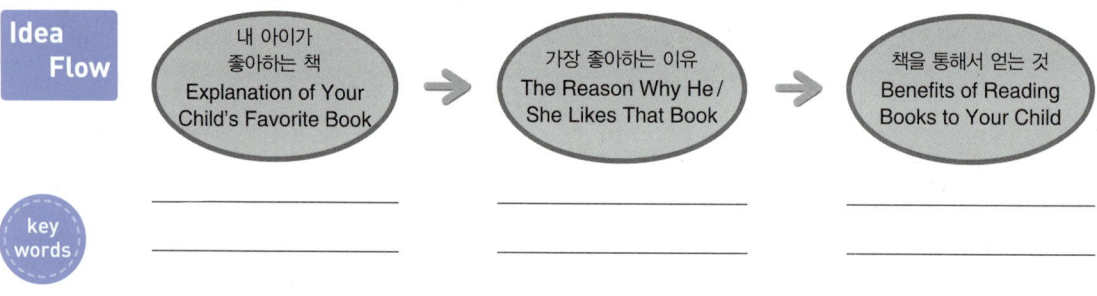

OPIc BOX

Idea	Key words	Sentences
Explanation of Your Child's Favorite Book	a girl, Little Red Riding Hood	This book is a story about **a girl** called **Little Red Riding Hood**.
The Reason Why He/She Likes That Book	the different voices I make	I think the reason she likes this book is that she loves **the different voices I make**.
Benefits of Reading Books to Your Child	basic words, enunciation skills, a strong relationship	My daughter is learning **basic words** and **enunciation skills**. I believe reading is a nurturing activity that builds **a strong relationship** between us.

Sample Answer

I like to read books to my children. My young daughter also loves to read books with me. Her favorite book is "Little Red Riding Hood." This is a story about **a girl** called **Little Red Riding Hood**. The girl is told that she should not talk to strangers. However, she meets a wolf and forgets what she is told. Because of this, she and her grandmother fall into danger. I don't think my daughter understands the story. I think the reason she likes this book is that she loves **the different voices I make**. Whenever I pretend to be the wolf with a husky voice, she giggles a lot. Another reason is that she likes the red cape that Little Red Riding Hood wears. I believe reading books to my children brings many benefits. My daughter is learning **basic words** and **enunciation skills**. And most of all, I believe reading is a nurturing activity that builds **a strong relationship** between us.

해석 p.323

Pattern Practice I

Reading Books

🧊 답변을 구성하기 위한 문장 패턴을 익혀 봅시다.

Explanation of Your Child's Favorite Book

This book is a story about [주인공] called [주인공의 별칭].
이 책은 ~라고 불리는 ~에 관한 이야기입니다.

This book is a story about **a girl** called **Little Red Riding Hood**.
이 책은 빨간 모자라고 불리는 소녀에 대한 이야기입니다.

Practice: This book is a story about _____ called _____.

응용하기 | This book is a story about a hunchback called Quasimodo.
이 책은 Quasimodo라고 불리는 곱추에 대한 이야기입니다.

The Reason Why He/She Likes That Book

I think the reason she likes this book is that she loves [좋아하는 것].
제 생각에 그녀가 이 책을 좋아하는 이유는 ~을 좋아하기 때문입니다.

I think the reason she likes this book is that she loves **the different voices I make**.
제 생각에 그녀가 이 책을 좋아하는 이유는 제가 만드는 여러 가지 목소리를 좋아하기 때문입니다.

Practice: I think the reason she likes this book is that she loves _____.

응용하기 | I think the reason she likes this book is that she loves fantasy.
제 생각에 그녀가 이 책을 좋아하는 이유는 판타지를 좋아하기 때문입니다.

Benefits of Reading Books to Your Child

My daughter is learning [배우는 것 1] and [배우는 것 2]. And most of all, I believe reading is a nurturing activity that builds [연결 관계] between us.
제 딸은 ~와 ~을 배우고 있습니다. 그리고 무엇보다도, 저는 책 읽기가 우리 사이에 ~을 맺어 주는 육아 활동이라고 믿습니다.

My daughter is learning **basic words** and **enunciation skills**. And most of all, I believe reading is a nurturing activity that builds **a strong relationship** between us. 제 딸은 기본 단어와 발음법을 배우고 있습니다. 그리고 무엇보다도, 저는 책 읽기가 우리 사이에 강한 관계를 맺어주는 육아 활동이라고 믿습니다.

Practice: My daughter is learning _____ and _____. And most of all, I believe reading is a nurturing activity that builds _____ between us.

응용하기 | My daughter is learning to express what she wants and how she deals with people. And most of all, I believe reading is a nurturing activity that builds special connection between us.
제 딸은 자신이 원하는 것을 표현하는 방법과 어떻게 사람들을 대해야 하는지 배우고 있습니다. 그리고 무엇보다도, 저는 책 읽기가 우리 사이에 특별한 관계를 만들어내는 육아 활동이라고 믿습니다.

My OPIc BOX I   Reading Books

먼저, 앞에서 학습한 대로 자신만의 OPIc BOX를 완성해 보세요.
완성한 후에 패턴 연습을 통해 익힌 문장들을 더해 완전한 답변을 작성해 봅시다.

Q1 You indicated in the survey that you like to read books to your child. Tell me about your child's favorite book. Who is the author and what is it about? Why does your child like it? Describe the book in detail.

설문 조사에서 당신의 아이에게 책을 읽어 주는 것을 즐긴다고 했습니다. 아이가 가장 좋아하는 책에 대해서 말해 보세요. 작가는 누구이고 무엇에 관한 내용인가요? 왜 그 책을 매우 좋아하나요? 자세히 설명해 보세요.

Idea	Key words	Sentences
Explanation of Your Child's Favorite Book		
The Reason Why He/She Likes That Book		
Benefits of Reading Books to Your Child		

My Answer

_____
_____
_____
_____
_____
_____
_____
_____
_____
_____

OPIc BOX II

Reading Books

 Which do you prefer, reading books or watching movies? Why is it better? Explain your reasons in detail.

독서를 하는 것과 영화를 보는 것 중 무엇을 더 선호하나요? 왜 그것이 더 좋은가요? 이유를 자세히 설명해 보세요.

> 선호하는 취미 활동을 비교하며 설명하는 문제입니다. 더 좋아하는 취미 활동을 선택한 후, 머릿속에 그 이유에 대한 키워드를 떠올려 봅시다. 가령, '독서'를 택했다면, '이동 중에도 가능', '혼자서 할 수 있는 일', '사색의 시간을 가질 수 있어서' 등의 키워드를 두세 개 떠올린 후, 예를 들어 설명하면 더 풍성한 답변을 만들 수 있습니다. 이유를 설명하는 것만으로는 답변이 짧다고 생각될 경우, 본인이 인상 깊게 보았던 영화나 읽었던 책을 간단하게 소개하며 마무리를 해도 좋습니다.

Idea Flow: 선호하는 것 Which You Prefer → 더 선호하는 이유 Why You Prefer → 추천하고 싶은 책 The Books You'd Like to Recommend

key words: _____

OPIc BOX

Idea	Key words	Sentences
Which You Prefer	reading books	I prefer **reading books** to watching movies.
Why You Prefer	anywhere at anytime	The reason I prefer reading books is that I can read books **anywhere at anytime**.
The Books You'd Like to Recommend	Pyramid Thinking, Barbara Minto, think creatively, reason clearly and express ideas logically	One of my favorite books is **Pyramid Thinking** by **Barbara Minto**. This book explains how to **think creatively, reason clearly and express ideas logically**.

Sample Answer

I prefer **reading books** to watching movies. In order to watch movies, I have to prepare many things in advance. I need to choose appropriate dates, times and the theaters. I also need a friend to go with. I don't enjoy all the preparation process for watching movies. The reason I prefer reading books is that I can read books **anywhere at anytime**. I can even read books when I am on public transportation. As a working mother, it is difficult to leave the house and have quiet time for myself. Thus, reading books is a great activity that I can enjoy freely. One of my favorite books is **Pyramid Thinking** by **Barbara Minto**. This book explains how to **think creatively, reason clearly and express ideas logically**. This book will enable you to present your thoughts with the minimum effort to have the maximum effect.

해석 p.324

Pattern Practice II — Reading Books

 답변을 구성하기 위한 문장 패턴을 익혀 봅시다.

Which You Prefer

I prefer [선호하는 것] to watching movies.
저는 영화를 보는 것보다 ~을 선호합니다.

I prefer **reading books** to watching movies.
저는 영화를 보는 것보다 책 읽는 것을 선호합니다.

Practice: I prefer _____ to watching movies.

응용하기 | I prefer watching plays to watching movies.
저는 영화를 보는 것보다 연극 보는 것을 선호합니다.

Why You Prefer

The reason I prefer reading books is that I can read books [상황].
제가 독서를 선호하는 이유는 ~하게 책을 읽을 수 있기 때문입니다.

The reason I prefer reading books is that I can read books **anywhere at anytime**. 제가 독서를 선호하는 이유는 언제 어디서나 책을 읽을 수 있기 때문입니다.

Practice: The reason I prefer reading books is that I can read books _____.

응용하기 | The reason I prefer reading books is that I can read books while listening to music.
제가 독서를 선호하는 이유는 음악을 들으면서 책을 읽을 수 있기 때문입니다.

The Books You'd Like to Recommend

One of my favorite books is [책 제목] by [작가].
제가 가장 좋아하는 책 중 하나는 ~의 ~입니다.

One of my favorite books is **Pyramid Thinking** by **Barbara Minto**.
제가 가장 좋아하는 책 중 하나는 Barbara Minto의 Pyramid Thinking입니다.

This book explains how to [설명]. 이 책은 어떻게 ~하는지에 대해 설명해 줍니다.

This book explains how to **think creatively, reason clearly and express ideas logically**.
이 책은 어떻게 창의적으로 생각하며 이유를 명확히 하고 생각을 논리적으로 표현하는지에 대해 설명해 줍니다.

Practice: One of my favorite books is _____ by _____.
This book explains how to _____.

응용하기 | One of my favorite books is Please Look After Mom by Kyoungsook Shin.
제가 가장 좋아하는 책 중 하나는 신경숙의 엄마를 부탁해입니다.
This book explains how to love your family members.
이 책은 어떻게 가족을 사랑해야 하는지 설명해 줍니다.

My OPIc BOX II

Reading Books

먼저, 앞에서 학습한 대로 자신만의 OPIc BOX를 완성해 보세요.
완성한 후에 패턴 연습을 통해 익힌 문장들을 더해 완전한 답변을 작성해 봅시다.

Q2 Which do you prefer, reading books or watching movies? Why is it better? Explain your reasons in detail.

독서를 하는 것과 영화를 보는 것 중 무엇을 더 선호하나요? 왜 그것이 더 좋은가요? 이유를 자세히 설명해 보세요.

Idea	Key words	Sentences
Which You Prefer		
Why You Prefer		
The Books You'd Like to Recommend		

My Answer

OPIc BOX III

Reading Books

Q3 I'm going to give you a situation for you to act out. Your friend says that his/her child hates reading books. He/She wants your advice. Call your friend and give him/her several suggestions.

주어진 상황에 적합하게 상황 설정을 해 보세요. 당신의 친구가 말하기를 그의/그녀의 아이가 책 읽는 것을 싫어한 다고 합니다. 그는/그녀는 당신의 조언을 필요로 합니다. 당신의 친구에게 전화하여 몇 가지 방법을 제시해 보세요.

전화를 걸어 조언을 해 주는 문제입니다. 이번 문제의 애매한 점은 친구의 아이가 독서를 싫어하는 구체적인 이유가 명시되어 있지 않다는 점입니다. 그러므로, 친구에게 질문을 던지고, 친구의 답변을 다시 한 번 확인하는 식으로 대화를 만들어 나가야 합니다. 그런 후, 문제에 대한 해결책을 제안해야 합니다. 'Why don't you ~?', 'You should ~', 'Try to ~' 등 권유하는 다양한 구문들을 숙지하고 같은 문구를 되풀이하지 않도록 주의하세요.

Idea Flow

대화 시작하기
Opening the Conversation → 친구의 아이가 책 읽는 것을 싫어하는 이유에 대해 물어보기
Analyzing Why Your Friend's Child Hates Reading Books → 몇 가지 방안 제안하기
Offering Several Suggestions

key words

_____ _____ _____
_____ _____ _____
_____ _____ _____

OPIc BOX

Idea	Key words	Sentences
Opening the Conversation	your call	I missed **your call** last night.
Analyzing Why Your Friend's Child Hates Reading Books	read books, after dinner, select the books	Oh, you **read books** to him **after dinner**. Oh, you **select the books** and call your son to sit with you.
Offering Several Suggestions	read in the afternoon instead, let your son pick what to read	Try to **read in the afternoon instead**. Also, you should **let your son pick what to read**.

Sample Answer

Hello? Is Kate home? This is Hannah. Sorry, I missed **your call** last night. I understand you are worried because your son hates reading books. Kate, don't worry. Let's talk about it together. When do you read books to your son? Oh, you **read books** to him **after dinner**. How do you choose the books and make your son pay attention? Oh, you **select the books** and call your son to sit with you. Let me give you some advice. First, why don't you change the time? If you read to your son after a mealtime, he may feel sleepy soon. Try to **read in the afternoon instead**. Also, you should **let your son pick what to read**. It is important to respect his choice. He will show more interest in books when he chooses the books by himself. I know old habits don't go easily but it is the mother's role and responsibility. Please don't hesitate to call me whenever you need help.

해석 p.324

Pattern Practice Ⅲ

Reading Books

🟦 답변을 구성하기 위한 문장 패턴을 익혀 봅시다.

Opening the Conversation

Sorry, I missed [연락] last night.
미안, 어제 ~을 못 받았어.

Sorry, I missed your call last night.
미안, 어제 네 전화를 못 받았어.

Practice: Sorry, I missed _____ last night.

응용하기 | Sorry, I missed your message last night.
미안, 어제 네 메시지를 못 봤어.

Analyzing Why Your Friend's Child Hates Reading Books

Oh, you [행위] to him [시간].
오, 너는 ~ 때 그에게 ~하는구나.

Oh, you read books to him after dinner.
오, 너는 저녁을 먹은 후에 그에게 책을 읽어 주는구나.

Oh, you [행위 2] and call your son to sit with you.
오, 너는 ~하고 아들을 불러서 네 옆에 앉히는구나.

Oh, you select the books and call your son to sit with you.
오, 너는 책을 선택한 후에 아들을 불러서 네 옆에 앉히는구나.

Practice: Oh, you _____ to him _____.
Oh, you _____ and call your son to sit with you.

응용하기 | Oh, you give some chocolate to him after he finishes his homework.
오, 너는 네 아들이 숙제를 끝마치면 초콜릿을 주는구나.

Oh, you finish your work first and call your son to sit with you.
오, 너는 네 일을 먼저 끝내고 아들을 불러서 네 옆에 앉히는구나.

Offering Several Suggestions

Try to [시도]. Also, you should [명심할 사항].
~을 시도해 봐. 또한, 너는 ~해야 해.

Try to read in the afternoon instead. Also, you should let your son pick what to read.
대신 오후에 읽어 주는 것을 시도해 봐. 또한, 너는 네 아들이 책을 선택하도록 해야 해.

Practice: Try to _____. Also, you should _____.

응용하기 | Try to avoid junk food. Also, you should eat breakfast.
불량 식품을 피하도록 해. 또한, 너는 아침을 먹어야 해.

Chapter 15 ● 227

My OPIc BOX Ⅲ

Reading Books

먼저, 앞에서 학습한 대로 자신만의 OPIc BOX를 완성해 보세요.
완성한 후에 패턴 연습을 통해 익힌 문장들을 더해 완전한 답변을 작성해 봅시다.

Q3 I'm going to give you a situation for you to act out. Your friend says that his/her child hates reading books. He/She wants your advice. Call your friend and give him/her several suggestions.

주어진 상황에 적합하게 상황 설정을 해 보세요. 당신의 친구가 말하기를 그의/그녀의 아이가 책 읽는 것을 싫어한다고 합니다. 그는/그녀는 당신의 조언을 필요로 합니다. 당신의 친구에게 전화하여 몇 가지 방법을 제시해 보세요.

Idea	Key words	Sentences
Opening the Conversation		
Analyzing Why Your Friend's Child Hates Reading Books		
Offering Several Suggestions		

My Answer

Chapter 16 TV

1. Favorite TV Program
2. Changes in Your Taste in TV Programs
3. Getting Rid of the TV Set at Home

Chapter 16 TV

Oral Proficiency Interview-computer

Topic Overview

TV 시청은 시험 전에 작성하는 설문 조사에 그와 관련된 보기가 따로 주어져 있지는 않습니다. 하지만 대다수의 사람들에게 TV는 일상생활에서 빼놓을 수 없는 물건이고, 집에서 휴식을 취할 때나 여가 시간에 TV만큼이나 여러 사람들이 공통적으로 즐기는 매체도 많지 않습니다. OPIc 시험에 돌발 문제로 쉽게 등장할 수 있는 주제인 만큼 다음 문제 유형에 주목하여 답변을 준비하세요.

기본 문제	심층 문제	고급 문제
• 좋아하는 TV 프로그램의 종류 • 가장 좋아하는 프로그램 • 가장 좋아하는 연기자	• TV를 보는 이유 • 프로그램의 선택 기준 • 기억에 남는 프로그램과 역대 최고 / 최악의 프로그램	• TV 시청과 관련된 개인 취향의 변화 • 최근에 본 프로그램 • TV와 연관된 기타 논란거리

관련 질문 유형 보기 — TV

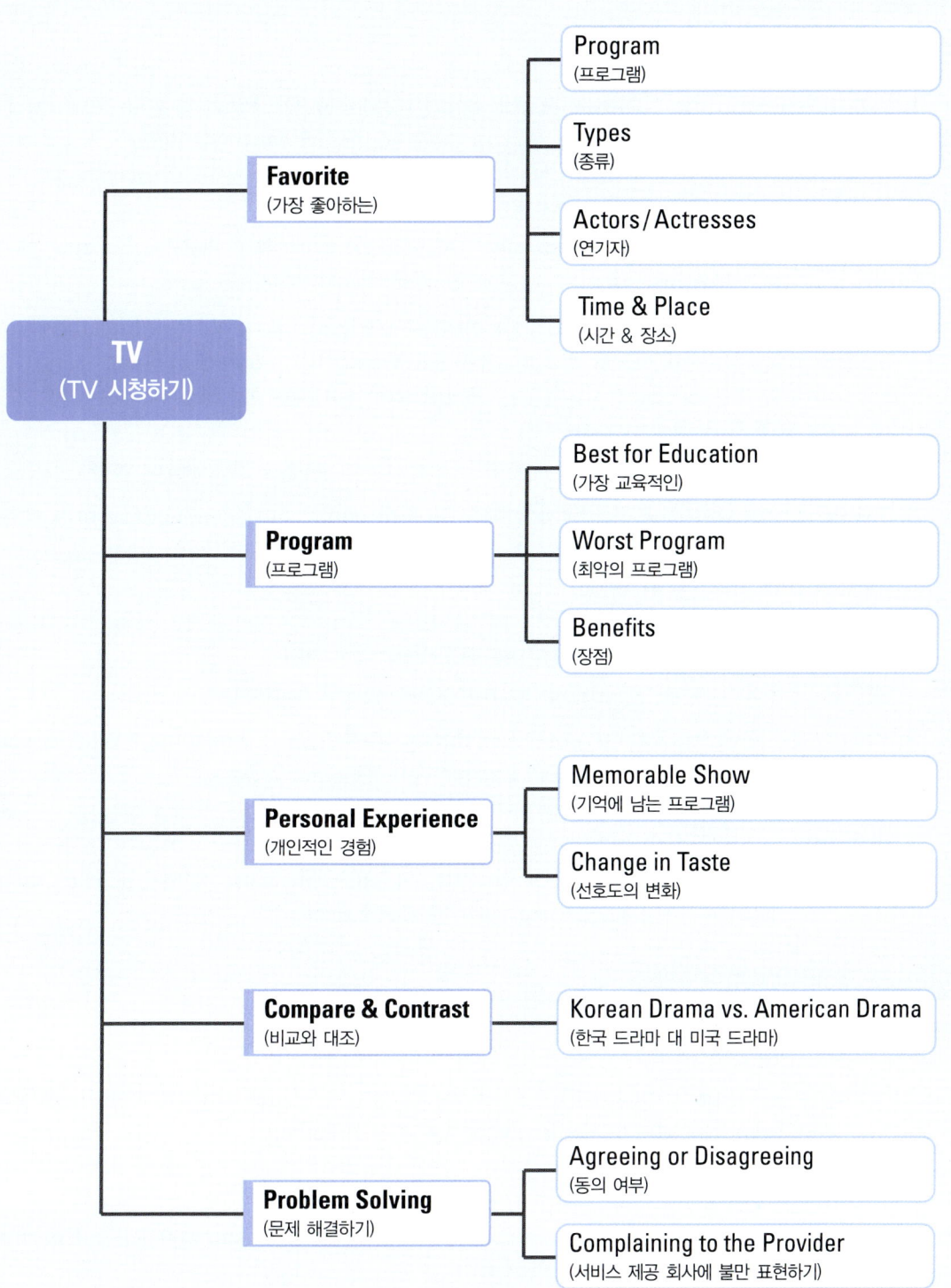

관련 OPIc 예상 질문 파헤치기 — TV

1 묘사 (Descriptive Speaking)

A Favorite (가장 좋아하는)

1. You indicated in the survey that you enjoy watching TV. What is your favorite TV program? What is it about? Why do you like it so much? Tell me in detail.
   설문 조사에서 TV 시청을 즐긴다고 했습니다. 당신이 가장 좋아하는 TV 프로그램은 무엇인가요? 어떤 내용의 프로그램이죠? 왜 그 프로그램을 좋아하나요? 자세히 설명해 보세요.
   key words talk show, Healing Camp, attractive, grab the audience's attention, the true values of family, values of helping others and the values of health

2. What kind of TV program do you enjoy? Do you like entertaining shows or educational programs? Describe your favorite type of TV program in detail.
   당신은 어떤 종류의 TV 프로그램을 즐기나요? 쇼 프로그램을 즐기나요? 아니면 교육 프로그램을 즐기나요? 당신이 가장 좋아하는 TV 프로그램에 대해서 자세히 설명해 보세요.
   key words entertaining shows, fun programs, comedians, laugh a lot, relieves stress

3. Tell me about your favorite TV celebrity. Is that person an actor/actress or a show host? What kind of person is he/she on TV? Why do you like that person so much? Explain your reasons in detail.
   당신이 가장 좋아하는 TV 출연자에 대해서 말해 보세요. 그 사람은 연기자인가요? 아니면 쇼 진행자인가요? TV에서 그 사람은 어떤 사람인가요? 왜 그 사람이 좋은가요? 당신의 이유를 자세히 설명해 보세요.
   key words Boom, show host, very witty, humorous, honest, passionate

4. When do you watch TV the most? Is it during weekdays or weekends? What is your favorite day to watch TV and why? Explain your reasons in detail.
   언제 TV 시청을 가장 많이 하나요? 주중인가요? 아니면 주말인가요? 당신이 TV를 시청하기 가장 좋아하는 날은 무슨 요일이고 그 이유는 무엇인가요? 당신의 이유를 자세히 설명해 보세요.
   key words watch TV the most on weekends, all family members gather together, laugh together, have a good time, talk a lot after watching TV

2 설명 (Narrative Speaking)

A Program (프로그램)

1. What do you think is the best TV show for education? What is it about and what can you learn from watching it? Explain your reasons in detail.
   당신 생각에 교육 목적으로 가장 훌륭한 TV 프로그램은 무엇인가요? 그것은 무엇에 관한 프로그램이고 당신이 무엇을 배울 수 있나요? 당신의 이유를 자세히 설명해 보세요.
   key words documentaries, various people's lives, learn about life, broaden perspective, advice about life, show the reality

2. What are the benefits of watching TV? Why is TV good? Explain your reasons in as

much detail as possible.

TV 시청의 이점은 무엇인가요? TV는 왜 좋은 거죠? 당신의 이유를 최대한 자세히 설명해 보세요.

> **key words** TV has advantages, broadens perspective, shows current issues and trends, very entertaining, yet, educational, relieves stress

B **Personal Experience** (개인적인 경험)

1. Tell me about a memorable TV show. What was the title and what was it about? Why is it a special TV show for you? Give me your opinion and several reasons to support it.

    TV 프로그램 중 기억에 남는 프로그램에 대해서 말해 보세요. 제목은 무엇이었고 무엇에 대한 내용이었나요? 당신에게는 왜 특별한 프로그램이었죠? 의견을 이야기하고 뒷받침되는 이유를 몇 가지 설명해 보세요.

    > **key words** K-Pop Star, survival game of youngsters, want to be a singer, gave me hope and dream, professional help and advice, improve singing and dancing skills

2. Discuss how your taste in TV programs has changed over the years. Describe the change in detail.

    지난 몇 년간 TV 시청에 있어서 당신의 선호도가 어떻게 변했는지 자세히 설명해 보세요.

    > **key words** about other people's love lives, crime and medical dramas, reality or cooking shows, Nanny 911, Iron Chef

C **Compare and Contrast** (비교와 대조)

1. Which do you prefer to watch on TV? Korean dramas or American dramas? Why? Tell me in detail.

    한국 드라마와 미국 드라마 중 어느 것을 더 선호하나요? 왜 그렇죠? 자세히 설명해 보세요.

    > **key words** prefer American dramas, various genre, learn English at the same time, Hollywood stars, concentrate too much on love stories

3 롤 플레이 (Role Play)

1. I'm going to give you a situation for you to act out. One of your family members suggests to get rid of the TV set at home. Do you agree or not? What would you say to him/her? Explain your reasons in detail.

    상황을 드릴 테니 역할 연기를 해 보세요. 당신의 가족 중 한 명이 집에서 TV를 없애자고 제안합니다. 당신은 동의하나요? 그에게/그녀에게 어떤 말을 해 줄 건가요? 당신의 이유를 자세히 설명해 보세요.

    > **key words** benefits, disadvantages, our kids, some of those influences, do something worthy

2. I'm going to give you a situation for you to act out. You want to set up a cable in your house. Call the service provider and ask three or four questions about the service.

    상황을 드릴 테니 역할 연기를 해 보세요. 당신은 집에 케이블을 설치하고 싶습니다. 케이블 회사에 전화를 걸어서 서비스에 대해서 서너 가지 질문을 해 보세요.

    > **key words** approximate price to set up a cable, warranty, how long does it take, available date and time

OPIc BOX I

TV

Q1 You indicated in the survey that you enjoy watching TV. What is your favorite TV program? What is it about? Why do you like it so much? Tell me in detail.

설문 조사에서 TV 시청을 즐긴다고 했습니다. 당신이 가장 좋아하는 TV 프로그램은 무엇인가요? 어떤 내용의 프로그램이죠? 왜 그 프로그램을 그토록 좋아하나요? 자세히 설명해 보세요.

이번 문제에는 '좋아하는 프로그램', '프로그램의 내용 설명', 그리고 '좋아하는 이유'의 순서로 세부 질문이 명확하게 나와 있습니다. 스스로 흐름을 구성할 필요 없이, '세부 질문 세 개'에 대한 답변을 차례대로 대답하면 됩니다. '좋아하는 프로그램'을 대략적으로 설명하는 첫 부분에는 큰 어려움이 없을 것입니다. 방송사, 시간대, 출연진 등에 대해 설명하면 됩니다. 그 후 내가 특별히 인상 깊게 봤던 하나의 에피소드를 묘사하며, 느낀 감정들을 자세히 이야기하기 바랍니다. 그리고 내가 좋아하는 이유에 대해 '출연자의 팬이라서', '생각 없이 웃을 수 있어서', '주연 배우의 캐릭터를 통해 대리 만족을 할 수 있어서' 등의 추가적인 설명을 덧붙여 줍니다.

Idea Flow

가장 좋아하는 TV 프로그램 소개
Introduction of Your Favorite TV Program → 출연자 소개
Who Appears on the Show → 프로그램을 좋아하는 이유
Why You Like It So Much

key words

_____ _____ _____
_____ _____ _____

OPIc BOX

Idea	Key words	Sentences
Introduction of Your Favorite TV Program	talk show, "Healing Camp"	My favorite TV program is a **talk show** called "**Healing Camp**."
Who Appears on the Show	attractive, grab the audience's attention	A special guest can be anyone who is **attractive** enough to **grab the audience's attention**.
Why You Like It So Much	the true values of family, values of helping others, and the values of health	Also, this show reminds me of **the true values of family, values of helping others**, and **the values of health**.

Sample Answer

My favorite TV program is a **talk show** called "**Healing Camp**." It is produced by SBS in Korea. On this show, a special guest is invited every week to talk about his/her life with the three main show hosts. So far, movie stars, singers, sports players, famous professors and producers were invited as special guests. A special guest can be anyone who is **attractive** enough to **grab the audience's attention**. They named this program "Healing Camp" because it is supposed to heal the special guest as well as the audience through genuine conversation. I like this program so much because I have opportunities to experience many different people's lives. Also, this show reminds me of **the true values of family, values of helping others**, **and the values of health**. Moreover, this program is fun. After watching this program, all my stress goes away.

해석 p.324

Pattern Practice I **TV**

 답변을 구성하기 위한 문장 패턴을 익혀 봅시다.

Introduction of Your Favorite TV Program

My favorite TV program is a [프로그램 종류] called "[프로그램 제목]."
제가 가장 좋아하는 TV 프로그램은 ~라는 제목의 ~입니다.

My favorite TV program is a talk show called "Healing Camp."
제가 가장 좋아하는 TV 프로그램은 '힐링 캠프' 라는 제목의 토크쇼입니다.

Practice: My favorite TV program is a _____ called "_____."

응용하기 | My favorite TV program is a reality show called "Moohandojeon."
제가 가장 좋아하는 TV 프로그램은 '무한도전' 이라는 제목의 리얼리티쇼입니다.

Who Appears on the Show

A special guest can be anyone who is [특징] enough to [자격 요건].
특별 손님은 ~하기에 충분히 ~한 사람이면 누구나 가능합니다.

A special guest can be anyone who is attractive enough to grab the audience's attention.
특별 손님은 시청자의 관심을 끌 수 있는 충분히 매력적인 사람이면 누구나 가능합니다.

Practice: A special guest can be anyone who is _____ enough to _____.

응용하기 | A special guest can be anyone who is strong enough to complete the mission.
특별 손님은 미션을 수행할 수 있을 만큼 강인한 사람이면 누구든지 가능합니다.

Why You Like It So Much

This show reminds me of [나에게 상기시켜 주는 것].
이 프로그램은 ~을 상기시켜 줍니다.

This show reminds me of the true values of family, values of helping others, and the values of health.
이 프로그램은 가족의 가치와 다른 사람들을 돕는 가치, 그리고 건강의 가치에 대해 상기시켜 줍니다.

Practice: This show reminds me of _____.

응용하기 | This show reminds me of the memory of my childhood.
이 프로그램은 나의 어린 시절의 추억을 상기시켜 줍니다.

My OPIc BOX I

TV

먼저, 앞에서 학습한 대로 자신만의 OPIc BOX를 완성해 보세요.
완성한 후에 패턴 연습을 통해 익힌 문장들을 더해 완전한 답변을 작성해 봅시다.

Q1 You indicated in the survey that you enjoy watching TV. What is your favorite TV program? What is it about? Why do you like it so much? Tell me in detail.

설문 조사에서 TV 시청을 즐긴다고 했습니다. 당신이 가장 좋아하는 TV 프로그램은 무엇인가요? 어떤 내용의 프로그램이죠? 왜 그 프로그램을 그토록 좋아하나요? 자세히 설명해 보세요.

Idea	Key words	Sentences
Introduction of Your Favorite TV Program		
Who Appears on the Show		
Why You Like It So Much		

My Answer

OPIc BOX II

TV

Q2 Discuss how your taste in TV programs has changed over the years. Describe the change in detail.

지난 몇 년간 TV 시청에 있어서 당신의 선호도가 어떻게 변했는지 자세히 설명해 보세요.

시간이 지나며 취향이 바뀌는 흐름을 설명해야 합니다. '유년기', '10대', '대학 시절', '결혼 후', '아이를 가진 후' 등 시간의 흐름에 따른 변화에 대해 설명합니다. 예를 들면 10대에는 가수들이 많이 나오는 음악 방송을 선호 했다면, 대학 시절에는 사람들의 이야기를 들을 수 있는 잔잔한 토크쇼를, 그 후 결혼 후, 아기가 생긴 후에는 아기가 좋아하는 디즈니 채널만 보게 되었다는 등의 이야기를 하면 됩니다. 각 흐름별로 서너 가지 이유를 들어 답변하시기 바랍니다.

Idea Flow

결혼 전 TV 프로그램 취향
Your Taste in TV Programs before You Got Married
→
결혼 후 TV 프로그램 취향
Your Taste in TV Programs after You Got Married
→
아이를 가진 후 TV 프로그램 취향
Your Taste in TV Programs after You Had Children

key words

___

OPIc BOX

Idea	Key words	Sentences
Your Taste in TV Programs before You Got Married	about other people's love lives	I was curious to find out **about other people's love lives**.
Your Taste in TV Programs after You Got Married	crime and medical dramas	He was interested in **crime and medical dramas**.
Your Taste in TV Programs after You Had Children	reality or cooking shows, Nanny 911, Iron Chef	Whenever I have a chance, I prefer watching **reality or cooking shows** such as **Nanny 911** and **Iron Chef**.

Sample Answer

Before I got married, I liked to watch dramas such as "Sex and the City", "Gossip Girls", and "Gilmore Girls." I was curious to find out **about other people's love lives**. It was somewhat educational for a single woman like me. It was also entertaining to watch girls' outfits and fashions in many different episodes. After I got married, I had my husband to watch TV with. He was into series such as "CSI" and "Grey's Anatomy." He was interested in **crime and medical dramas**. We liked to watch them together at night. Afterwards, we enjoyed discussing each episode. My life became totally different after I had a baby. First, I barely have time to watch TV. Whenever I have a chance, I prefer watching **reality or cooking shows** such as "**Nanny 911**" and "**Iron Chef**." They are interesting, and I can also gain knowledge about raising children.

해석 p.324

Pattern Practice II   TV

 답변을 구성하기 위한 문장 패턴을 익혀 봅시다.

Your Taste in TV Programs before You Got Married

I was curious to find out [알고 싶었던 것].
저는 ~에 대해 알고 싶었습니다.

I was curious to find out about other people's love lives.
저는 다른 사람들의 연애 생활에 대해 알고 싶었습니다.

Practice: I was curious to find out _____.

응용하기 | I was curious to find out about other people's school lives.
저는 다른 사람들의 학교 생활에 대해 알고 싶었습니다.

Your Taste in TV Programs after You Got Married

He was interested in [프로그램 종류].
그는 ~에 관심이 있었습니다.

He was interested in crime and medical dramas.
그는 범죄와 의학 드라마에 관심이 있었습니다.

Practice: He was interested in _____.

응용하기 | He was interested in romance dramas.
그는 로맨스 드라마에 관심이 있었습니다.

Your Taste in TV Programs after You Had Children

Whenever I have a chance, I prefer watching [프로그램 종류] such as [프로그램 제목 1] and [프로그램 제목 2].
저는 기회가 있을 때마다 ~와 ~같은 ~ 종류의 프로그램을 보는 것을 선호합니다.

Whenever I have a chance, I prefer watching reality or cooking shows such as Nanny 911 and Iron Chef.
저는 기회가 있을 때마다 Nanny 911과 Iron Chef와 같은 리얼리티 또는 요리 프로그램을 보는 것을 선호합니다.

Practice: Whenever I have a chance, I prefer watching _____ such as _____ and _____.

응용하기 | Whenever I have a chance, I prefer watching comedy shows such as "Gag Concert" and "Comedy Big League."
저는 기회가 있을 때마다 '개그 콘서트'나 '코미디 빅 리그' 같은 코미디 쇼를 보는 것을 선호합니다.

My OPIc BOX II

TV

먼저, 앞에서 학습한 대로 자신만의 OPIc BOX를 완성해 보세요.
완성한 후에 패턴 연습을 통해 익힌 문장들을 더해 완전한 답변을 작성해 봅시다.

Q2 Discuss how your taste in TV programs has changed over the years. Describe the change in detail.
지난 몇 년간 TV 시청에 있어서 당신의 선호도가 어떻게 변했는지 자세히 설명해 보세요.

Idea	Key words	Sentences
Your Taste in TV Programs before You Got Married		
Your Taste in TV Programs after You Got Married		
Your Taste in TV Programs after You Had Children		

My Answer

OPIc BOX Ⅲ

TV

I'm going to give you a situation for you to act out. One of your family members suggests getting rid of the TV set at home. Do you agree or not? What would you say to him/her? Explain your reasons in detail.

상황을 드릴 테니 역할 연기를 해 보세요. 당신의 가족 중 한 명이 집에서 TV를 없애자고 제안합니다. 당신은 동의하나요? 그에게 / 그녀에게 어떤 말을 해 줄 건가요? 당신의 이유를 자세히 설명해 보세요.

이번 문제는 상대방의 의견에 대한 본인의 생각을 이야기하는 유형의 문제입니다. 문제의 질문을 다시 직접 화법으로 바꾸어 이야기를 시작하는 것이 좋습니다. 그 후, 동의 / 반대의 의견을 제시합니다. 이유를 설명하는 것이 이번 문제의 핵심인데, '우리 가족 모두에게 도움이 되는 이유 두세 개' 혹은, 가족 구성원 별로 나누어 '아이에게 좋은 이유', '부모에게 좋은 이유', '동생, 혹은 형/언니에게 좋은 이유'를 설명하는 방법이 있습니다.

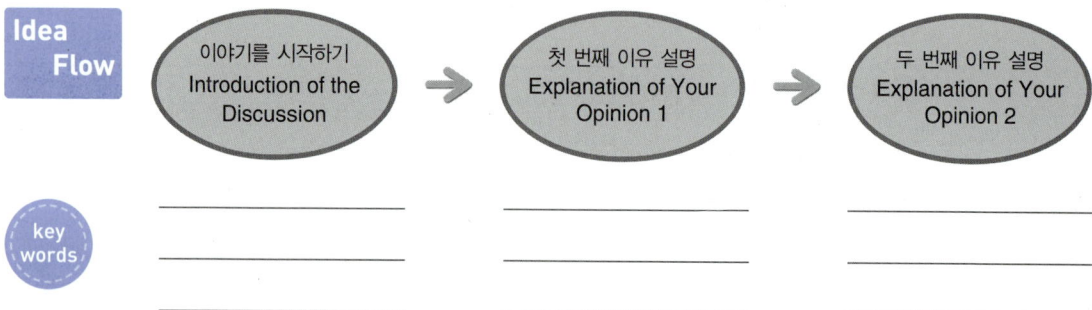

OPIc BOX

Idea	Key words	Sentences
Introduction of the Discussion	benefits, disadvantages	Besides all of the **benefits** that come with the TV, there are also a lot of **disadvantages**.
Explanation of Your Opinion 1	our kids, some of those influences	It is impossible to perfectly shield **our kids** from **some of those influences**.
Explanation of Your Opinion 2	do something worthy	Without TV, we will have extra time to **do something worthy**.

Sample Answer

Honey, I was surprised to hear your suggestion to get rid of the TV set at home. Of course, TV is a must-have item at home, and it is one of the best sources for entertainment. TV allows us to stay informed about recent events and breaking news. It also entertains us whenever we feel bored. Besides all of the **benefits** that come with the TV, there are also a lot of **disadvantages**. I personally agree with your suggestion. First, it will be great for our kids. They will not be exposed to inappropriate images, language, and lifestyle choices that they can watch on TV. It is impossible to perfectly shield **our kids** from **some of those influences**. However, there will be less exposure. It will be good for us, too. Without TV, we will have extra time to **do something worthy**. We can join the gym, exercise, learn foreign languages, and learn to cook.

해석 **p.325**

Pattern Practice III   TV

 답변을 구성하기 위한 문장 패턴을 익혀 봅시다.

Introduction of the Discussion

Besides all of the [관점 1] that come with the TV, there are also a lot of [관점 2].
TV가 가져오는 모든 ~외에, 그것으로 인한 ~도 많이 있어.

Besides all of the **benefits** that come with the TV, there are also a lot of **disadvantages**.
TV가 가져오는 모든 혜택 외에, 그것으로 인한 불이익도 많이 있어.

Practice: Besides all of the _____ that come with the TV, there are also a lot of _____.

응용하기 | Besides all of the educational information that comes with the TV, there are also a lot of violent scenes.
TV가 가져오는 모든 교육적인 정보 외에, 폭력적인 장면 또한 많이 있어.

Explanation of Your Opinion 1

It is impossible to perfectly shield [보호 대상] from [악영향의 요인].
~를 ~로부터 완벽하게 보호하는 것은 불가능한 일이야.

It is impossible to perfectly shield **our kids** from **some of those influences**.
우리 아이들을 이러한 영향력으로부터 완벽하게 보호하는 것은 불가능한 일이야.

Practice: It is impossible to perfectly shield _____ from _____.

응용하기 | It is impossible to perfectly shield the students from smoking and drinking.
학생들을 흡연과 음주로부터 완벽하게 보호하는 것은 불가능한 일이야.

Explanation of Your Opinion 2

Without TV, we will have extra time to [의미 있는 활동].
TV가 없으면 우리는 ~을 할 여분의 시간이 생기게 될 거야.

Without TV, we will have extra time to **do something worthy**.
TV가 없으면 우리는 의미 있는 활동을 할 여분의 시간이 생기게 될 거야.

Practice: Without TV, we will have extra time to _____.

응용하기 | Without TV, we will have extra time to spend meaningful time with our families.
TV가 없으면 우리는 가족과 보낼 수 있는 의미 있는 여분의 시간이 생기게 될 거야.

My OPIc BOX III

TV

먼저, 앞에서 학습한 대로 자신만의 OPIc BOX를 완성해 보세요.
완성한 후에 패턴 연습을 통해 익힌 문장들을 더해 완전한 답변을 작성해 봅시다.

Q3 I'm going to give you a situation for you to act out. One of your family members suggests getting rid of the TV set at home. Do you agree or not? What would you say to him/her? Explain your reasons in detail.

상황을 드릴 테니 역할 연기를 해 보세요. 당신의 가족 중 한 명이 집에서 TV를 없애자고 제안합니다. 당신은 동의하나요? 그에게/그녀에게 어떤 말을 해 줄 건가요? 당신의 이유를 자세히 설명해 보세요.

Idea	Key words	Sentences
Introduction of the Discussion		
Explanation of Your Opinion 1		
Explanation of Your Opinion 2		

My Answer

Chapter 17: Shopping

1. Favorite Shopping Place
2. On-line Shopping or Off-line Shopping
3. Calling the Customer Service to Talk about the Problem of the Item

Chapter 17 Shopping

Oral Proficiency Interview-computer

Topic Overview

쇼핑은 시험 전에 작성하는 설문 조사에 그와 관련된 보기가 따로 주어져 있지 않습니다. 하지만, 여가 생활과 관련되어 흔히 등장하는 주제 중 하나로 현대인들에게 쇼핑은 가장 기본적이면서 특별한 의미를 지니고 있습니다. 돌발 문제로 언제든지 나올 수 있는 가능성을 가지고 있으니, 준비를 철저하게 한다면 다른 영역에도 유용하게 적용할 수 있습니다. 다음 문제 유형을 참고하여 쇼핑에 관한 답변을 준비해 보세요.

기본 문제	심층 문제	고급 문제
• 가장 즐겨 사는 물건 • 쇼핑하는 시간과 장소 • 쇼핑과 관련된 습관 • 쇼핑의 빈도	• 쇼핑하는 패턴 • 온라인 쇼핑에 대한 선호도 • 각종 쇼핑과 연관된 경험	• 교환/환불의 절차 및 경험 • 제품을 구매한 후 생기는 여러 가지 상황에 대한 대처

관련 질문 유형 보기 — Shopping

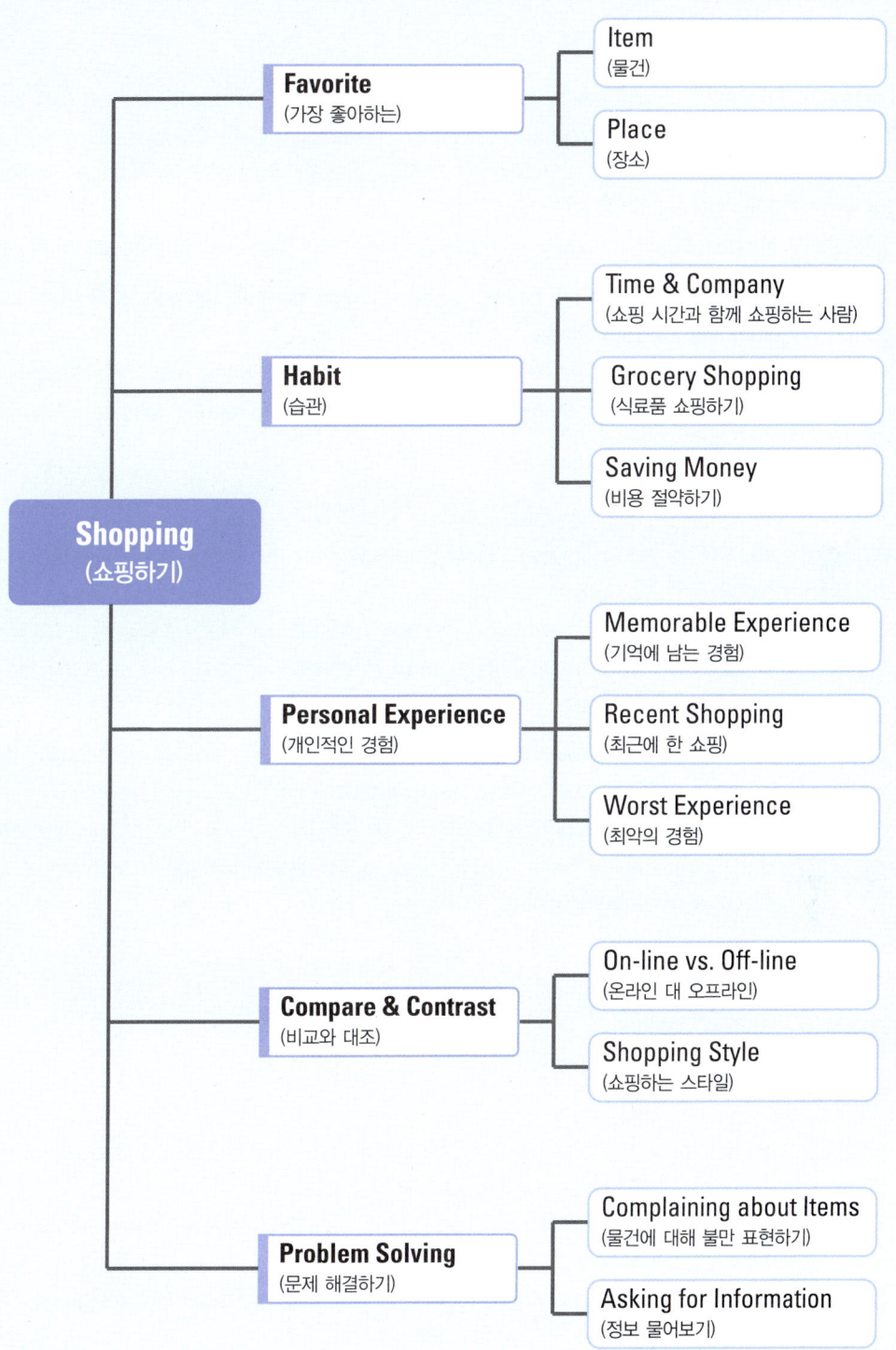

관련 OPIc 예상 질문 파헤치기   Shopping

1 묘사 (Descriptive Speaking)

A Favorite (가장 좋아하는)

1. I'd like to know what you enjoy shopping for. What kind of items do you like to buy? Tell me about your favorite items to shop for in as much detail as possible.
   당신은 무엇을 쇼핑하기를 좋아하는지 알고 싶습니다. 어떤 물건을 사는 걸 좋아하나요? 당신이 쇼핑하기 가장 좋아하는 물건들에 대해서 최대한 자세히 설명해 보세요.
   key words shopaholic, buy clothes and shoes, vivid colors, flower-print dresses, high heels

2. Tell me about your favorite shopping place. Where do you usually go? Why do you go there? Give me all the details.
   당신이 가장 즐겨 찾는 쇼핑 장소에 대해서 말해 보세요. 주로 어디로 가나요? 왜 그곳으로 가나요? 자세히 설명해 보세요.
   key words Jamsil Department Store, convenience, convenient, friendly service

B Habit (습관)

1. When do you like to go shopping? How often do you go shopping? Who do you like to go shopping with? Tell me in detail.
   당신은 언제 쇼핑을 즐기나요? 얼마나 자주 쇼핑을 하죠? 누구와 쇼핑하는 것을 즐기나요? 자세히 설명해 보세요.
   key words weekdays, not very crowded, shop in a relaxing way, my best friend, share shopping tips together

2. Let's talk about going grocery shopping. What steps do you have to take to buy food? Tell me the whole process from beginning to end.
   장보기에 대해서 얘기해 보겠습니다. 식품을 사기 위해서 어떤 단계를 거치나요? 처음부터 끝까지 자세히 설명해 보세요.
   key words cart, best before date, fresh, organic, compare prices, free-sample stand, discount, membership card, delivery

2 설명 (Narrative Speaking)

A Habit (습관)

1. What do you do to save money when you shop? Do you like going to outlet stores or do you use coupons? Tell me about your method in detail.
   당신은 쇼핑을 할 때 비용을 아끼기 위해서 무엇을 하나요? 당신은 아웃렛 매장에 가는 것을 좋아하거나 쿠폰을 사용하나요? 당신이 사용하는 방법에 대해서 자세히 얘기해 보세요.
   key words outlet stores, Dongdaemun, cheaper prices with good quality, designs and trends change quickly, sale, discount, free gift

B Personal Experience (개인적인 경험)

1. Tell me about a memorable experience while shopping. What happened and why was it so memorable? Describe the experience in detail.

쇼핑과 연관된 기억에 남는 일에 대해서 말해 보세요. 어떤 일이 있었고 그 일은 왜 특별했나요? 당신의 경험에 대해 자세히 설명해 보세요.

> **key words** my girlfriend's birthday present, couple silver rings, our initials inscribed, expensive but worth it

2. Tell me about your worst shopping experience. What did you buy and where did you buy it from? Why was it a bad purchase? Tell me your experience in as much detail as possible.

당신이 겪었던 최악의 쇼핑 경험에 대해서 얘기해 보세요. 당신은 무엇을 샀으며 어디서 샀나요? 그것은 왜 좋지 않은 구매였죠? 당신의 경험에 대해서 가능한 한 자세히 말해 보세요.

> **key words** coffee machine, broken down within a week, customer service, very unfriendly, exchange for a new one, my fault, quarrel

C Compare and Contrast (비교와 대조)

1. Which do you prefer, on-line shopping or off-line shopping? Why is it better? Give me your opinion and several reasons to support it.

온라인 쇼핑과 오프라인 쇼핑 중 당신은 어느 것을 더 선호하나요? 왜 그것을 더 좋아하나요? 당신의 의견을 말하고 의견을 뒷받침할 몇 가지 이유를 말해 보세요.

> **key words** shopping on-line, at off-line stores, cheaper, the stores closing

3 롤 플레이 (Role Play)

1. I'm going to give you a situation for you to act out. You just received the item you bought on-line. However, you notice it's not working properly. Call customer service, describe the problem, and suggest several ways to solve the problem.

상황을 드릴 테니 역할 연기를 해 보세요. 당신은 방금 온라인상으로 구매한 물건을 받았습니다. 하지만, 그 물건이 제대로 작동하지 않는다는 사실을 깨달았습니다. 고객 서비스 센터에 전화를 걸어서 문제점을 설명하고 그 문제를 해결할 수 있는 몇 가지 방법을 제시해 보세요.

> **key words** an electronic juicer, not working properly, properly working product

2. I'm going to give you a situation for you to act out. A new outlet store recently opened near your house and there is going to be a big sale. Call the store and ask three or four questions about the sale.

상황을 드릴 테니 역할 연기를 해 보세요. 최근에 새로운 아웃렛 매장이 당신의 집 주위에 생겼는데 그 곳에서 대대적인 세일이 있을 예정입니다. 매장에 전화를 걸어서 세일에 대해서 서너 가지 질문을 해 보세요.

> **key words** sales on which items, discount up to what percentage, sales period, policy, closing time

OPIc BOX I

Shopping

Q1 Tell me about your favorite shopping place. Where do you usually go? Why do you go there? Give me all the details.

당신이 가장 즐겨 찾는 쇼핑 장소에 대해서 말해 보세요. 당신은 주로 어디로 가나요? 왜 그곳으로 가나요? 자세히 설명해 보세요.

'당신이 가장 좋아하는 ~'라는 질문의 형태는 쇼핑 장소 외에도 영화, 책, 음식 등 다양한 명사를 넣어 출제할 수 있는 빈도수가 높은 유형입니다. 질문에 답이 되는 대상을 분명히 밝힌 후 그것을 선택한 이유를 설명합니다. 이 질문의 경우 가장 좋아하는 쇼핑 장소를 고르는 것이기 때문에 자신의 쇼핑 스타일과 연관된 그 장소의 특징을 추가적인 이유로 들어 설명하면 조리 있게 답변할 수 있습니다.

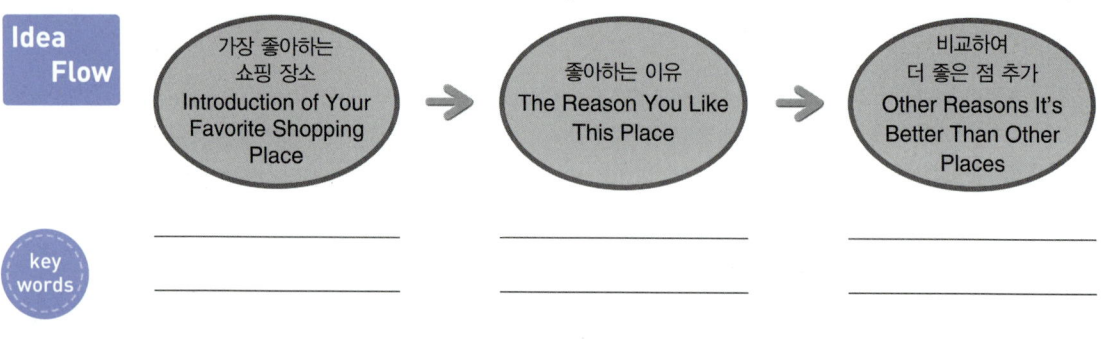

OPIc BOX

Idea	Key words	Sentences
Introduction of Your Favorite Shopping Place	Jamsil Department Store	I can say **Jamsil Department Store** is my favorite shopping place.
The Reason You Like This Place	convenience, convenient	When it comes to shopping, **convenience** is more important to me than anything else. Jamsil Department Store is more **convenient** than any other shopping places.
Other Reasons It's Better Than Other Places	friendly service	They give helpful advice, and they also provide **friendly service**.

Sample Answer

Based on my shopping experiences so far, I can say **Jamsil Department Store** is my favorite shopping place. It's a huge seven-story building, and it has stores that sell all types of products from groceries to clothes and furniture. It's the first place I rush to when I need to buy something. When it comes to shopping, **convenience** is more important to me than anything else. Jamsil Department Store is more **convenient** than any other shopping places. At the department store, I don't have to spend energy to find different types of stores. I can just get on the escalator and move to another floor. I also like getting feedback from the store clerks. They help me make informed decisions on my purchases. They give helpful advice, and they also provide **friendly service**. I consider this a great advantage of shopping at department stores.

해석 p.325

Pattern Practice I   Shopping

 답변을 구성하기 위한 문장 패턴을 익혀 봅시다.

Introduction of Your Favorite Shopping Place

I can say [장소] is my favorite shopping place.
제가 가장 선호하는 쇼핑 장소로 ~을 꼽을 수 있습니다.

I can say Jamsil Department Store is my favorite shopping place.
제가 가장 선호하는 쇼핑 장소로 잠실 백화점을 꼽을 수 있습니다.

Practice: I can say _____ is my favorite shopping place.

응용하기 | I can say Seoul Outlet is my favorite shopping place.
제가 가장 선호하는 쇼핑 장소로 서울 아웃렛을 꼽을 수 있습니다.

The Reason You Like This Place

When it comes to shopping, [중요한 요소] is more important to me than anything else. Jamsil Department Store is more [이유] than any other shopping places.
쇼핑에 있어서 ~는 저에게 그 어떤 다른 것보다도 중요합니다. 잠실 백화점은 그 어떤 쇼핑 장소보다도 ~합니다.

When it comes to shopping, convenience is more important to me than anything else. Jamsil Department Store is more convenient than any other shopping place.
쇼핑에 있어서 편의성은 저에게 그 어떤 다른 것보다도 중요합니다. 잠실 백화점은 그 어떤 쇼핑 장소보다도 편리합니다.

Practice: When it comes to shopping, _____ is more important to me than anything else. Jamsil Department Store is more _____ than any other shopping places.

응용하기 | When it comes to shopping, quality is more important to me than anything else. Jamsil Department Store is more trustworthy than any other shopping places.
쇼핑에 있어서 품질은 저에게 그 어떤 다른 것보다도 중요합니다. 잠실 백화점은 그 어떤 쇼핑 장소보다도 신뢰가 갑니다.

Other Reasons It's Better Than Other Places

They give helpful advice, and they also provide [제공하는 것].
그들은 도움이 되는 조언을 주고 또한 ~을 제공합니다.

They give helpful advice, and they also provide friendly service.
그들은 도움이 되는 조언을 주고 또한 친절한 서비스를 제공합니다.

Practice: They give helpful advice, and they also provide _____.

응용하기 | They give helpful advice, and they also provide a lot of discounts.
그들은 도움이 되는 조언을 주고 또한 많은 할인을 제공합니다.

My OPIc BOX Ⅰ

Shopping

먼저, 앞에서 학습한 대로 자신만의 OPIc BOX를 완성해 보세요.
완성한 후에 패턴 연습을 통해 익힌 문장들을 더해 완전한 답변을 작성해 봅시다.

Q1 Tell me about your favorite shopping place. Where do you usually go? Why do you go there? Give me all the details.

당신이 가장 즐겨 찾는 쇼핑 장소에 대해서 말해 보세요. 당신은 주로 어디로 가나요? 왜 그곳으로 가나요? 자세히 설명해 보세요.

Idea	Key words	Sentences
Introduction of Your Favorite Shopping Place		
The Reason You Like This Place		
Other Reasons It's Better Than Other Places		

My Answer

OPIc BOX II   Shopping

Q2 Which do you prefer, on-line shopping or off-line shopping? Why is it better? Give me your opinion and several reasons to support it.

온라인 쇼핑과 오프라인 쇼핑 중 당신은 어느 것을 더 선호하나요? 왜 그것이 더 나은가요? 당신의 의견을 말하고 의견을 뒷받침할 몇 가지 이유를 말해 보세요.

둘 중 어느 것을 선호하는지를 먼저 밝힙니다. 왜 그것을 선택했는지에 대한 대표적인 이유를 말하고 이에 대한 부연 설명을 합니다. 자신이 선택한 방법으로 쇼핑을 하게 되면 어떤 과정을 거치게 되는지 키워드를 뽑아 머릿속에 입력해 놓으면 답변하기 더 수월할 것입니다. 자신이 선택한 방법의 장점을 설명해도 좋고, 반대로 선택하지 않은 방법의 불편함이나 단점을 근거로 들어도 좋습니다. 그 다음, 실제 있었던 온라인/오프라인 쇼핑 경험을 설명하며 추가적인 이유를 더 나열하거나 앞서 말한 이유와는 다른 이유를 하나 더 강조할 수도 있습니다.

Idea Flow

선호하는 쇼핑 / Which You Prefer → 그 쇼핑을 선호하는 이유 1 / The Reason Why You Prefer This Method 1 → 그 쇼핑을 선호하는 이유 2 / The Reason Why You Prefer This Method 2

key words
_____
_____
_____

OPIc BOX

Idea	Key words	Sentences
Which You Prefer	shopping on-line, at off-line stores	I much prefer **shopping on-line** to shopping **at off-line stores**.
The Reason Why You Prefer This Method 1	cheaper	It's much **cheaper** when I shop on-line.
The Reason Why You Prefer This Method 2	the stores closing	I don't have to worry about **the stores closing** when I'm on-line shopping.

Sample Answer

Depending on the mood, going out to window shop can be very fun. But when I have to make an actual purchase, I much prefer **shopping on-line** to shopping **at off-line stores**. For me, price is the single most important factor in shopping. Many shopping websites provide discount coupons or give discount advantages for certain amounts of purchases. It's much **cheaper** when I shop on-line. On the other hand, salespeople at the department store are not allowed to give discounts. Another reason I like shopping on-line is that I can enjoy shopping freely. I usually shop at night and I don't have to worry about **the stores closing** when I'm on-line shopping. Also, shopping on-line does not involve any store clerks, so I can take as long as I want to look around. Lastly, when you shop on-line, you can change your mind as many times as you like and not feel guilty about it.

해석 p.325

Pattern Practice II — Shopping

 답변을 구성하기 위한 문장 패턴을 익혀 봅시다.

Which You Prefer

I much prefer [쇼핑 방법 1] to shopping [쇼핑 방법 2].
저는 ~에서보다 ~에서 쇼핑하는 것을 훨씬 더 선호합니다.

I much prefer shopping on-line to shopping at off-line stores.
저는 매장에서보다 온라인에서 쇼핑하는 것을 훨씬 더 선호합니다.

Practice: I much prefer _____ to shopping _____.

응용하기 | I much prefer to go shopping by myself to shopping with my husband.
저는 남편과 함께 쇼핑을 하는 것보다 혼자 쇼핑하는 것을 훨씬 더 선호합니다.

The Reason Why You Prefer This Method 1

It's much [장점] when I shop on-line.
온라인에서 쇼핑할 때 훨씬 ~합니다.

It's much cheaper when I shop on-line.
온라인에서 쇼핑할 때 훨씬 저렴합니다.

Practice: It's much _____ when I shop on-line.

응용하기 | It's much more convenient when I shop on-line.
온라인에서 쇼핑할 때 훨씬 편리합니다.

The Reason Why You Prefer This Method 2

I don't have to worry about [염려 사항] when I'm on-line shopping.
온라인 쇼핑을 할 때는 ~을 걱정하지 않아도 됩니다.

I don't have to worry about the stores closing when I'm on-line shopping.
온라인 쇼핑을 할 때는 폐점 시간을 걱정하지 않아도 됩니다.

Practice: I don't have to worry about _____ when I'm on-line shopping.

응용하기 | I don't have to worry about driving and parking when I'm on-line shopping.
온라인 쇼핑을 할 때는 운전이나 주차를 걱정하지 않아도 됩니다.

My OPIc BOX II   Shopping

 먼저, 앞에서 학습한 대로 자신만의 OPIc BOX를 완성해 보세요.
완성한 후에 패턴 연습을 통해 익힌 문장들을 더해 완전한 답변을 작성해 봅시다.

Q2 Which do you prefer, on-line shopping or off-line shopping? Why is it better? Give me your opinion and several reasons to support it.

온라인 쇼핑과 오프라인 쇼핑 중 당신은 어느 것을 더 선호하나요? 왜 그것이 더 나은가요? 당신의 의견을 말하고 의견을 뒷받침할 몇 가지 이유를 말해 보세요.

Idea	Key words	Sentences
Which You Prefer		
The Reason Why You Prefer This Method 1		
The Reason Why You Prefer This Method 2		

My Answer

_____
_____
_____
_____
_____
_____
_____
_____
_____
_____
_____

OPIc BOX Ⅲ　　　　　　　　　　　　　　　Shopping

Q3 I'm going to give you a situation for you to act out. You just received the item you bought online. However, you notice it's not working properly. Call customer service, describe the problem, and suggest several ways to solve the problem.

상황을 드릴 테니 역할 연기를 해 보세요. 당신은 방금 온라인상으로 구매한 물건을 받았습니다. 하지만, 그 물건이 제대로 작동하지 않는다는 사실을 깨달았습니다. 고객 서비스 센터에 전화를 걸어서 문제점을 설명하고 그 문제를 해결할 수 있는 몇 가지 방법을 제시해 보세요.

구매한 제품에 대한 불만 사항을 설명하고 이를 해결하는 상황은 OPIc에 자주 등장하는 유형입니다. 먼저 전화를 걸어 담당자에게 제품에 대한 하자를 설명하는 것으로 말문을 엽니다. 문제를 설명한 다음 이에 대한 불만족스러움을 표현해야 합니다. 제품의 문제점과 관련된 피해에 대한 키워드를 떠올려 보시기 바랍니다. '손님 초대를 망쳤다', '선물을 주기로 했는데 난감해졌다' 등 납득이 될 만한 불만 사항들을 생각해 내시기 바랍니다. 실망하거나 불쾌한 감정을 적절히 드러내는 표현들을 잘 알아 두면 다른 유사한 상황에도 유용하게 사용할 수 있을 것입니다. 소비자가 입은 피해를 설명하고 난 다음에는 이를 해결할 수 있는 방안을 제시합니다.

Idea Flow

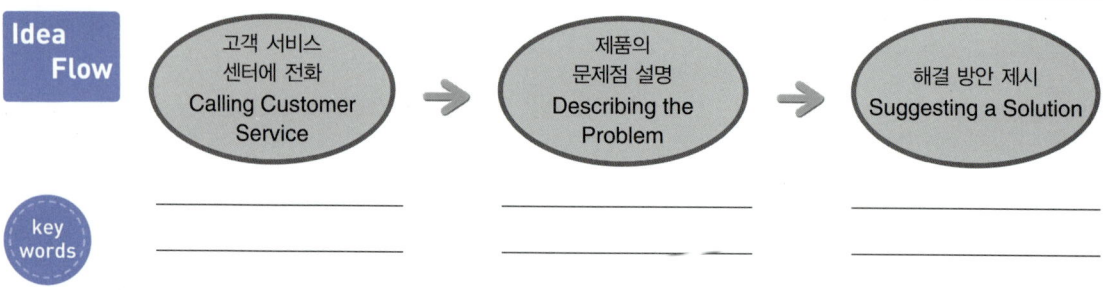

key words

_____

OPIc BOX

Idea	Key words	Sentences
Calling Customer Service	an electronic juicer	I ordered **an electronic juicer** on July 2nd.
Describing the Problem	not working properly	I just received the juicer and it's **not working properly**.
Suggesting a Solution	properly working product	Above all, I would like to receive a **properly working product** as soon as possible.

Sample Answer

Hello? Is this joyjuicer.com? I ordered **an electronic juicer** on July 2nd. My order confirmation number was 20120702. I just received the juicer and it's **not working properly**. I turned on the power, but nothing happened. I checked the batteries and they work fine in other electronic products, so there must be a problem with the juicer. I am very frustrated because I planned to use it this afternoon. I specifically requested it to be delivered quickly. I chose your website after reading good reviews on your products. Maybe I should have chosen another company. Do you have any other cases like this? I think there needs to be some compensation for the trouble I'm going through. Above all, I would like to receive a **properly working product** as soon as possible. Please let me know when I can receive it. Thank you.

해석 p.325

Pattern Practice III

Shopping

 답변을 구성하기 위한 문장 패턴을 익혀 봅시다.

Calling Customer Service

I ordered [주문 품목] on (month) (day).
저는 (월) (일)에 ~을 주문했습니다.

I ordered **an electronic juicer** on July 2nd.
저는 7월 2일에 전기 주서를 주문했습니다.

Practice: I ordered _____ on July 2nd.

응용하기 | I ordered a pair of shoes on July 2nd.
저는 7월 2일에 신발 한 켤레를 주문했습니다.

Describing the Problem

I just received the juicer, and it's [문제점].
방금 주서를 받았는데 ~합니다.

I just received the juicer and it's **not working properly**.
방금 주서를 받았는데 제대로 작동하지 않습니다.

Practice: I just received the juicer and it's _____.

응용하기 | I just received the juicer and it's missing the lid.
방금 주서를 받았는데 뚜껑이 없습니다.

Suggesting a Solution

Above all, I would like to receive a [제품] as soon as possible.
무엇보다도 ~을 하루빨리 받고 싶습니다.

Above all, I would like to receive a **properly working product** as soon as possible.
무엇보다도 정상적으로 작동하는 제품을 하루빨리 받고 싶습니다.

Practice: Above all, I would like to receive a _____ as soon as possible.

응용하기 | Above all, I would like to receive a new product as soon as possible.
무엇보다도 새 제품을 하루빨리 받고 싶습니다.

My OPIc BOX Ⅲ   Shopping

먼저, 앞에서 학습한 대로 자신만의 OPIc BOX를 완성해 보세요.
완성한 후에 패턴 연습을 통해 익힌 문장들을 더해 완전한 답변을 작성해 봅시다.

Q3 I'm going to give you a situation for you to act out. You just received the item you bought online. However, you notice it's not working properly. Call customer service, describe the problem, and suggest several ways to solve the problem.

상황을 드릴 테니 역할 연기를 해 보세요. 당신은 방금 온라인상으로 구매한 물건을 받았습니다. 하지만, 그 물건이 제대로 작동하지 않는다는 사실을 깨달았습니다. 고객 서비스 센터에 전화를 걸어서 문제점을 설명하고 그 문제를 해결할 수 있는 몇 가지 방법을 제시해 보세요.

Idea	Key words	Sentences
Calling Customer Service		
Describing the Problem		
Suggesting a Solution		

My Answer

Chapter 18: Eating Out

1. Favorite Restaurants
2. How to Find a Good Restaurant
3. Problems with the Reservation

Chapter 18 Eating Out

Oral Proficiency Interview-computer

Topic Overview

외식은 시험 전에 작성하는 설문 조사에 그와 관련된 보기가 따로 주어져 있지 않습니다. 여가 생활과 관련되어 흔하게 질문되는 주제 중 하나로 모든 사람들에게 적용되는 만큼 광범위하게 출제될 수 있고 Role Play 문제로도 자주 출시될 수 있습니다. 언제든지 나올 수 있는 돌발 질문이라고 인식할 필요가 있는 주제인만큼 그에 맞는 준비가 필요합니다. 다음 문제 유형을 참고하여 외식에 관한 답변을 준비해 보세요.

기본 문제	심층 문제	고급 문제
• 가장 좋아하는 음식의 종류 • 가장 좋아하는 식당 • 외식하기 좋은 시간 • 함께 외식을 하면 즐거운 사람들	• 외식의 장점 • 외식을 좋아하는 이유 • 전통 음식점에 대한 설명	• 최근의 외식 경험 • 기억에 남는 외식 경험 • 식당 예약이나 메뉴 선택과 관련된 논의

관련 질문 유형 보기

Eating Out

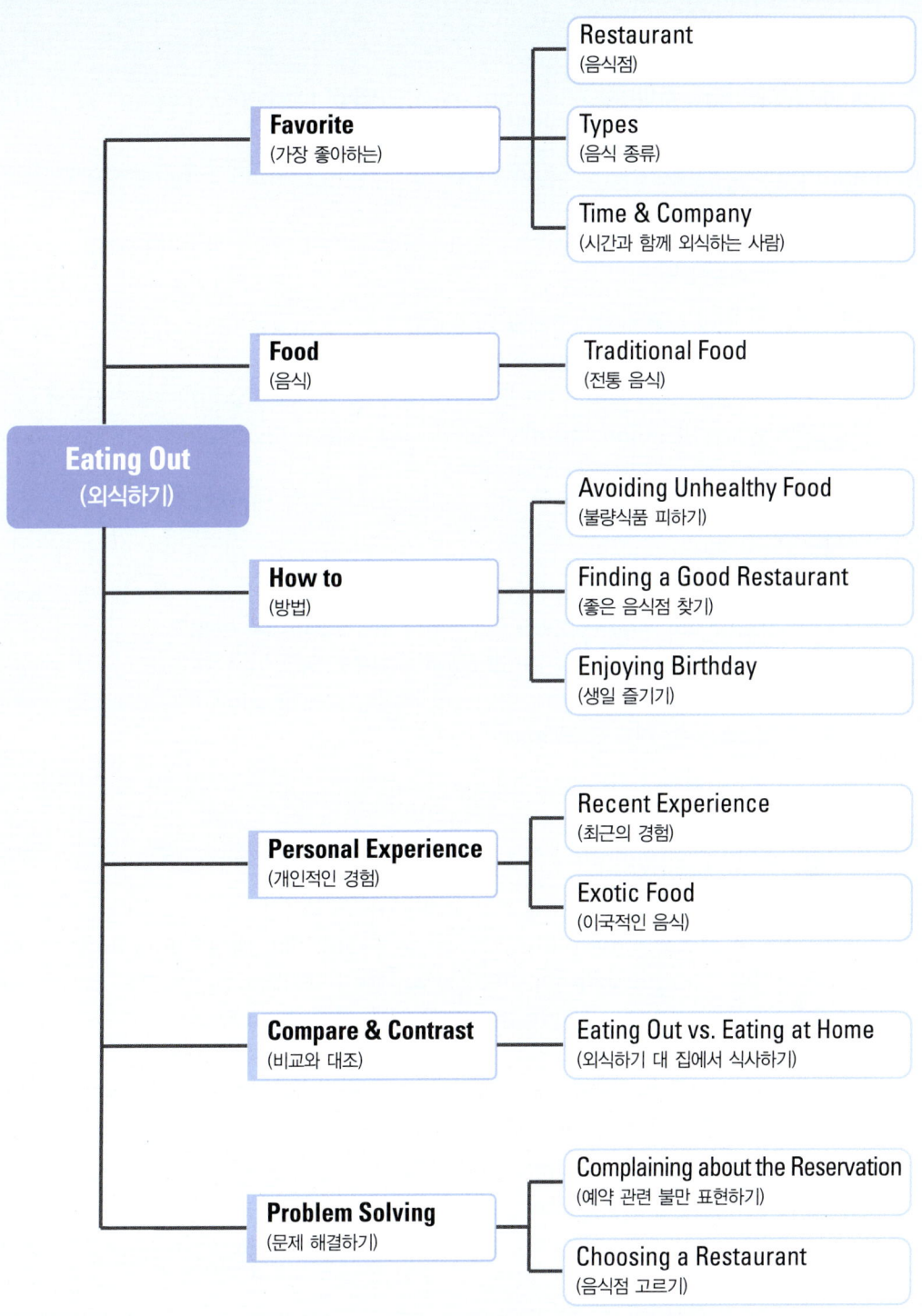

관련 OPIc 예상 질문 파헤치기 Eating Out

1 묘사 (Descriptive Speaking)

A Favorite (가장 좋아하는)

1. **Tell me about your favorite restaurant. What kind of food does it serve? Why do you like that place? Tell me in detail.**
   당신이 가장 좋아하는 음식점에 대해서 말해 보세요. 어떤 종류의 음식을 제공하나요? 당신은 왜 그 음식점을 좋아하죠? 자세히 설명해 보세요.

   key words a small Italian restaurant, organic food, its fresh and delicious dishes, authentic homemade

2. **When do you like to dine out? How often do you go to restaurants? Who do you like to eat out with? Tell me in as much detail as possible.**
   당신은 언제 외식을 즐기나요? 음식점에는 얼마나 자주 가나요? 누구와 외식을 즐기나요? 최대한 자세히 설명해 보세요.

   key words every weekend, usually dinner, my family, love eating out, visit various restaurants, talk a lot while eating together

B Food (음식)

1. **I'd like to know about some of the traditional foods you can enjoy in restaurants. What do you eat and when do you eat them? Tell me all the details.**
   당신이 음식점에서 즐겨 먹는 전통 음식들에 대해서 알고 싶습니다. 무엇을 먹고 언제 그것들을 먹나요? 자세히 말해 보세요.

   key words Indian food, spices, nan, tandoori chicken, various curry, very exotic atmosphere, great taste, new experience

2 설명 (Narrative Speaking)

A How to Do (방법)

1. **You indicated in the survey that you enjoy dining out. What do you do to avoid unhealthy food? Do you think junk food is bad for you? Explain your reason in detail.**
   설문 조사에서 외식을 즐긴다고 했습니다. 건강에 해로운 음식을 피하기 위해서 어떤 노력을 하나요? 패스트 푸드가 당신에게 해롭다고 생각하나요? 당신의 이유를 자세히 설명해 보세요.

   key words a threat to our health, bad quality ingredients, too greasy, no essential nutrients, lead to obesity, sanitary problems

2. **Tell me how you find a good restaurant. Do you search on-line or do you ask your friends? Describe in as much detail as possible.**
   맛있는 음식점을 찾는 방법에 대해서 말해 보세요. 인터넷 검색을 하나요? 아니면 친구들에게 물어보나요? 가능한 한 자세히 말해 보세요.

   key words go on-line, a review, search for other information, reading reviews by many people, the restaurant

B Personal Experience (개인적인 경험)

1. Tell me about the last time you ate out. Where did you go and what did you eat? Did you enjoy it? Describe your experience in detail.

   당신이 마지막으로 했던 외식에 대해서 말해 보세요. 어디로 갔고 무엇을 먹었나요? 맛있게 먹었나요? 당신의 경험에 대해서 자세히 말해 보세요.

   key words shabu-shabu, Gangnam, my boyfriend, healthy vegetables, beef, noodles, porridge, hot, sweaty, very delicious

2. You indicated in the survey that you eat out. Have you ever tasted exotic food? What did you try and how did you like it? Tell me about your experience in as much detail as possible.

   설문 조사에서 외식을 한다고 했습니다. 색다른 음식을 먹어 본 적이 있나요? 무엇을 먹었고 그 음식은 어땠나요? 그 경험에 대해서 가능한 한 자세히 설명해 보세요.

   key words Indonesian food, nasi goreng, sate, gado-gado, spicy, exotic, tasted good, new experience, want to recommend to others

C Compare & Contrast (비교와 대조)

1. Which do you prefer, eating out at a restaurant or eating at home? Why is it better? Explain your reasons in as much detail as possible.

   외식을 하는 것과 집에서 음식을 요리해 먹는 것 중 어느 것을 선호하나요? 왜 그것이 더 좋은가요? 당신의 이유에 대해서 최대한 자세히 설명해 보세요.

   key words eating at home, mother's food, healthy, more nutritious, learn to cook, thankful for food, much cheaper, time saving

3 롤 플레이 (Role Play)

1. I'm going to give you a situation for you to act out. You reserved a table at a restaurant for dinner with your parents. However, you realized your name is not on the reservation list. Call the manager, explain the situation, and ask for help.

   상황을 드릴 테니 역할 연기를 해 보세요. 당신은 부모님과 저녁 식사를 하기 위해서 음식점에 자리를 예약했습니다. 하지만 예약 명단에 당신의 이름이 없다는 사실을 알았습니다. 지배인에게 상황을 설명하고 도움을 요청해 보세요.

   key words speak to the manager, my name wasn't on the list, have the table I reserved

2. I'm going to give you a situation for you to act out. You want to eat out with your family tonight, and you want to take them to a buffet restaurant. However, your husband/wife wants a restaurant to be served. Call him/her and explain why it is better to go to a buffet restaurant.

   상황을 드릴 테니 역할 연기를 해 보세요. 당신은 오늘밤 가족과 함께 외식하고 싶어 뷔페 음식점에 데리고 가고 싶습니다. 하지만 당신의 남편은/아내는 서빙을 받는 음식점으로 가기를 원합니다. 그에게/그녀에게 전화를 해서 왜 뷔페 음식점이 더 좋은지에 대해 설명해 보세요.

   key words positive aspects of buffet, more diverse food, wider choice, select what to eat, only uses fresh ingredients, refill food and drinks, no time pressure

OPIc BOX I

Eating Out

Q1 Tell me about your favorite restaurant. What kind of food does it serve? Why do you like that place? Tell me in detail.

당신이 가장 좋아하는 음식점에 대해서 말해 보세요. 어떤 종류의 음식을 제공하나요? 당신은 왜 그 음식점을 좋아하죠? 자세히 설명해 보세요.

좋아하는 음식점에 대한 소개를 할 때에는 단순히 어떤 음식을 파는지, 어디에 위치해 있는지와 같이 일반적인 음식점을 설명하는 것과 혼동해서는 안됩니다. 그 곳을 가장 좋아하는 이유로 꼽을 만한 근거를 키워드로 뽑아 보시기 바랍니다. 우선 가장 좋아하는 레스토랑의 간단한 특징을 소개하고, 다른 음식점들에 비하여 자주 가게 되는 이유를 설명합니다. 24시간 영업, 자체 개발 메뉴 등은 좋아하는 음식점의 고유한 특징들이 될 수 있습니다.

Idea Flow

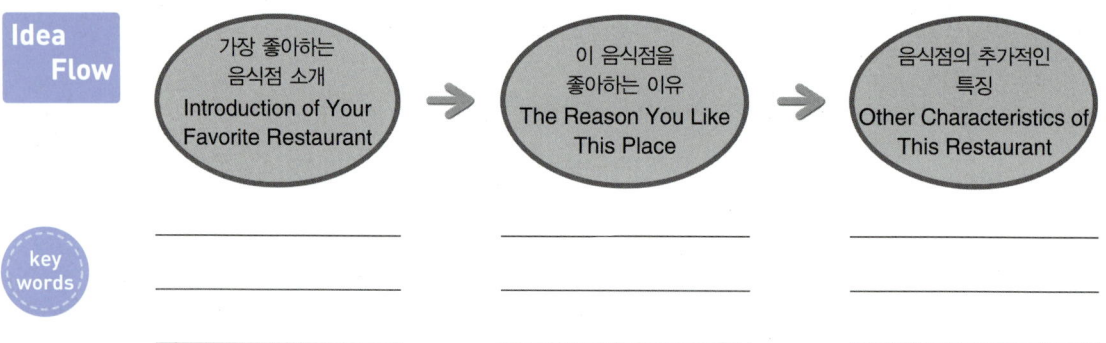

가장 좋아하는 음식점 소개
Introduction of Your Favorite Restaurant
→
이 음식점을 좋아하는 이유
The Reason You Like This Place
→
음식점의 추가적인 특징
Other Characteristics of This Restaurant

key words

_____ _____ _____
_____ _____ _____
_____ _____ _____

OPIc BOX

Idea	Key words	Sentences
Introduction of Your Favorite Restaurant	a small Italian restaurant	I'm a regular at **a small Italian restaurant** near my place.
The Reason You Like This Place	organic food, its fresh and delicious dishes	I like this restaurant so much because it serves **organic food**. I really appreciate **its fresh and delicious dishes**.
Other Characteristics of This Restaurant	authentic homemade	It's run by an Italian family, so you get to taste **authentic homemade** Italian food.

Sample Answer

I'm a regular at **a small Italian restaurant** near my place. It's an affordable, cozy place. It serves a variety of Italian cuisine. I visit this place almost every week, mostly at lunch time. Its lunch set menu is a big hit. I like this restaurant so much because it serves **organic food**. I really appreciate **its fresh and delicious dishes**. None of its food is prepared in advance. They always use seasonal ingredients, and my favorite menu is their summer strawberry salad. They also have a menu for vegetarians. It's run by an Italian family, so you get to taste **authentic homemade** Italian food. The cook, Luciano, says that he learned how to cook from his grandmother. She was a very famous chef in Milan, and she still comes to the restaurant from time to time. Sometimes, she even cooks special dishes for customers. I would recommend this restaurant to anybody.

해석 p.325

Pattern Practice I

Eating Out

 답변을 구성하기 위한 문장 패턴을 익혀 봅시다.

Introduction of Your Favorite Restaurant

I'm a regular at [식당] near my place.
저는 집 가까이에 위치한 ~의 단골입니다.

I'm a regular at a small Italian restaurant near my place.
저는 집 가까이에 위치한 작은 이탈리아 레스토랑의 단골입니다.

Practice: I'm a regular at _____ near my place.

응용하기 | I'm a regular at the Chinese restaurant near my place.
저는 집 가까이에 위치한 중식당의 단골입니다.

The Reason You Like This Place

I like this restaurant so much because it serves [음식 종류]. I really appreciate [장점].
저는 이 음식점이 ~을 제공하기 때문에 매우 좋아합니다. 저는 특히 ~의 진가를 인정합니다.

I like this restaurant so much because it serves organic food. I really appreciate its fresh and delicious dishes.
저는 이 음식점이 유기농 음식을 제공하기 때문에 매우 좋아합니다. 저는 특히 이 음식점의 신선하고 맛있는 음식의 진가를 인정합니다.

Practice: I like this restaurant so much because it serves _____. I really appreciate _____.

응용하기 | I like this restaurant so much because it serves excellent breakfast. I really appreciate its fresh bagels.
저는 이 음식점이 훌륭한 아침 식사를 제공하기 때문에 매우 좋아합니다. 저는 특히 이 음식점의 신선한 베이글의 진가를 인정합니다.

Other Characteristics of This Restaurant

It's run by an Italian family, so you get to taste [특징] Italian food.
이 음식점은 이탈리아 가족에 의해 운영되고 있기 때문에 ~한 이탈리아 음식을 맛볼 수 있습니다.

It's run by an Italian family, so you get to taste authentic homemade Italian food.
이 음식점은 이탈리아 가족에 의해 운영되고 있기 때문에 정통 가정식 이탈리아 음식을 맛볼 수 있습니다.

Practice: It's run by an Italian family, so you get to taste _____ Italian food.

응용하기 | It's run by an Italian family, so you get to taste traditional Italian food.
이 음식점은 이탈리아 가족에 의해 운영되고 있기 때문에 전통 이탈리아 음식을 맛볼 수 있습니다.

My OPIc BOX I

Eating Out

먼저, 앞에서 학습한 대로 자신만의 OPIc BOX를 완성해 보세요.
완성한 후에 패턴 연습을 통해 익힌 문장들을 더해 완전한 답변을 작성해 봅시다.

Q1 Tell me about your favorite restaurant. What kind of food does it serve? Why do you like that place? Tell me in detail.

당신이 가장 좋아하는 음식점에 대해서 말해 보세요. 어떤 종류의 음식을 제공하나요? 당신은 왜 그 음식점을 좋아하죠? 자세히 설명해 보세요.

Idea	Key words	Sentences
Introduction of Your Favorite Restaurant		
The Reason You Like This Place		
Other Characteristics of This Restaurant		

My Answer

OPIc BOX II

Eating Out

 Tell me how you find a good restaurant. Do you search on-line or do you ask your friends? Describe in as much detail as possible.

맛있는 음식점을 찾는 방법에 대해서 말해 보세요. 인터넷 검색을 하나요? 아니면 친구들에게 물어보나요? 가능한 한 자세히 말해 보세요.

이번 문제에서는 다른 사람들의 평, 위치, 가격과 같이 좋은 음식점을 정의하는 나만의 기준이 무엇인지 먼저 생각해 보고, 이에 부합하는 좋은 음식점을 찾는 방법을 설명합니다. 지인에게 추천을 받고 인터넷을 찾아보거나 음식점에 직접 연락을 취하는 등 여러 단계의 순서가 뒤섞이지 않게 차근차근 빼놓지 않고 설명합니다.

Idea Flow

음식점 찾는 가장 좋은 방법 소개
Best Method to Find Good Restaurants
→
음식점 찾는 과정 설명
Explanation of the Method
→
이 방법이 좋은 추가적인 이유
Other Advantages of This Method

key words

OPIc BOX

Idea	Key words	Sentences
Best Method to Find Good Restaurants	go on-line	I **go on-line** to look up good places to eat.
Explanation of the Method	a review, search for other information	Once I read **a review** of a restaurant that seems nice, I **search for other information** about that place on-line.
Other Advantages of This Method	reading reviews by many people, the restaurant	**Reading reviews by many people** gives me an objective idea of **the restaurant**.

Sample Answer

I **go on-line** to look up good places to eat. These days, most restaurants have their own homepages, and there are many food bloggers, too. You can get a lot of information just by browsing those websites. Thorough bloggers post photos of the restaurants with reviews on many aspects. They give opinions on the restaurant's food, interior, service, and more. Once I read **a review** of a restaurant that seems nice, I **search for other information** about that place on-line. There may be a magazine introduction, newspaper articles about the head chefs, and many blog entries. **Reading reviews by many people** gives me an objective idea of **the restaurant**. When I visit the place, it's almost the same as I imagined. Likewise, the Internet is a reliable source when searching for new restaurants. Since on-line information is uploaded faster than off-line sources, it's a great method to look up new restaurants.

해석 p.326

Pattern Practice II   Eating Out

 답변을 구성하기 위한 문장 패턴을 익혀 봅시다.

Best Method to Find Good Restaurants

I [수단] to look up good places to eat.
저는 ~로 맛집을 찾아봅니다.

I go on-line to look up good places to eat.
저는 온라인으로 맛집을 찾아봅니다.

Practice: I _____ to look up good places to eat.

응용하기 | I use a smart phone application to look up good places to eat.
저는 스마트폰 어플리케이션으로 맛집을 찾아봅니다.

Explanation of the Method

Once I read [정보] of a restaurant that seems nice, I [정보 수집] about that place on-line.
좋아 보이는 음식점의 ~를 읽으면, 저는 온라인으로 그 음식점의 다른 정보를 ~합니다.

Once I read a review of a restaurant that seems nice, I search for other information about that place on-line.
좋아 보이는 음식점의 평가를 읽으면, 저는 온라인으로 그 음식점의 다른 정보를 찾아봅니다.

Practice: Once I read _____ of a restaurant that seems nice, I _____ about that place on-line.

응용하기 | Once I read an interesting story of a restaurant that seems nice, I try to find out if there is any bad review about that place on-line.
좋아 보이는 음식점의 흥미로운 이야기를 읽으면, 저는 온라인으로 그 음식점에 대한 나쁜 평가가 있는지 찾아보려고 노력합니다.

Other Advantages of This Method

[방법] gives me an objective idea of [대상].
~를 하면(~으로) ~에 대한 객관적인 관점이 생깁니다.

Reading reviews by many people gives me an objective idea of the restaurant.
많은 사람들의 평을 읽으면 음식점에 대한 객관적인 관점이 생깁니다.

Practice: _____ gives me an objective idea of _____.

응용하기 | Feedbacks from peers give me an objective idea of my writing.
동료들의 피드백으로 제 글에 대한 객관적인 관점이 생깁니다.

My OPIc BOX II

Eating Out

먼저, 앞에서 학습한 대로 자신만의 OPIc BOX를 완성해 보세요.
완성한 후에 패턴 연습을 통해 익힌 문장들을 더해 완전한 답변을 작성해 봅시다.

Q2 Tell me how you find a good restaurant. Do you search on-line or do you ask your friends? Describe in as much detail as possible.

맛있는 음식점을 찾는 방법에 대해서 말해 보세요. 인터넷 검색을 하나요? 아니면 친구들에게 물어보나요? 가능한 한 자세히 말해 보세요.

Idea	Key words	Sentences
Best Method to Find Good Restaurants		
Explanation of the Method		
Other Advantages of This Method		

My Answer

OPIc BOX III

Eating Out

Q3 I'm going to give you a situation for you to act out. You reserved a table at a restaurant for dinner with your parents. However, you realized your name is not on the reservation list. Call the manager, explain the situation, and ask for help.

상황을 드릴 테니 역할 연기를 해 보세요. 당신은 부모님과 저녁 식사를 하기 위해서 음식점에 자리를 예약했습니다. 하지만 예약 명단에 당신의 이름이 없다는 사실을 알았습니다. 지배인에게 상황을 설명하고 도움을 요청해 보세요.

식당 예약이 잘못된 경우, 전화를 걸어 담당자를 찾은 후, 예약을 했던 과정을 다시 상세히 설명을 해야 합니다. 자신은 예약하는 과정에서 문제가 없었다는 점을 통화 기록과 같은 근거를 들어 설명하고, 예약을 받았던 직원에게 확인한 후 적절한 대처를 바란다고 요청해야 합니다. 본인뿐 아니라 부모님과 동행하기 때문에 예약을 미루는 경우가 불가할 수 있다는 가능성을 고려하여 대화하는 것도 좋을 듯합니다. 실망과 불쾌함을 드러내는 'This is ridiculous(또는 outrageous, unbelievable)'와 같은 간단한 표현은 항의를 하는 상황이라면 언제든지 사용할 수 있으니 기억해 두는 것이 좋습니다.

Idea Flow

음식점에 전화하기
Calling the Restaurant → 예약 관련 문제점 설명
Describing the Problem about the Reservation → 대안 제시 및 상황 정리
Requesting Possible Options to Fix the Problem

key words

_____   _____   _____
_____   _____   _____
_____   _____   _____

OPIc BOX

Idea	Key words	Sentences
Calling the Restaurant	speak, the manager	I'd like to **speak** to **the manager**, please.
Describing the Problem about the Reservation	my name wasn't on the list	When I called an hour ago to confirm my reservation, your receptionist told me **my name wasn't on the list**.
Requesting Possible Options to Fix the Problem	have the table I reserved.	Since I don't have any other choice, I would still like to **have the table I reserved**.

Sample Answer

Hello? Who am I speaking to? I'd like to **speak** to **the manager**, please. I made a reservation for four people tonight at 8 p.m. But when I called an hour ago to confirm my reservation, your receptionist told me **my name wasn't on the list**. I would like to know what happened. Today is my parents' wedding anniversary and it's already too late to make a reservation at another restaurant. It's good that I called this afternoon to confirm the reservation. If I hadn't, I would be there tonight with my family to find out that we don't have a table. This is ridiculous. First of all, I suggest you find out what happened and get back to me right away. Since I don't have any other choice, I would still like to **have the table I reserved**. Even if you are fully booked, I think you should make a special arrangement for us. You have to do that because this is not my fault.

해석 p.326

Pattern Practice III — Eating Out

 답변을 구성하기 위한 문장 패턴을 익혀 봅시다.

Calling the Restaurant

I'd like to [요청] to / with [대상자], please.
저는 ~와 ~을 하고 싶습니다.

I'd like to speak to the manager, please.
저는 매니저와 통화를 하고 싶습니다

Practice: I'd like to _____ to / with _____, please.

응용하기 | I'd like to have a word with your superior, please.
저는 당신의 상사와 이야기를 하고 싶습니다.

Describing the Problem about the Reservation

When I called an hour ago to confirm my reservation, your receptionist told me [상황].
하지만 제가 예약을 확인하려고 한 시간 전에 전화를 했었는데, 접수 담당자가 ~라고 말했습니다.

When I called an hour ago to confirm my reservation, your receptionist told me my name wasn't on the list.
하지만 제가 예약을 확인하려고 한 시간 전에 전화를 했었는데, 접수 담당자가 제 이름이 명단에 없다고 말했습니다.

Practice: When I called an hour ago to confirm my reservation, your receptionist told me _____.

응용하기 | When I called an hour ago to confirm my reservation your receptionist told me somebody cancelled my reservation.
제가 예약을 확인하려고 한 시간 전에 전화를 했었는데, 접수 담당자가 누군가 제 예약을 취소했다고 말했습니다.

Requesting Possible Options to Fix the Problem

Since I don't have any other choice, I would still like to [요구].
달리 다른 방도가 없으니, 저는 여전히 ~하고 싶습니다.

Since I don't have any other choice, I would still like to have the table I reserved.
달리 다른 방도가 없으니, 저는 여전히 예약한 테이블을 제공받고 싶습니다.

Practice: Since I don't have any other choice, I would still like to _____.

응용하기 | Since I don't have any other choice, I would still like to stay at your hotel.
달리 다른 방도가 없으니, 저는 여전히 당신의 호텔에 숙박하고 싶습니다.

My OPIc BOX Ⅲ

Eating Out

먼저, 앞에서 학습한 대로 자신만의 OPIc BOX를 완성해 보세요.
완성한 후에 패턴 연습을 통해 익힌 문장들을 더해 완전한 답변을 작성해 봅시다.

Q3 I'm going to give you a situation for you to act out. You reserved a table at a restaurant for dinner with your parents. However, you realize your name is not on the reservation list. Call the manager, explain the situation, and ask for help.

상황을 드릴 테니 역할 연기를 해 보세요. 당신은 부모님과 저녁 식사를 하기 위해서 음식점에 자리를 예약했습니다. 하지만 예약 명단에 당신의 이름이 없다는 사실을 알았습니다. 지배인에게 상황을 설명하고 도움을 요청해 보세요.

Idea	Key words	Sentences
Calling the Restaurant		
Describing the Problem about the Reservation		
Requesting Possible Options to Fix the Problem		

My Answer

 # Chapter 19

National Holidays

1. Holidays in Your Country
2. Memorable Experience on a Holiday
3. Calling Your Foreign Friend to Ask about the Holiday

Chapter 19 National Holidays

Topic Overview

명절이나 기타 공휴일은 시험 전에 작성하는 설문 조사에 그와 관련된 보기가 따로 있지 않습니다. 하지만 연휴에는 쉬면서 여러 가지 활동을 할 수 있는 여유가 생기기 때문에 돌발 질문이 나올 여지가 많은 주제라고 할 수 있습니다. 우리나라에 어떤 명절들이 있는지, 그 명절들의 의미는 무엇인지, 그리고 보통 어떠한 방식으로 명절을 보내는지에 대해 미리 생각해 놓는다면, 막힘없이 답변하는데 큰 도움이 될 것입니다. 다음 문제 유형들에 유의하여 명절과 관련된 답변을 준비해 보세요.

기본 문제	심층 문제	고급 문제
• 본인이 지내는 가장 큰 명절 • 전통 명절에 대한 묘사 • 명절날 즐기는 음식이나 놀이	• 대부분의 나라에서 공통으로 축하하는 휴일의 특징	• 기억에 남는 명절 / 휴일 경험담 • 다른 나라 명절 이해하기 • 명절에 발생하는 돌발 상황에 대처하는 법

관련 질문 유형 보기

National Holidays

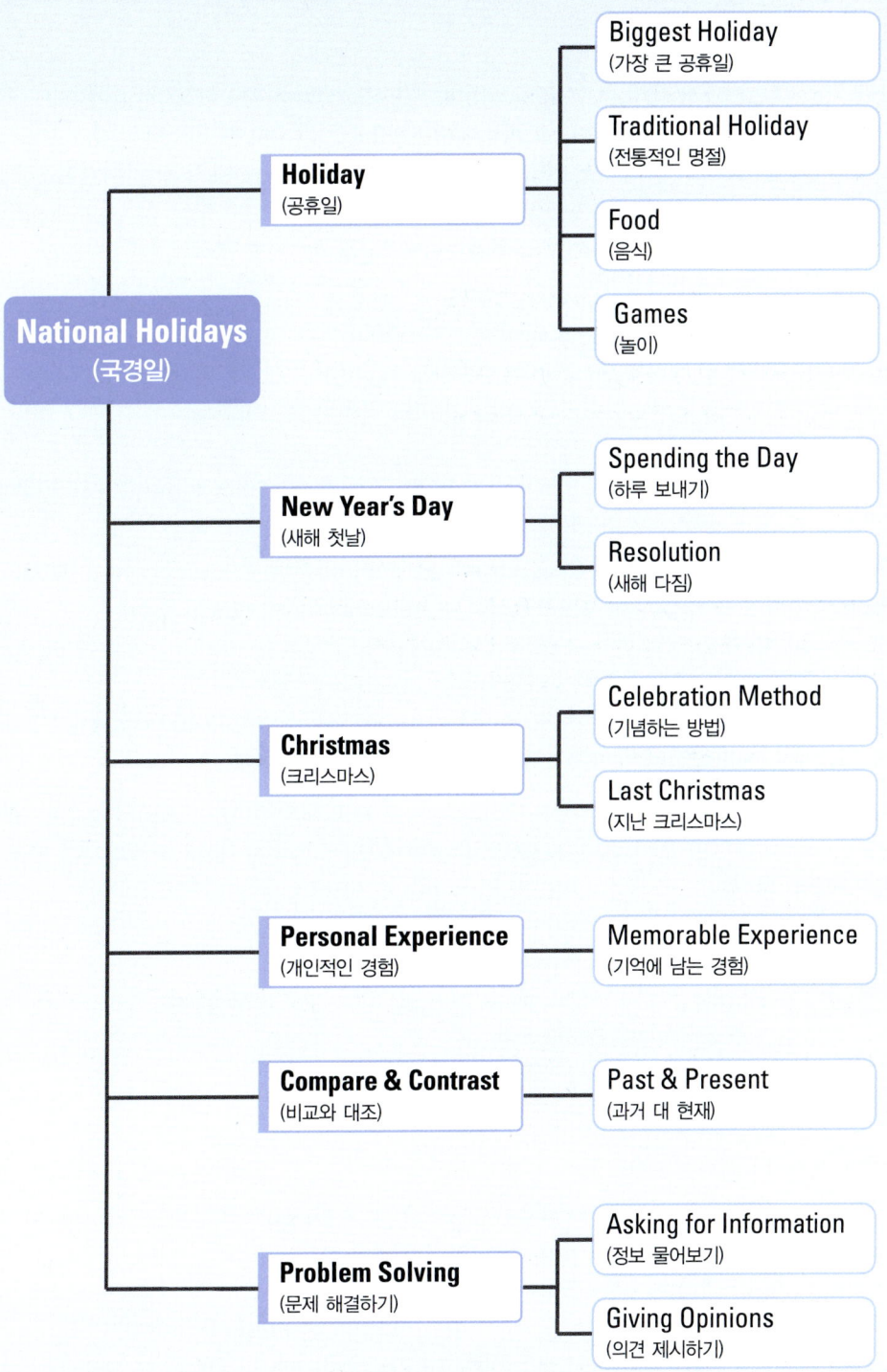

관련 OPIc 예상 질문 파헤치기 National Holidays

1 묘사 (Descriptive Speaking)

A Holiday (명절)

1. **Tell me about holidays in your country. Which one is the biggest holiday? What do people do on that day? How do you celebrate it? Tell me all the details.**
   당신 나라의 명절에 대해서 말해 보세요. 가장 큰 명절은 언제인가요? 사람들은 그날 무엇을 하나요? 당신은 어떻게 그날을 기념하죠? 자세히 설명해 보세요.

   key words Chuseok, when people celebrate the day with the biggest full moon, lots of food, games, and a special ritual for our ancestors, called Charye, make Songpyeon

2. **I'd like to know about some of the traditional holidays in your country. When are those holidays and why do people celebrate them? Tell me in detail.**
   당신 나라의 몇몇 전통명절에 대해서 알고 싶습니다. 그 명절들은 언제이며 사람들은 왜 그날들을 기념하거나 축하하나요? 자세히 설명해 보세요.

   key words Chuseok, Korean Thanksgiving day, full moon, ceremony, homage to ancestors, visit ancestral graves, Songpyeon

3. **Tell me about some of the food people eat for holidays in your country. What do they taste like and why do you eat them? Describe holiday foods in detail.**
   당신 나라에서 사람들이 명절에 즐겨 먹는 음식에 대해서 말해 보세요. 그 음식들은 어떤 맛이고 왜 먹나요? 명절 음식에 대해서 자세히 설명해 보세요.

   key words Tteokguk, rice-cake soup, Songpyeon, half-moon-shaped rice cake, handmade, mother's cooking, a nicely prepared meal, delicious

4. **Let's talk about some of the games people play for holidays in your country. What are they called, and when do you play them? What are the rules? Describe the holiday games in detail.**
   당신의 나라에서 사람들이 명절날 즐기는 놀이에 대해서 얘기해 보겠습니다. 사람들은 그 놀이들을 어떻게 부르며 언제 즐기나요? 놀이에는 어떤 규칙들이 있죠? 명절 놀이에 대해서 자세히 설명해 보세요.

   key words playing Yut, demotic game, handed down for generations, four wood sticks, do-gae-gul-yut-mo, team play

2 설명 (Narrative Speaking)

A New Year's Day (새해 첫날)

1. **Tell me how you normally celebrate New Year's Day. Describe what you do from the beginning to the end of the day. Tell me in detail.**
   일반적으로 어떻게 새해 첫날을 기념하는지 말해 보세요. 새해 아침부터 하루가 끝날 때까지 무엇을 하는지 자세히 설명해 보세요.

   key words eat Tteokguk, rice-cake soup, wear hanbok, family gathering, prepare food, pay a visit, New Year's bow, pocket money, play traditional games with family

B Christmas (크리스마스)

1. Let's talk about Christmas in your country. How do people celebrate it? Is it similar to Western culture or is it different? What do you do on Christmas day? Describe in detail.

당신 나라의 크리스마스에 대해 얘기해 보겠습니다. 사람들은 크리스마스를 어떻게 보내나요? 서양의 문화와 비슷한가요, 아니면 다른가요? 크리스마스 날 무엇을 하죠? 자세히 설명해 보세요.

> **key words** go to church, decorate the Christmas tree, carols, Christmas presents, Santa Claus, Christmas dinner with family, throw a party with friends

C Personal Experience (개인적인 경험)

1. Tell me about a memorable experience on a holiday. What happened? Why was it so memorable? Tell me about it in as much detail as possible.

명절에 겪었던 기억에 남는 일에 대해서 말해 보세요. 어떤 일이 있었나요? 왜 그 일이 그토록 특별했나요? 가능한 한 자세히 설명해 보세요.

> **key words** the New Year's Day, many public figures, ring a huge bell called Bosingak, miss

D Compare and Contrast (비교와 대조)

1. Let's talk about how people celebrate national holidays in your country. How did they celebrate in the past and how do they celebrate now? Tell me the differences in as much detail as possible.

당신의 나라에서 사람들이 명절을 어떻게 즐기는지에 대해서 얘기해 보겠습니다. 과거에는 어떻게 즐겼으며 현재는 어떻게 즐기고 있나요? 과거와 현재의 차이점을 최대한 자세히 설명해 보세요.

> **key words** bigger scale, focus on big family gathering, prepare meals together, eat out, less people wearing hanbok, nuclear family

3 롤 플레이 (Role Play)

1. I'm going to give you a situation for you to act out. Imagine your foreign friend invited you to his/her party. The party is to celebrate a traditional holiday in your friend's country. Call your friend and ask him/her three or four questions about the holiday and the party.

상황을 드릴 테니 역할 연기를 해 보세요. 외국인 친구가 자신의 파티에 당신을 초대한 상황을 상상해 보세요. 그 파티는 당신 친구 나라의 명절을 축하하기 위한 자리입니다. 친구에게 전화를 걸어 명절과 파티에 대해서 서너 가지 질문을 해 보세요.

> **key words** to receive your invitation e-mail, celebrate, bring any food

2. I'm going to give you a situation for you to act out. You made a plan to visit your parents for the upcoming holiday. However, your child is suddenly sick so you cannot travel at this time. Call your parents and explain the situation. Also, suggest two or three ways to solve the problem.

상황을 드릴 테니 역할 연기를 해 보세요. 당신은 다가오는 명절을 위해 당신 부모님을 방문하기로 계획을 세워 놓았습니다. 하지만, 당신의 아이가 갑자기 아픈 바람에 당신은 이번에 갈 수 없게 되었습니다. 부모님께 전화를 걸어서 상황을 설명해 보세요. 또한, 문제를 해결하기 위해 두세 가지 방법을 제안해 보세요.

> **key words** terribly sick, unable to travel long distance, visiting for next holiday

OPIc BOX I

National Holidays

Q1 Tell me about holidays in your country. Which one is the biggest holiday? What do people do on that day? How do you celebrate it? Tell me all the details.

당신 나라의 명절에 대해서 말해 보세요. 가장 큰 명절은 언제인가요? 사람들은 그날 무엇을 하나요? 당신은 어떻게 그날을 기념하죠? 자세히 설명해 보세요.

전통 명절을 소개하는 경우에는 듣는 이가 우리 문화를 모르는 외국인이라고 가정하고 세부 사항에 더욱 주의를 기울여야 합니다. 차례나 송편과 같은 단어들이 무엇인지를 간단히 설명하는 편이 좋습니다. 따라서 가장 큰 명절 중 하나를 골라 그날이 기념하는 것, 날짜 등을 소개하고 이날 사람들이 일반적으로 하는 일 등을 키워드로 뽑아 머릿속에 정리해야 합니다. 자신은 이 명절을 어떻게 보내왔는지 구체적인 에피소드를 이용하여 부연 설명을 한다면 좋은 답변을 만들어 낼 수 있습니다.

Idea Flow

최대 명절 중 하나 소개
Introduction of the Biggest Holiday in Your Country
→
일반적인 명절 기념 방법
How People Celebrate This Day
→
가족과 명절날 하는 일
What Your Family and You Do

key words

_____
_____
_____

OPIc BOX

Idea	Key words	Sentences
Introduction of the Biggest Holiday in Your Country	Chuseok, when people celebrated the day with the biggest full moon	Among them, the biggest holiday is **Chuseok**. Chuseok originated in the past **when people celebrated the day with the biggest full moon**.
How People Celebrate This Day	lots of food, games, and a special ritual for our ancestors, called Charye	Just like those people of the past, we still celebrate this day with **lots of food, games, and a special ritual for our ancestors, called Charye**.
What Your Family and You Do	make Songpyeon	We gather together and **make Songpyeon** all day.

Sample Answer

There are four major holidays in my country, Korea. Among them, the biggest holiday is **Chuseok**. It's Korean Thanksgiving, and it's on August 15th in the lunar calendar. Chuseok originated in the past **when people celebrated the day with the biggest full moon**. Just like those people of the past, we still celebrate this day with **lots of food, games, and a special ritual for our ancestors, called Charye**. It's around the harvest time and people cook traditional dishes. My family and I also celebrate Chuseok every year. We gather together and **make Songpyeon** all day. Songpyeon is traditional Korean rice cake that people make on Chuseok. I really like it and I eat a lot of it until I am full. Chuseok holidays usually last for several days, so many people go to the countryside to visit parents or relatives. I like Chuseok because I get to see many cousins.

해석 p.326

Pattern Practice I **National Holidays**

 답변을 구성하기 위한 문장 패턴을 익혀 봅시다.

Introduction of the Biggest Holiday in Your Country

Among them, the biggest holiday is [명절]. [명절] originated in the past [기원].
그 중에 가장 큰 명절은 ~입니다. ~은 과거의 ~에서 유래하였습니다.

Among them, the biggest holiday is Chuseok.
그 중에 가장 큰 명절은 추석입니다.
Chuseok originated in the past when people celebrated the day with the biggest full moon.
추석은 과거 사람들이 만월이 뜬 날을 기념하던 것에서 유래하였습니다.

Practice: Among them, the biggest holiday is _____.
_____ originated in the past _____.

응용하기 | Among them, the biggest holiday is Christmas.
그 중에 가장 큰 명절은 크리스마스입니다.
Christmas originated in the past when Jesus was born.
크리스마스는 과거 예수의 탄생에서 기원하였습니다.

How People Celebrate This Day

Just like those people of the past, we still celebrate this day with [기념 방법].
마치 과거의 그 사람들과 같이, 우리는 아직도 ~와 함께 이날을 기념합니다.

Just like those people of the past, we still celebrate this day with lots of food, games, and a special ritual for our ancestors, called Charye.
마치 과거의 그 사람들과 같이, 우리는 아직도 많은 음식과 놀이, 그리고 조상님들을 위한 특별한 의식인 차례를 지내며 이날을 기념합니다.

Practice: Just like those people of the past, we still celebrate this day with _____.

응용하기 | Just like those people of the past, we still celebrate this day with costumes and parades.
마치 과거의 그 사람들과 같이, 우리는 아직도 특별한 의상과 퍼레이드로 이날을 기념합니다.

What Your Family and You Do

We gather together and [하는 일] all day.
우리는 다같이 모여서 하루 종일 ~합니다.

We gather together and make Songpyeon all day.
우리는 다같이 모여서 하루 종일 송편을 만듭니다.

Practice: We gather together and _____ all day.

응용하기 | We gather together and watch movies all day.
우리는 다같이 모여서 하루 종일 영화를 봅니다.

Chapter 19 • 277

My OPIc BOX I

National Holidays

먼저, 앞에서 학습한 대로 자신만의 OPIc BOX를 완성해 보세요.
완성한 후에 패턴 연습을 통해 익힌 문장들을 더해 완전한 답변을 작성해 봅시다.

Q1 Tell me about holidays in your country. Which one is the biggest holiday? What do people do on that day? How do you celebrate it? Tell me all the details.

당신 나라의 명절에 대해서 말해 보세요. 가장 큰 명절은 언제인가요? 사람들은 그날 무엇을 하나요? 당신은 어떻게 그날을 기념하죠? 자세히 설명해 보세요.

Idea	Key words	Sentences
Introduction of the Biggest Holiday in Your Country		
How People Celebrate This Day		
What Your Family and You Do		

My Answer

OPIc BOX Ⅱ

National Holidays

Q2 **Tell me about a memorable experience on a holiday. What happened? Why was it so memorable? Tell me about it in as much detail as possible.**

명절에 겪었던 기억에 남는 일에 대해서 말해 보세요. 어떤 일이 있었나요? 왜 그 일이 그토록 특별했나요? 가능한 한 자세히 설명해 보세요.

단순히 명절날 있었던 재미있는 일들을 생각해 내려고 하는 것보다 기억에 남는 일 중 명절의 특성이 잘 나타나는 사건으로 답변을 구성하는 것이 좋습니다. 예를 들어 세배나 떡국을 먹는 것 등 명절날 하는 일에 관련된 기억에 남는 에피소드를 소개하는 것이 바람직합니다. 아직까지 기억에 남을 만한 일이기 때문에 'I remember it like it was yesterday(마치 어제 있었던 일처럼 기억하고 있다)'와 같이 자신에게 큰 영향을 주었다는 것을 드러내는 표현을 사용하는 것도 좋습니다.

Idea Flow

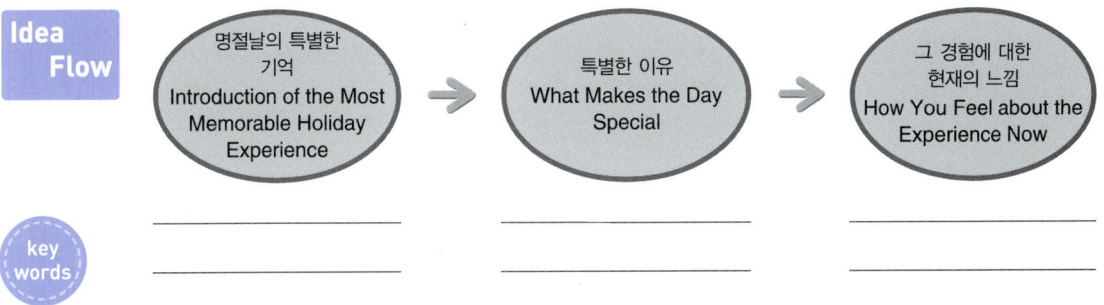

OPIc BOX

Idea	Key words	Sentences
Introduction of the Most Memorable Holiday Experience	on a New Year's Eve, the New Year's Day	I remember staying up all night **on a New Year's Eve**, celebrating until the morning of **the New Year's Day**.
What Makes the Day Special	many public figures, ring a huge bell called Bosingak	In Korea, **many public figures** get together in Jonggak on New Year's Eve to **ring a huge bell called Bosingak**.
How You Feel about the Experience Now	miss, best New Year's Day	I guess we **miss** that day very much. It was the **best New Year's Day** in my life.

Sample Answer

I remember staying up all night **on a New Year's Eve**, celebrating until the morning of **the New Year's Day**. It was my most memorable holiday experience. On December 31st of every year, I think about that day and have a big smile. When I was a senior in high school, my classmates and I decided to join the New Year's Day celebration which was held every year at Jonggak. In Korea, **many public figures** get together in Jonggak on New Year's Eve to **ring a huge bell called Bosingak**. We watched the president and monks ringing the bell 33 times to celebrate the New Year. Many people gathered around to see that. It was the only time when my classmates got together and spent the whole night together. We had so much fun that many of us often talk about it even until today. I guess we **miss** that day very much. It was the **best New Year's Day** in my life.

해석 p.326

Pattern Practice II

National Holidays

📦 답변을 구성하기 위한 문장 패턴을 익혀 봅시다.

Introduction of the Most Memorable Holiday Experience

I remember staying up all night [명절 전날], celebrating until the morning of [명절날].
저는 ~때까지 밤을 새워가며 ~를 즐긴 것을 기억합니다.

I remember staying up all night on a New Year's Eve, celebrating until the morning of the New Year's Day.
저는 새해 아침이 밝을 때까지 밤을 새워가며 전야제를 즐긴 것을 기억합니다.

Practice: I remember staying up all night _____, celebrating until the morning of _____.

응용하기 | I remember staying up all night on Christmas Eve, celebrating until the morning of the Christmas Day.
저는 크리스마스 아침이 밝을 때까지 밤을 새워가며 크리스마스 전야제를 즐긴 것을 기억합니다.

What Makes the Day Special

In Korea, [인물] get together in Jonggak on New Year's Eve to [행위].
한국에서는 ~가(들이) 새해 전날 ~ 하기 위해 종각으로 모입니다.

In Korea, many public figures get together in Jonggak on New Year's Eve to ring a huge bell called Bosingak.
한국에서는 많은 유명 인사들이 새해 전날 보신각이라는 큰 종을 치기 위해 종각으로 모입니다.

Practice: In Korea, _____ get together in Jonggak on New Year's Eve to _____.

응용하기 | In Korea, several top singers get together in Jonggak on New Year's Eve to perform.
한국에서는 여러 명의 최고의 가수들이 새해 전날 공연을 하기 위해 종각으로 모입니다.

How You Feel about the Experience Now

I guess we [감정] that day very much. It was the [특별한 경험] in my life.
제 생각에 우리는 그날을 매우 ~합니다. 그날은 제 인생에서 ~이었습니다.

I guess we miss that day very much. It was the best New Year's Day in my life.
제 생각에 우리는 그날을 매우 그리워합니다. 그날은 제 인생에서 최고의 새해였습니다.

Practice: I guess we _____ that day very much. It was the _____ in my life.

응용하기 | I guess we are sick of that day very much. It was the worst day in my life.
제 생각에 우리는 그날을 매우 질려 합니다. 그날은 제 인생에서 최악의 날이었습니다.

My OPIc BOX Ⅱ

National Holidays

먼저, 앞에서 학습한 대로 자신만의 OPIc BOX를 완성해 보세요.
완성한 후에 패턴 연습을 통해 익힌 문장들을 더해 완전한 답변을 작성해 봅시다.

Q2 Tell me about a memorable experience on a holiday. What happened? Why was it so memorable? Tell me about it in as much detail as possible.

명절에 겪었던 기억에 남는 일에 대해서 말해 보세요. 어떤 일이 있었나요? 왜 그 일이 그토록 특별했나요? 가능한 한 자세히 설명해 보세요.

Idea	Key words	Sentences
Introduction of the Most Memorable Holiday Experience		
What Makes the Day Special		
How You Feel about the Experience Now		

My Answer

OPIc BOX III

National Holidays

Q3 I'm going to give you a situation for you to act out. Imagine your foreign friend invited you to his/her party. The party is to celebrate a traditional holiday in your friend's country. Call your friend and ask him/her three or four questions about the holiday and the party.

상황을 드릴 테니 역할 연기를 해 보세요. 당신의 외국인 친구가 자신의 파티에 당신을 초대한 상황을 상상해 보세요. 그 파티는 당신 친구 나라의 명절을 축하하기 위한 자리입니다. 친구에게 전화를 걸어 명절과 파티에 대해서 서너 가지 질문을 해 보세요.

궁금한 점을 나열하기만 하면 어색하고 이상한 답변이 되어 버립니다. 따라서 궁금한 점에 대한 자신의 생각 등을 이야기하고 다시 다른 것을 물어 보는 식으로 답변이 자연스럽게 이어지도록 합니다. 우선 전화를 걸어 초대해 준 것에 대한 고마움을 표현하고, 외국 명절이기 때문에 궁금한 점들이 무엇이 있는지 생각해 본 후 명절에 대한 질문을 합니다. 한국 명절과 비교하여 물어 보는 것도 좋습니다. 그 다음 이 명절을 축하하는 파티에 대한 질문을 합니다. 덧붙일 의견이 많이 생각나지 않는다면 파티에 대한 기대감을 표현해도 좋습니다.

Idea Flow

외국인 친구에게 전화
Calling a Foreign Friend → 명절에 대해 질문
Asking about the Holiday → 파티와 연관된 질문
Asking about Going to the Party

key words

_____   _____   _____
_____   _____   _____
_____   _____   _____

OPIc BOX

Idea	Key words	Sentences
Calling a Foreign Friend	to receive your invitation e-mail	I was so excited **to receive your invitation e-mail** for the party tomorrow.
Asking about the Holiday	celebrate	What do you **celebrate** on that day?
Asking about Going to the Party	bring any food	And please tell me if I need to **bring any food** for the party.

Sample Answer

Hello? Is this John? It's me, Minho. I was so excited **to receive your invitation e-mail** for the party tomorrow. Thank you for inviting me! I wanted to ask some questions about the party since I'm not familiar with the theme of the party, St. Patrick's Day. What do you **celebrate** on that day? I looked it up on the Internet, and found it says St. Patrick is the first person who spread Christianity in Ireland. Is that true? I'm curious about why you wear green clothes on that day. Will you also wear green clothes at the party tomorrow? And please tell me if I need to **bring any food** for the party. Koreans have many traditional games to play for different traditional holidays. What about Irish people? Do you play any special games on St. Patrick's Day? Well, thanks again for inviting me and I hope to hear back from you soon.

해석 p.326

Pattern Practice III   National Holidays

 답변을 구성하기 위한 문장 패턴을 익혀 봅시다.

Calling a Foreign Friend

I was so excited [감정의 이유] for the party tomorrow.
나는 내일의 파티를 위한 ~을 하고 너무 흥분되었어!

I was so excited **to receive your invitation e-mail** for the party tomorrow.
나는 내일의 파티를 위한 너의 초대 이메일을 받고 너무 기뻤어!

Practice: I was so excited _____ for the party tomorrow.

응용하기 | I was so excited to decorate my house for the party tomorrow.
나는 내일의 파티를 위해 집을 장식하고 너무 흥분되었어!

Asking about the Holiday

What do you [행위] on this day?
이날은 무엇을 ~는 거니?

What do you **celebrate** on this day?
이날은 무엇을 기념하는 거니?

Practice: What do you _____ on this day?

응용하기 | What do you eat on this day?
이날은 무엇을 먹는 거니?

Asking about Going to the Party

And please tell me if I need to [준비 사항] for the party.
그리고 파티에 내가 ~을 해야 할지 알려 줘.

And please tell me if I need to **bring any food** for the party.
그리고 파티에 내가 음식을 가져가야 할지도 알려 줘.

Practice: And please tell me if I need to _____ for the party.

응용하기 | And please tell me if I need to wear a specific costume for the party.
그리고 파티에 내가 특정한 의상을 입고 가야 할지도 알려 줘.

My OPIc BOX Ⅲ — National Holidays

먼저, 앞에서 학습한 대로 자신만의 OPIc BOX를 완성해 보세요.
완성한 후에 패턴 연습을 통해 익힌 문장들을 더해 완전한 답변을 작성해 봅시다.

Q3 I'm going to give you a situation for you to act out. Imagine your foreign friend invited you to his/her party. The party is to celebrate a traditional holiday in your friend's country. Call your friend and ask him/her three or four questions about the holiday and the party.

상황을 드릴 테니 역할 연기를 해 보세요. 당신의 외국인 친구가 자신의 파티에 당신을 초대한 상황을 상상해 보세요. 그 파티는 당신 친구 나라의 명절을 축하하기 위한 자리 입니다. 친구에게 전화를 걸어 명절과 파티에 대해서 서너 가지 질문을 해 보세요.

Idea	Key words	Sentences
Calling a Foreign Friend		
Asking about the Holiday		
Asking about Going to the Party		

My Answer

_____
_____
_____
_____
_____
_____
_____
_____

Chapter 20 Internet

1. Favorite Website
2. Interesting Experience While Using the Internet
3. Persuading Your Friend to Stop Playing Online Games

Chapter 20 Internet

Oral Proficiency Interview-computer

Topic Overview

인터넷은 시험 전에 작성하는 설문 조사에 그와 관련된 보기가 따로 있지 않지만 흔하게 등장할 수 있는 돌발 주제 중 하나입니다. 기존의 검색 엔진들은 물론이고 SNS의 사용까지 확산됨에 따라 인터넷의 이용 목적이나 수단 또한 더욱 다양해지고 차별화되고 있습니다. 다른 여러 주제와 연계되어 질문이 나올 수도 있는 만큼, 다음 문제 유형을 참고하여 인터넷과 관련된 답변을 준비해 보세요.

기본 문제
- 가장 즐겨 찾는 웹사이트
- 인터넷을 즐기는 시간과 장소
- 온라인 쇼핑, 게임, 뱅킹 등에 대한 설명

심층 문제
- 검색용으로 최적의 웹사이트
- 인터넷을 사용하면서 있었던 각종 경험이나 문제점

고급 문제
- 인터넷 사용 용도의 변화
- 인터넷으로 인한 문제점 발생시 해결 방안 제시 및 조언하기

관련 질문 유형 보기　　　　　　　　　Internet

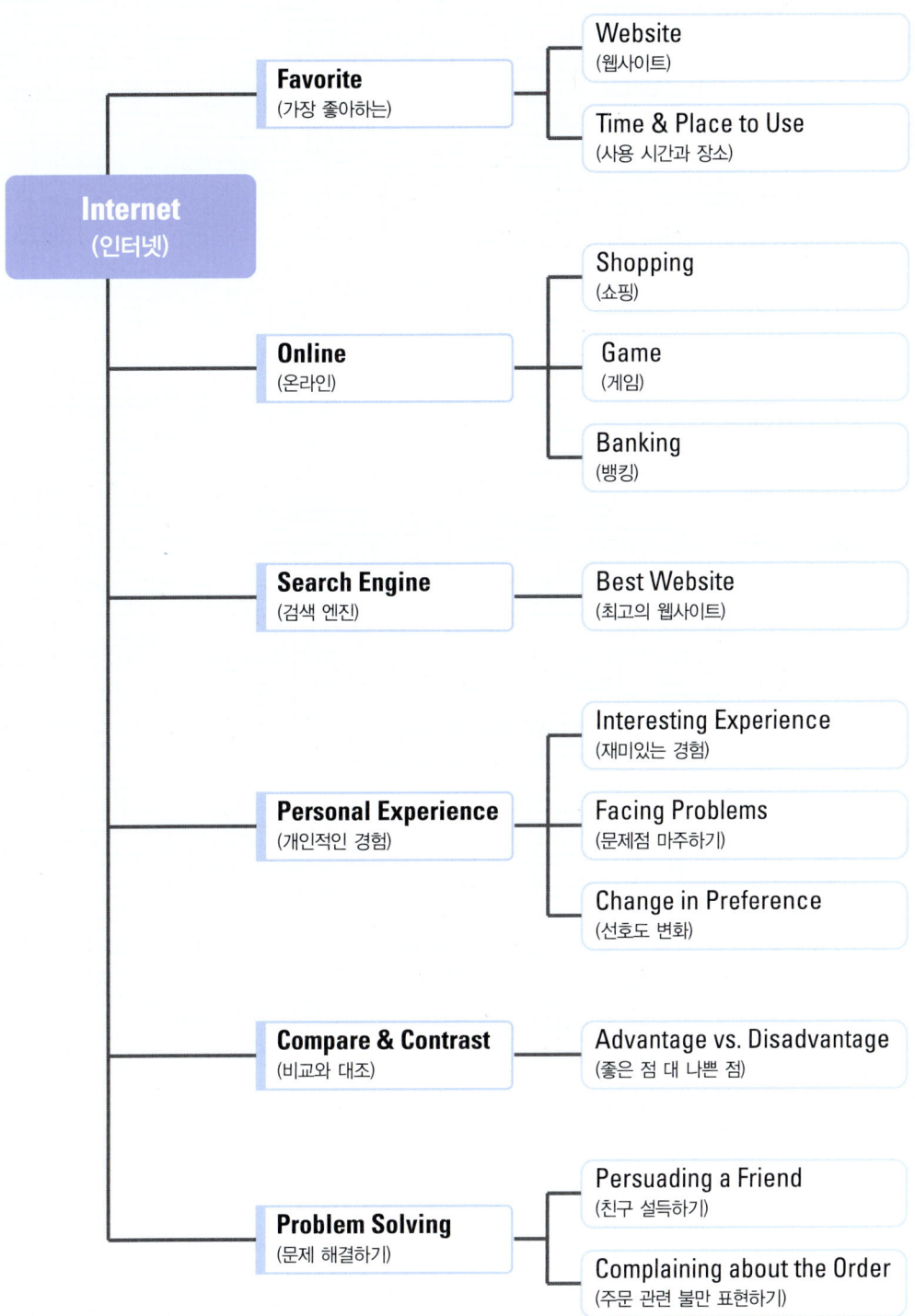

Chapter 20 • 287

관련 OPIc 예상 질문 파헤치기

Internet

1 묘사 (Descriptive Speaking)

A Favorite (가장 좋아하는)

1. You indicated in the survey that you use the Internet. What is your favorite website? Why do you like to use that website? Describe it in detail.
   설문 조사에서 인터넷을 사용한다고 했습니다. 당신이 가장 즐겨 찾는 웹사이트는 무엇인가요? 왜 그 웹사이트를 이용하나요? 자세히 설명해 보세요.
   key words searchpower.com, various functions, hardly any advertising, pop-up windows

2. How often do you use the Internet? When and where do you usually use it? Describe your pattern in as much detail as possible.
   얼마나 자주 인터넷을 사용하나요? 언제, 어디서 사용하나요? 당신의 인터넷 사용 패턴에 대해서 자세히 설명해 보세요.
   key words every day, every time when I need to, use my smartphone, check my blog, e-mail, online banking

B Online (온라인)

1. You indicated in the survey that you surf the Internet. Tell me about the online shopping you did recently. What did you buy and where did you buy it from? Why did you choose that website? Describe your experience in detail.
   설문 조사에서 인터넷을 사용한다고 했습니다. 당신이 최근에 했던 온라인 쇼핑에 대해서 말해 보세요. 무엇을 어디에서 구매했나요? 그 웹사이트를 선택한 이유가 무엇인가요? 당신의 경험에 대해서 자세히 설명해 보세요.
   key words S-market, bought a new pair of sneakers, cheaper price, good quality, reliable online shopping website, good customer service

2 설명 (Narrative Speaking)

A Online (온라인)

1. What are the benefits of using online banking? Why is it good and how can it help you? Tell me all the details.
   온라인 뱅킹을 이용하는 것의 장점은 무엇인가요? 그것은 왜 좋고 당신을 어떻게 도와줄 수 있나요? 자세히 말해 보세요.
   key words save time, use it anytime, protect privacy, convenient, no need to visit the bank

B Search Engine (검색 엔진)

1. What do you think is the best website for research? Why? Explain your reasons in detail.
   자료 조사를 위해 최적의 웹사이트가 무엇이라고 생각합니까? 왜 그런가요? 당신이 생각하는 이유에 대해서 자세히 설명해 보세요.
   key words Searchalways.com, worldwide company, credible information, numerous users, categorize and filter information, greatest search engine

C **Personal Experience** (개인적인 경험)

1. Tell me about an interesting experience while using the Internet. What happened? Describe in as much detail as possible.
   인터넷을 사용하며 흥미로웠던 경험에 대해 말해 보세요. 어떤 일이 있었나요? 가능한 한 자세히 설명해 보세요.

   key words　a very interesting website, do language exchange, French, Korean, wrote letters in each other's language

2. I'd like to know about the time you had a problem while using the Internet. What happened and why did it give you trouble? Tell me your experience in detail.
   당신이 인터넷을 사용하면서 겪었던 문제점에 대해서 알고 싶습니다. 어떤 일이 있었고 그것이 왜 당신을 곤란하게 만들었나요? 경험에 대해 자세히 설명해 보세요.

   key words　was hacked, wrong private information, spam mail, new e-mail account, password reinforcement, always log out after using

D **Compare and Contrast** (비교와 대조)

1. Let's talk about the effects of using the Internet. What kind of benefits does it give you? Does it also have a bad influence? Explain your reasons in detail.
   인터넷을 사용하는 효과에 대해 얘기해 보겠습니다. 인터넷은 당신에게 어떤 이득을 가져다 주나요? 혹시 그것은 나쁜 영향도 주나요? 당신의 이유를 자세히 설명해 보세요.

   key words　provide various kinds of information, entertaining, educational, addictive, time wasting, inappropriate material for children

3 롤 플레이 (Role Play)

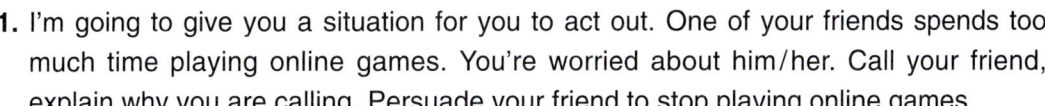

1. I'm going to give you a situation for you to act out. One of your friends spends too much time playing online games. You're worried about him/her. Call your friend, explain why you are calling. Persuade your friend to stop playing online games.
   상황을 드릴 테니 역할 연기를 해 보세요. 당신의 친구 중 한 명이 너무 많은 시간을 온라인 게임에 보내고 있습니다. 당신은 그에/그녀에 대해 걱정이 됩니다. 친구에게 전화를 걸어서 당신이 왜 전화를 했는지 설명해 주세요. 당신 친구에게 온라인 게임을 중지하라고 설득해 보세요.

   key words　ten times, worried about you, lose everything, left, addicted

2. I'm going to give you a situation for you to act out. A week ago, you purchased a book online, but it hasn't arrived yet. Call the online company and complain about the situation. Also, suggest two or three solutions to the problem.
   상황을 드릴 테니 역할 연기를 해 보세요. 일주일 전, 당신은 온라인 상으로 책을 한 권 구매했지만 아직 도착하지 않았습니다. 온라인 회사에 전화를 걸어서 상황에 대해 불만을 표현해 보세요. 또한, 문제에 대해 두세 가지 해결책을 제안해 보세요.

   key words　purchased a book online, very disappointed with customer service, violation of policy, solutions, free delivery, cancellation

OPIc BOX I

Internet

Q1 You indicated in the survey that you use the Internet. What is your favorite website? Why do you like to use that website? Describe it in detail.

설문 조사에서 인터넷을 사용한다고 했습니다. 당신이 가장 즐겨 찾는 웹사이트는 무엇인가요? 왜 그 웹사이트를 이용하나요? 자세하게 설명해 보세요.

> 웹사이트는 광범위한 분야이기 때문에, 그것이 특정 취미에 관련된 사이트일 수도 있고, 인터넷 쇼핑 사이트 혹은 검색 엔진이 될 수도 있습니다. 머릿속에 어떤 사이트를 설명할 것인지 정한 후, 세부 질문으로 묻는 '웹사이트 소개'와 '좋아하는 이유'에 대한 키워드를 만듭니다. 웹사이트의 디자인, 컨텐츠, 방문자 등등 본인이 좋아하는 이유에 대해 두세 개의 명확한 키워드를 뽑은 후, 이야기를 만들어 나갑니다. 이유만 설명한다면 다소 짧은 답변이 될 수 있으니, 기타 특징 혹은 웹사이트를 통해 얻는 효과 등을 이야기하며 마무리합니다.

Idea Flow

가장 좋아하는 웹사이트
Introduction of Your Favorite Website → 가장 좋아하는 이유
Why It Is Your Favorite Website → 웹사이트의 다른 특징
Other Characteristics of This Website

key words

OPIc BOX

Idea	Key words	Sentences
Introduction of Your Favorite Website	searchpower.com	My favorite website is **searchpower.com**.
Why It Is Your Favorite Website	various functions	I like the website because it has **various functions**.
Other Characteristics of This Website	hardly any advertising, pop-up windows	There is **hardly any advertising**, or **pop-up windows**.

Sample Answer

My favorite website is **searchpower.com**. It's the first website that pops up when I turn on my Internet browser. I go to searchpower.com many times every day. I like the website because it has **various functions**. I can look up information, find interesting videos, and listen to music. In addition, updated world news or breaking news shows up when I access the website. But most of all, the amount of information I can access is impressive. Since my job requires me to find a lot of information, searchpower.com is always the first resource I check. Another reason why searchpower.com is my favorite website is that it looks neat and it is easy to use. There is **hardly any advertising**, or **pop-up windows**, so I can quickly find a search box and type the keywords without any confusion. I hate wasting my time online, so this website is perfect for my needs.

해석 p.327

Pattern Practice I   Internet

 답변을 구성하기 위한 문장 패턴을 익혀 봅시다.

Introduction of Your Favorite Website

My favorite website is [사이트 이름].
제가 가장 좋아하는 웹사이트는 ~입니다.

My favorite website is **searchpower.com**.
제가 가장 좋아하는 웹사이트는 searchpower.com입니다.

Practice: My favorite website is _____.

응용하기 | My favorite website is catchmovie.com.
제가 가장 좋아하는 웹사이트는 catchmovie.com입니다.

Why It Is Your Favorite Website

I like the website because it has [장점].
제가 그 웹사이트를 좋아하는 이유는 ~을 가지고 있기 때문입니다.

I like the website because it has **various functions**.
제가 그 웹사이트를 좋아하는 이유는 다양한 기능을 가지고 있기 때문입니다.

Practice: I like the website because it has _____.

응용하기 | I like the website because it has a translation service.
제가 그 웹사이트를 좋아하는 이유는 번역 기능을 가지고 있기 때문입니다.

Other Characteristics of This Website

There is hardly any [특징 1], or [특징 2].
그곳에는 ~나 ~이 거의 없습니다.

There is hardly any **advertising** or **pop-up windows**.
그곳에는 광고나 팝업 윈도우가 거의 없습니다.

Practice: There is hardly any _____ or _____.

응용하기 | There is hardly any food or water.
그곳에는 음식이나 물이 거의 없습니다.

Chapter 20 • 291

My OPIc BOX I

Internet

먼저, 앞에서 학습한 대로 자신만의 OPIc BOX를 완성해 보세요.
완성한 후에 패턴 연습을 통해 익힌 문장들을 더해 완전한 답변을 작성해 봅시다.

 Q1 You indicated in the survey that you use the Internet. What is your favorite website? Why do you like to use that website? Describe it in detail.

설문 조사에서 인터넷을 사용한다고 했습니다. 당신이 가장 즐겨 찾는 웹사이트는 무엇인가요? 왜 그 웹사이트를 이용하나요? 자세하게 설명해 보세요.

Idea	Key words	Sentences
Introduction of Your Favorite Website		
Why It Is Your Favorite Website		
Other Characteristics of This Website		

My Answer

OPIc BOX II

Internet

Q2 Tell me about an interesting experience while using the Internet. What happened? Describe in as much detail as possible.

인터넷을 사용하며 흥미로웠던 경험에 대해 말해 보세요. 어떤 일이 있었나요? 가능한 한 자세히 설명해 보세요.

본인의 경험에 대해 자세히 설명하는 문제입니다. 인터넷을 사용하며 있었던 재미있는 에피소드를 생각한 후, 재미있었던 상황이나 이유에 대한 키워드를 정리합니다. 눈 앞에 생생히 재현되고 있는 듯 세부 사항들을 설명하는 게 좋습니다. 문맥을 미리 잡지 않으면 다소 길어지거나 주제에서 벗어날 수 있으므로, 어떤 사이트에서 혼자, 혹은 누구와 함께 어떤 일이 있었는지 키워드를 뽑은 후, 답변을 시작하시기 바랍니다.

Idea Flow: 재미있었던 경험 소개 Introduction of the Interesting Experience → 어떤 일이었는지를 설명 Describing the Experience → 재미있었던 이유 More Details about This Experience

key words

OPIc BOX

Idea	Key words	Sentences
Introduction of the Interesting Experience	a very interesting website, do language exchange	I recently found **a very interesting website** where people from all over the world can find friends and **do language exchange**.
Describing the Experience	French, Korean	She taught me **French**, and I taught her **Korean**.
More Details about This Experience	wrote letters in each other's language, French	We **wrote letters in each other's language**, and I think it helped my **French** improve quickly.

Sample Answer

I recently found **a very interesting website** where people from all over the world can find friends and **do language exchange**. I met a French girl called Anna there. She taught me **French**, and I taught her **Korean**. It was fascinating. We **wrote letters in each other's language**, and I think it helped my **French** improve quickly. She and I became good friends, so we keep in touch very often. A few days ago, we took language tests on the same day, and we both got good scores. I never thought about using the Internet for educational purposes before. So now I am trying to find more foreign friends through the website. I am interested in learning many languages so I don't want to miss this chance. Until now, I used the Internet for searching information, playing games, and downloading data. Now, I am more interested in interacting with foreigners around the world.

해석 p.327

Pattern Practice II

Internet

 답변을 구성하기 위한 문장 패턴을 익혀 봅시다.

Introduction of the Interesting Experience

I recently found [대상] where people from all over the world can find friends and [활동].
저는 최근에 전 세계에서 사람들이 친구들과 ~을 할 수 있는 ~을 찾았습니다.

I recently found **a very interesting website** where people from all over the world can find friends and **do language exchange**.
저는 최근에 전 세계에서 사람들이 친구들과 서로 언어를 교환할 수 있는 아주 흥미로운 웹사이트를 찾았습니다.

Practice: I recently found _____ where people from all over the world can find friends and _____.

응용하기 | I recently found an internet cafe where people from all over the world can find friends and play games together.
저는 최근에 전 세계의 모든 사람들이 친구들과 게임을 같이 할 수 있는 인터넷 카페를 찾았습니다.

Describing the Experience

She taught me [상대방의 특기], and I taught her [나의 특기].
그녀는 제게 ~을 가르쳐 주고 저는 그녀에게 ~을 가르쳐 주었습니다.

She taught me **French**, and I taught her **Korean**.
그녀는 제게 프랑스어를 가르쳐 주고 저는 그녀에게 한국어를 가르쳐 주었습니다.

Practice: She taught me _____, and I taught her _____.

응용하기 | She taught me how to swim, and I taught her how to play badminton.
그녀는 제게 수영을 가르쳐 주고 저는 그녀에게 배드민턴을 치는 것을 가르쳐 주었습니다.

More Details about This Experience

We [추가 활동], and I think it helped my [특기] improve quickly.
우리는 ~했고, 제 생각에 그것이 제 ~을 빨리 발전하게 도와준 것 같습니다.

We **wrote letters in each other's language**, and I think it helped my **French** improve quickly.
우리는 상대방의 언어로 편지를 썼고, 제 생각에 그것이 제 프랑스어가 빨리 발전하게 도와준 것 같습니다.

Practice: We _____, and I think it helped my _____ improve quickly.

응용하기 | We did not speak in our native language, and I think it helped my conversation skills improve quickly.
우리는 모국어로 얘기하지 않았고, 제 생각에 그것이 제 대화 기술을 빨리 발전하게 도와준 것 같습니다.

My OPIc BOX Ⅱ

Internet

먼저, 앞에서 학습한 대로 자신만의 OPIc BOX를 완성해 보세요.
완성한 후에 패턴 연습을 통해 익힌 문장들을 더해 완전한 답변을 작성해 봅시다.

Q2 Tell me about an interesting experience while using the Internet. What happened? Describe in as much detail as possible.

인터넷을 사용하며 흥미로웠던 경험에 대해 말해 보세요. 어떤 일이 있었나요? 가능한 자세히 설명해 보세요.

Idea	Key words	Sentences
Introduction of the Interesting Experience		
Describing the Experience		
More Details about This Experience		

My Answer

OPIc BOX III

Internet

Q3 I'm going to give you a situation for you to act out. One of your friends spends too much time playing online games. You're worried about him/her. Call your friend, explain why you are calling. Persuade your friend to stop playing online games.

상황을 드릴 테니 역할 연기를 해 보세요. 당신의 친구 중 한 명이 너무 많은 시간을 온라인 게임에 보내고 있습니다. 당신은 그에/그녀에 대해 걱정이 됩니다. 친구에게 전화를 걸어서 당신이 왜 전화를 했는지 설명해 주세요. 당신 친구에게 온라인 게임을 중지하라고 설득해 보세요.

친구가 게임을 하는데 얼마 만큼의 시간을 할애하는지를 설정하고, 그 친구의 상황에 맞게 전화를 겁니다. 온라인 게임의 중독성에 대한 심각성과 부작용을 설명하며 게임을 그만둘 것을 제안한 다음, 주변의 비슷한 사례를 이야기하며 강력히 설득합니다. 게임에 시간을 많이 뺏기는 친구가 결근을 하거나 아프게 되는 상황을 구체적으로 그리며 'I'm worried about you.(난 네가 걱정돼.),' 또는 'I mean it.(진심이야.)'과 같은 표현을 이용하여 친구로서 할 수 있는 우려와 조언을 나타냅니다.

Idea Flow

친구에게 전화하기
Calling a Friend → 게임을 중단하도록 설득
Persuading to Stop Playing Games → 다른 사람의 예
Another Person with the Same Problem

key words

OPIc BOX

Idea	Key words	Sentences
Calling a Friend	ten times, worried about you	I called you **ten times** yesterday because I was so **worried about you**.
Persuading to Stop Playing Games	lose everything	If you keep playing online games like this, you will **lose everything**.
Another Person with the Same Problem	left, addicted	Everyone **left** him and he is still **addicted**.

Sample Answer

Hello? This is Miyoung. Is this Jinsu? Finally! I called you **ten times** yesterday because I was so **worried about you**. I'm sure you were playing online games all day. I think it's a serious problem. You didn't even come to work last Friday. All of us at the department are concerned about your addiction. I heard that you once spent the entire week playing games. You need help right now, and I can recommend a good clinic for you. If you keep playing online games like this, you will **lose everything**. I know this better than anyone because I also had another friend in college who was addicted to online games. Everyone **left** him and he is still **addicted**. This addiction will only have a bad ending for you. I will drop by after work today. You should turn off the computer right now.

해석 p.327

Pattern Practice III

Internet

 답변을 구성하기 위한 문장 패턴을 익혀 봅시다.

Calling a Friend

I called you [전화 횟수] yesterday because I was so [감정 표현].
네가 너무 ~되어서 어제 너에게 ~ 번 전화했어.

I called you **ten times** yesterday because I was so **worried about you**.
네가 너무 걱정되어서 어제 너에게 열 번 전화했어.

Practice: I called you _____ yesterday because I was so _____.

응용하기 | I called you twice yesterday because I was so lonely.
내가 너무 외로워서 어제 너에게 두 번 전화했어.

Persuading to Stop Playing Games

If you keep playing online games like this, you will [결과].
만약 이런 식으로 계속 게임을 한다면, 넌 ~될 거야.

If you keep playing online games like this, you will **lose everything**.
만약 이런 식으로 계속 온라인 게임을 한다면, 넌 모든 것을 잃게 될 거야.

Practice: If you keep playing online games like this, you will _____.

응용하기 | If you keep playing online games like this, you will ruin your life.
만약 이런 식으로 계속 온라인 게임을 한다면, 넌 네 인생을 망치게 될 거야.

Another Person with the Same Problem

Everyone [결과 1] him and he is still [결과 2].
모두가 그를 ~했고 그는 여전히 ~야.

Everyone **left** him and he is still **addicted**.
모두가 그를 떠났고 그는 여전히 중독되어 있어.

Practice: Everyone _____ him and he is still _____.

응용하기 | Everyone abandoned him and he is still alone.
모두가 그를 저버렸고 그는 여전히 혼자야.

My OPIc BOX III

Internet

먼저, 앞에서 학습한 대로 자신만의 OPIc BOX를 완성해 보세요.
완성한 후에 패턴 연습을 통해 익힌 문장들을 더해 완전한 답변을 작성해 봅시다.

Q3 I'm going to give you a situation for you to act out. One of your friends spends too much time playing online games. You're worried about him/her. Call your friend, explain why you are calling. Persuade your friend to stop playing online games.

상황을 드릴 테니 역할 연기를 해 보세요. 당신의 친구 중 한 명이 너무 많은 시간을 온라인 게임에 보내고 있습니다. 당신은 그에/그녀에 대해 걱정이 됩니다. 친구에게 전화를 걸어서 당신이 왜 전화를 했는지 설명해 주세요. 당신 친구에게 온라인 게임을 중지하라고 설득해 보세요.

Idea	Key words	Sentences
Calling a Friend		
Persuading to Stop Playing Games		
Another Person with the Same Problem		

My Answer

Actual Test 1

Oral Proficiency Interview-computer

01 Let's start the interview now. Briefly tell me about yourself and where you live.

Model Answer   [자기소개] Hello, my name is Jinhwan Park. I am 28 years old. I **graduated from college** one year ago, and I am now working at one of the big marketing companies in Korea. [집 소개] I am single and I live by myself in Hanam. I used to live with my family in Jamsil, but I moved out to be close to my office. It only takes me 5 minutes to the company when I walk. I live in a **one-bedroom apartment** on the 10th floor. I like the apartment because it is new, and it has a wonderful view of the city. I especially like the night view. [주변 환경] There is a nice park near my apartment, so I can take a walk at anytime I want. I can also enjoy **eating out and shopping** at the big mall nearby my house. It is a convenient place, so I want to stay there for a long time.

해석   인터뷰를 시작하겠습니다. 간략하게 자기 소개를 하고 어디에 살고 있는지에 대해 말해 보세요.

안녕하세요, 저는 박진환입니다. 저는 28살입니다. 1년 전에 대학교를 졸업하고 지금은 한국에서 가장 큰 마케팅 회사 중 한 곳에서 근무하고 있습니다. 저는 미혼이며 하남에서 혼자 살고 있습니다. 원래는 잠실에서 가족과 함께 살았었지만, 회사 근처에서 살기 위해 이사 왔습니다. 걸어서 회사까지는 단지 5분 밖에 걸리지 않습니다. 저는 침실이 한 개인 10층 아파트에서 살고 있습니다. 제가 이 아파트를 좋아하는 이유는 새로 지어졌고, 도시의 아름다운 조망을 가지고 있기 때문입니다. 저는 특히 야경을 좋아합니다. 제 아파트 근처에는 멋진 공원이 하나 있어서 저는 아무 때나 산책을 갈 수 있습니다. 저는 또한 저희 집 근처에 있는 큰 쇼핑몰에서 외식을 하고 쇼핑을 하는 것을 좋아합니다. 편리한 장소이기 때문에 저는 제 아파트에 오랫동안 머물고 싶습니다.

Expressions
1. graduate from college 대학을 졸업하다
2. one-bedroom apartment 침실이 한 개인 아파트
3. eating out and shopping 외식과 쇼핑

02 How do you normally get to work? Do you take public transportation? If so, tell me why and describe what you do during your morning commute.

Model Answer   [선호] I usually take **public transportation** to get to work. There is a bus which goes directly to my company, but I don't like taking the bus. In the morning, there are many cars on the street, so I can easily get stuck in the traffic. So, I usually prefer taking the subway. I don't have to worry about being late because it always comes on time. I can also find an empty seat more easily in the subway. [출근 중] My smart phone is an **important device for the morning commute**. By using it, I usually read an on-line newspaper, check my e-mails, and briefly chat with my friends. I also spend at least 30 minutes studying English by using a mobile application. [마무리] I try to **spend the commuting time effectively**. But, I sometimes sleep in the subway if I feel tired.

해석   보통 어떻게 출근하나요? 대중교통을 이용하나요? 만일 그렇다면 그 이유와 아침 출근길에 무엇을 하는지 설명해 주세요.

저는 주로 대중교통을 타고 출근합니다. 회사로 바로 가는 버스가 있지만 저는 버스 타는 것을 좋아하지 않습니다. 아침에는 도로에 많은 차들이 있기 때문에 교통 체증에 꼼짝 못하기 십상입니다. 그래서 저는 지하철 타는 것을 선호합니다. 지하철은 항상 정시에 오기 때문에 지각할 걱정을 하지 않아도 됩니다. 또한 지하철에서는 빈 좌석을 더 쉽게 찾을 수 있습니다. 저의 스마트폰은 아침 출근길에 매우 중요한 기기입니다. 스마트폰을 통해 저는 온라인 신문을 읽고, 이메일을 확인하고, 친구와 잠시 채팅을 할 수 있습니다. 저는 또한 어플리케이션을 사용하여 적어도 30분은 영어 공부를 합니다. 저는 제 출근 시간을 효과적으로 쓰려고 노력합니다. 그러나 피곤하면 가끔 지하철에서 자기도 합니다.

Expressions
1. public transportation 대중교통
2. important device for the morning commute 아침 출근길에 중요한 기기
3. spend the commuting time effectively 출근 시간을 효과적으로 사용하다

You indicated in the survey that you work. Tell me about your typical day at work. Describe the routine as much as possible.

> **Model Answer** Let me tell you about a **typical day** at work for me. [출근] I usually arrive at work around 7:30 a.m. I have a cup of coffee and read the newspaper. [업무 소개] Then I check my e-mail to see if I have any important work to do. At 8 a.m. I attend a short daily meeting with my co-workers. We discuss our daily tasks and schedules. After the meeting, I come back to my desk and start on my **routine work**. [휴식] If I feel tired while working in the office, I drink cold water with vitamins and do some stretching. Sometimes, I **take a good break with** my co-workers. We go to the nearby convenient store, and get a snack. [퇴근] If I don't have any special work, I usually **go home** at 6:00 p.m.

해석   설문 조사에서 직장에 다닌다고 했습니다. 직장에서의 일상과 일과를 자세하게 설명해 보세요.

저의 직장에서의 전형적인 하루 일과에 대해 말해 보겠습니다. 저는 직장에 보통 아침 7시 30분쯤 도착해서 커피를 마시고 신문을 읽습니다. 그리고 중요한 업무가 있는지 확인하기 위해 이메일을 체크합니다. 매일 8시에 저는 동료들과 함께 간단한 회의에 참석해서 일일 업무와 일정을 논의합니다. 회의가 끝난 후에, 제 자리로 돌아와 일상 업무를 시작합니다. 일하는 중 피곤함을 느끼면 저는 비타민을 넣은 차가운 물을 마시고 스트레칭을 합니다. 가끔 동료들과 충분한 휴식을 갖기도 합니다. 우리는 근처 편의점에 가서 간식을 사 먹습니다. 만약 특별한 일이 없다면 저는 6시에 퇴근합니다.

Expressions
1. typical day 전형적인 하루
2. routine work 일상적인 업무
3. take a good break (with ~) (~와 함께) 충분한 휴식을 취하다
4. go home 집에 가다

 I'd like to know how your personality matches your job. Explain your reasons in detail.

> **Model Answer** [직업 소개] I work for the **sales department** in a big company, so I have to meet many people to sell my company's products. [성격 설명] It is a good match for my personality because I am an **outgoing** person. I love meeting new people and talking to them about business. In my previous company, I had to stay in the office and look at a monitor all day. I learned many things, but I still wanted to be more **active** and **energetic** at work. For some people, it may be stressful to stay out of the office all day and persuade other people. But I love doing that. I get excited when I see other people agreeing to my proposal and wish to start doing business with me. If I try harder, I always get better results. That matches my personal motto. [마무리] In the future, I want to stay in the current team and become a **true expert**.

해석   당신의 성격이 당신의 직업과 얼마나 잘 맞는지 알고 싶습니다. 이유를 자세히 설명해 보세요.

저는 큰 회사의 영업 부서에서 일합니다. 그래서 회사의 제품을 팔기 위해 많은 사람들을 만나야 합니다. 이것이 제 성격과 잘 맞는 이유는 제가 외향적인 사람이기 때문입니다. 저는 새로운 사람들을 만나고 일에 대해 이야기하는 것을 좋아합니다. 전에 다니던 회사에서 저는 사무실에서 하루 종일 모니터를 바라봐만 했습니다. 많은 것을 배웠지만 저는 직장에서 좀 더 활동적이고 에너지 넘치는 일을 원했습니다. 어떤 사람들에게는 하루 종일 사무실 밖에 있으면서 사람들을 설득하는 것이 스트레스일 수 있습니다. 하지만 저는 그것을 좋아합니다. 다른 사람들이 저의 제안에 동의하고 저와 함께 일을 시작하기를 원하는 것을 보면 저는 흥분됩니다. 제가 더 노력하면 저는 언제나 더 좋은 결과를 얻습니다. 이것은 제 개인적인 좌우명과 일치합니다. 미래에, 저는 현재의 팀에서 근무하고 싶으며 진정한 전문가가 되고 싶습니다.

Expressions
1. sales department 영업 부서
2. outgoing, active, energetic 외향적인, 활동적인, 에너지 넘치는
3. true expert 진정한 전문가

05 **You indicated in the survey that you enjoy watching sports. What is the best sports game you've ever watched? Why did you enjoy that game? Tell me in detail.**

Model Answer   I am a **big sports fan**. I enjoy many different sports and always watch highlights or games on TV after work or with friends on the weekends. [선호하는 운동] But my favorite sport to watch live is **baseball**. On my birthday last year, my brother bought me baseball tickets to go see the Incheon Bears play against our rival, the Seoul Raiders. It was a very important game because it was during the playoffs and the Bears were close to winning the championship. [특별한 경험] It turned out to be a very exciting game. The Bears were losing at the end of the game, but suddenly scored to tie it. Then on their very last out, the Bears **scored** again **to win the game**. I have been to many sports games, but I think this was the most enjoyable time I have ever had. [개인적 감정] It was really **memorable** not only because my favorite team won an exciting game, but also because I got to spend time with my brother on my birthday.

해석   설문 조사에서 스포츠 관람을 즐긴다고 했습니다. 예전에 봤던 최고의 게임은 무엇이고, 그 게임이 왜 좋았나요? 자세히 말해 보세요.

저는 열렬한 스포츠 팬입니다. 저는 다양한 스포츠를 즐기고, 퇴근 후 혹은 주말에 친구들과 함께 항상 경기 주요 부분이나 경기를 TV로 봅니다. 그러나 제가 관람하기 가장 좋아하는 스포츠 경기는 야구입니다. 작년 제 생일날, 저의 남동생이 인천 베어스와 그 라이벌인 서울 레이더스의 야구 경기 티켓을 주었습니다. 그것은 매우 중요한 경기였는데 왜냐하면 그때는 플레이오프 기간이었고, 베어스는 우승에 가까웠기 때문입니다. 게임은 매우 흥미로웠습니다. 베어스는 경기 마지막에 지고 있었지만 갑자기 동점을 이루었습니다. 그리고 마지막 아웃에서, 베어스는 끝내기 점수를 냈습니다. 저는 많은 스포츠 경기에 갔지만 그 경기가 가장 즐거웠던 것 것 같습니다. 그 경기는 단지 제가 가장 좋아하는 팀이 흥미진진한 게임을 이긴 것 때문만이 아니라, 제 생일날 남동생과 함께 시간을 보낼 수 있었기 때문에 정말 기억에 남았습니다.

Expressions   1. big sports fan 열렬한 스포츠 팬   2. baseball 야구
              3. scored to win the game 점수를 내서 승리하다   4. memorable 기억할 만한

06 **Tell me about your favorite singer. What does he/she look like and what kind of songs does he/she sing? Describe that person in detail.**

Model Answer   My favorite singer is Lee Hyori. [인물 배경] She is one of the most famous singers in Korea, and she **has** a lot of **influence on** Korean pop music today. [외모 설명] Lee Hyori is famous for her style. She is extremely **feminine** and she is good at creating sexual images. She is a fashion icon, so many young females try to wear the same clothes and put on the same accessories as Hyori. But she also shows fashion that some people don't understand easily. You can see those two sides of her in her music videos, various television commercials, movies and TV shows. Her songs are normally strong and upbeat with dance moves. [음악적 특성 설명] She looks very confident when she sings, and she sings with strong emotions. Oftentimes, her songs are about **women's identity** and the struggle of their lives. I believe she is a true star who is very attractive in many ways.

해석   당신이 가장 좋아하는 가수에 대해서 말해 보세요. 그는/그녀는 어떻게 생겼고 어떤 노래를 부르나요? 그 사람에 대해서 자세히 설명해 보세요.

제가 가장 좋아하는 가수는 이효리입니다. 그녀는 한국에서 가장 유명한 가수 중에 한 명이고 오늘날 한국의 대중음악에 많은 영향력을 미치는 사람입니다. 이효리는 그녀의 스타일로 유명합니다. 그녀는 매우 여성적이고 섹시한 이미지를 만들어 내는데 능숙합니다. 그녀는 패션 아이콘이어서 많은 젊은 여성들은 효리와 같은 옷을 입고 같은 액세서리를 하려고 노력합니다. 그러나 그녀는 또한 사람들이 쉽게 이해하지 못하는 패션을 선보이기도 합니다. 이러한 그녀의 두 가지 면은 뮤직 비디오와 다양한 TV 광고, 영화와 TV 쇼에서 확인할 수 있습니다. 그녀의 노래는 주로 강렬하며 춤을 추기에 좋습니다. 그녀는 노래는 부를 때 매우 자신 있어 보이며, 강한 감정을 표출하며 노래를 부릅니다. 그녀의 노래는 종종 여자의 정체성이나 그들 인생의 어려움에 관한 것입니다. 저는 그녀가 많은 방면에서 매우 매력적인 진정한 스타라고 믿습니다.

Expressions   1. have influence on ~ ~에 영향을 끼치다   2. feminine 여성적인
              3. women's identity 여성들의 정체성

07 **You indicated in the survey that you like to sing. Do you like to sing alone? Or do you like to sing with others? Where do you sing? Tell me all the details.**

> **Model Answer**   I love to sing and I do it all the time. [좋아하는 이유] It **keeps** me **from** getting bored when I am doing chores and sometimes, I just sing to be in a good mood when I feel down. But my favorite time to sing is when I go to the karaoke with my close friends. In Korea, it is called Noraebang. I was never a good singer. In fact, I hated singing when I was young. But I really enjoyed hearing my friends sing. [동기] I **wanted to sing like them**, so I always went to the Noraebang with them on weekends. [선호하는 장소] If we have a big group, we go to Seoul to a really **nice and big** Noraebang. If the group is small, we usually look for a **small and cozy** place. My favorite Noraebang is located in Hongdae. The rooms have large windows that overlook the busy street. It is always fun and singing helps release the stress from the week.

해석   설문 조사에서 노래하기를 좋아한다고 했습니다. 혼자 노래하기를 좋아하나요? 아니면 다른 사람들과 함께 노래하기를 좋아하나요? 어디서 노래하나요? 자세하게 설명해 보세요.

저는 노래 부르는 것을 좋아하고 항상 노래를 부릅니다. 노래는 집안일을 하는 동안 제가 지루하지 않게 해 주고, 가끔은 우울할 때 단지 기분이 좋아지기 위해 노래를 부르기도 합니다. 그러나 제가 노래를 부르기 가장 좋아하는 때는 친한 친구들과 가라오케에 갈 때입니다. 한국에서는 이것을 노래방이라고 부릅니다. 저는 한 번도 노래를 잘 했던 적이 없습니다. 사실, 어렸을 때에는 노래하는 것을 싫어했습니다. 그러나 제 친구들이 노래하는 것을 듣는 것은 좋아했습니다. 저는 그들과 같이 노래하고 싶었고, 주말에 그들과 항상 노래방에 갔습니다. 만약 친구들이 많이 모이면 우리는 정말 좋고 큰 노래방에 가기 위해 서울로 갑니다. 인원이 소수라면 우리는 보통 작고 아늑한 곳을 찾습니다. 제가 가장 좋아하는 노래방은 홍대에 위치해 있습니다. 그곳에는 분주한 거리를 내다볼 수 있는 큰 창문이 있습니다. 밖을 내다보는 것은 항상 재미있고, 노래를 부르는 것은 주중의 스트레스를 해소하는데 도움을 줍니다.

Expressions 1. keep ⋯ from ~ ⋯가 ~하지 못하게 하다   2. want to ~ like them 그들처럼 ~하길 원하다
3. nice and big 좋고 큰   4. small and cozy 작고 아늑한

08 **You indicated in the survey that you travel overseas. Tell me about your first overseas trip. Where did you go and what did you do? Was it an enjoyable trip? Tell me about your experience in detail.**

> **Model Answer**   [소개] I still remember the day I took an airplane **for the first time**. It was a family trip to China. I was so excited to go abroad that I couldn't sleep the night before the trip. My father booked a tour for two nights and three days. [일정] We planned to visit the Great Wall of China and the Tiananmen Square. I couldn't believe my eyes when I arrived and saw them for the first time. I was looking at the sites that I only watched on TV before. It was awesome. [기타 특별한 경험] We also ate some **exotic food** like scorpions on a skewer and roasted caterpillar with seasoning. To be honest, I was shocked at first. They looked so scary to me. I didn't think I could eat them, but I did. I really enjoyed the trip because I had a lot of special experiences, and most of all, it was my first overseas trip.

해석   설문 조사에서 해외 여행을 다닌다고 했습니다. 당신의 첫 번째 해외 여행에 대해서 말해 보세요. 어디로 갔으며 무엇을 했나요? 즐거운 여행이었나요? 그 여행 경험을 자세히 설명해 보세요.

저는 제가 처음으로 비행기를 탔던 그 날을 아직도 기억합니다. 가족 여행으로 중국을 갔을 때였습니다. 저는 외국을 간다는 것에 너무 설레서 여행 전날 밤잠을 자지 못했습니다. 저희 아빠는 2박 3일의 여행 일정을 예약하셨습니다. 우리는 만리장성과 천안문 광장을 방문하기로 계획했습니다. 도착해서 그것들을 처음으로 봤을 때 제 눈을 믿을 수 없었습니다. 전에 오직 TV로만 봤던 그 장소들을 보고 있었습니다. 그것은 굉장한 광경이었습니다. 또한 우리는 전갈 꼬치와 양념된 애벌레 구이와 같은 이국적인 음식도 먹었습니다. 솔직히 말해서, 저는 처음에는 충격을 받았습니다. 그것들이 저에게 무섭게 보였기 때문입니다. 저는 그것들을 먹을 수 있으리라고 생각하지 않았는데, 먹었습니다. 제가 여행을 즐긴 이유는 특별한 경험을 많이 했고 무엇보다도 제 첫 해외 여행이었기 때문입니다.

Expressions 1. for the first time 처음으로   2. exotic food 이국적인 음식

09 **I'd like to know how you celebrated last Christmas. Where did you go and what did you do? Was it enjoyable? Tell me about your experience in detail.**

> **Model Answer** [여행지 소개] Last year for Christmas, I went with my family to the countryside in Gangwon-do to spend a week at a **ski resort**. I went with my father, mother, younger brother and my little sister as well as my grandmother and grandfather. It was a big group, so we rented a large pension near the ski resort for 5 days. [일일 일정] Everyday was fun and exciting. We woke up early to **go skiing and snowboarding** every morning. At lunchtime, we went to a nearby snack bar to grab something delicious and came back to the pension to take a nap. Then at night time, we ate dinner that my grandparents cooked for us. On Christmas day, we exchanged presents with each other and relaxed at a hot spring. We also had a special roast duck for dinner that my mother made. [마무리] It was **one of the best Christmas holidays** I ever had with my family and I will remember it forever.

해석   지난 크리스마스를 어떻게 축하했는지 알고 싶습니다. 어디로 갔고 무엇을 했나요? 즐거웠나요? 당신의 경험에 대해서 자세히 말해 보세요.

작년 크리스마스 날, 저는 스키 리조트에서 일주일 간 머물기 위해 가족과 함께 강원도의 시골로 갔습니다. 저는 아빠, 엄마, 남동생, 막내 여동생 그리고 할머니, 할아버지와 함께 갔습니다. 사람이 많았기 때문에 우리는 스키장 근처에 큰 펜션을 5일 동안 빌렸습니다. 하루하루가 재미있고 신났습니다. 우리는 스키와 스노보드를 타러 가기 위해 매일 일찍 일어났습니다. 점심 때 우리는 근처 간이 식당에서 맛있는 것을 먹고 펜션에 돌아와 낮잠을 잤습니다. 그리고 밤에 우리는 할머니 할아버지가 우리를 위해 차려 주신 저녁을 먹었습니다. 크리스마스 날 우리는 각자 선물을 교환했고 온천에서 쉬었습니다. 또한, 엄마가 특별히 만든 오리 구이도 저녁으로 먹었습니다. 그것은 제가 가족과 함께한 최고의 크리스마스 휴일 중 하나이고 저는 그날을 평생 기억할 것입니다.

Expressions
1. ski resort 스키 리조트
2. go skiing and snowboarding 스키와 스노보드를 타러 가다
3. one of the best Christmas holidays 최고의 크리스마스 휴일 중 하나

10 **What steps do you have to take to reserve a movie ticket? Tell me about the whole process from beginning to end.**

> **Model Answer** [의미] Going to the movies is a **big deal** for me. I really enjoy watching movies as a hobby, so I put a lot of thought and effort into each night out at the theater. [절차 1] First, I like to **go on-line and look up** the upcoming releases and mark them on my calendar ahead of time. That way, I can always be sure to get the first viewings of new movies. [절차 2] Then, I call a few of my friends to invite them to come to the movie theater with me. We make plans over the phone or via text messages to meet. Then I usually reserve the tickets for the group on-line, and **choose the seats** in the theater. The movie theater's website is really simple to use and it only takes 5 minutes to reserve tickets. [절차 3] Finally on the night of the movie, I go with my friends and **pick up the tickets at the box office** and enjoy the night.

해석   영화 티켓을 예매하기 위해서는 어떤 절차를 거쳐야 하나요? 모든 과정을 처음부터 끝까지 자세히 설명해 주세요.

영화를 보러 가는 것은 저에게 중요한 일입니다. 저는 취미로 영화를 보러 가는 것을 매우 즐기고, 그래서 영화관에 가는 것에 매번 많은 생각과 노력을 쏟습니다. 처음에 저는 온라인으로 어떤 영화가 개봉하는지 찾아본 후 제 달력에 미리 표시해 놓습니다. 그렇게 하면 새로 나오는 영화들을 항상 맨 먼저 관람할 수 있습니다. 그리고 제 친구 몇 명에게 전화를 걸어 저와 함께 영화관에 가자고 초대합니다. 우리는 통화 혹은 문자 메시지로 만날 계획을 세웁니다. 그 후에 온라인으로 표를 예매하고 극장 좌석을 고릅니다. 극장 사이트는 이용하기에 매우 간편하고 표를 예매하는 데 5분 밖에 걸리지 않습니다. 드디어 영화를 보러 가는 날, 저는 친구들과 함께 매표소에서 표를 받고 영화를 보며 저녁 시간을 즐깁니다.

Expressions
1. big deal 중요한 일
2. go on-line and look up 온라인으로 ~을 찾아보기
3. choose the seats 좌석 고르기
4. pick up the tickets at the box office 매표소에서 티켓 받기

11 I'm going to give you a situation for you to act out. A new outlet store recently opened near your house and there is going to be a big sale. Call the store and ask three or four questions about the sales.

> **Model Answer** [소개] Hello, I am calling to **ask about** the sale you are having. [질문 1] First, I want to know which items are actually on sale. Are they products from a previous season or are they more recent products? I also wanted to know what condition the items are in. I know you are an outlet store, so I thought that some of the sale items might be **broken or defective**. [질문 2] Second, when does the sale start exactly? Do you expect a lot of customers? If so, do you advise me to **come very early** on the first day of the sale? [질문 3] Third, are there any **limits on my purchases**? I am interested in buying a lot of items all at once if I find the right price. [질문 4] Lastly, can you tell me about your **return policy** for the items on sale? I want to know if I can return the items to any store that carries the same brands. Thanks for your help!

해석 상황을 드릴 테니 역할 연기를 해 보세요. 최근에 새로운 아웃렛 매장이 당신의 집 주위에 생겼는데 그 곳에서 대대적인 세일이 있을 예정입니다. 매장에 전화를 걸어서 세일에 대해서 서너 가지 질문을 해 보세요.

여보세요, 지금 하고 있는 세일 관련 문의로 전화 드렸습니다. 우선 어떤 상품들이 실제로 세일을 하고 있는지 알고 싶습니다. 그 상품들은 지난 시즌 것인가요? 아니면 더 최신 상품인가요? 또한 그 상품들의 상태가 어떤지 알고 싶습니다. 그곳이 아웃렛 매장이기 때문에 할인 상품 중 몇 가지는 고장 났거나 결함이 있다고 생각되기도 합니다. 두 번째로, 세일이 정확히 언제 시작하나요? 많은 사람들이 올 거라고 예상하시나요? 그렇다면, 세일 첫 날 매우 일찍 오는게 좋을까요? 세 번째로, 구매에 제한이 있나요? 저는 좋은 가격으로 한번에 많은 제품들을 사고 싶습니다. 마지막으로, 세일 상품에 관한 환불 방침을 말해 주실 수 있으신가요? 같은 브랜드의 상품을 파는 아무 상점에서나 환불을 받을 수 있는지 알고 싶습니다. 도와 주셔서 감사합니다!

Expressions
1. ask about ~에 관해 묻다
2. broken or defective 고장 났거나 결함이 있는
3. come very early 매우 일찍 오다
4. limits on my purchases 구매의 제한
5. return policy 환불 방침

 12 I'm going to give you a situation for you to act out. You want to go shopping with your friend. You send a text message to your friend, but he/she doesn't reply. Leave him/her a voice mail and ask three or four questions to set up an appointment.

> **Model Answer** [안부] Hey Inae, how are you? You didn't answer your phone, so I think you are **working late** at the office. [용건] I called you because I wanted to see if you could **come shopping with** me tomorrow. I want to buy some new electronics at Yongsan, but I need help negotiating prices. Can you come and help me buy some things if you are not busy tomorrow? If you can, how about meeting after you finish work? [시간 약속] We can **meet at 6:30 PM by exit #2** at Yongsan station. I don't think it'll take too long, so we could also grab dinner together in the city. Then, we can go to our home in Bucheon. What kind of restaurant do you want to eat at? [제안] If you like **foreign food**, I know a few restaurants in Itaewon, near Yongsan, that we can go to. Is there any shopping that you need to do? I hope there is. Call me back, and let me know!

해석 상황을 드릴 테니 역할 연기를 해 보세요. 당신은 친구와 쇼핑을 가고 싶습니다. 친구에게 문자 메시지를 보냈지만 대답이 없습니다. 그에게/그녀에게 약속을 정하기 위한 서너 가지 질문을 하는 음성 메시지를 남겨 보세요.

안녕, 인애야, 잘 지내? 전화를 받지 않는 걸 보니 사무실에서 늦게까지 일하는 것 같구나. 내일 나와 쇼핑을 함께 갈 수 있을지 알아보려고 전화했었어. 나는 용산에서 새로운 전자 제품을 사고 싶은데 가격 흥정에 네 도움이 필요해. 만약 내일 바쁘지 않다면 같이 가서 내가 물건 사는 것을 도와 줄 수 있니? 만약 가능하다면, 네가 퇴근한 후에 만나는 게 어때? 6시 30분에 용산역 2번 출구에서 만나면 될 것 같아. 쇼핑을 하는 데 많은 시간이 걸릴 것 같지 않으니 저녁도 먹자. 그리고 부천의 집으로 돌아오기로 하자. 어떤 음식점에 가고 싶니? 네가 만약 외국 음식을 좋아한다면, 나는 용산 근처 이태원에 우리가 갈 수 있는 음식점 몇 군데를 알고 있어. 너도 쇼핑이 필요하니? 그랬으면 좋겠어. 나에게 다시 전화해서 알려 줘!

Expressions
1. work late 야근하다
2. come shopping with ~ ~와 함께 쇼핑을 가다
3. meet at ~ by exit ~ ~출구에서 ~시에 만나다
4. foreign food 외국 음식

13 **You indicated in the survey that you enjoy cooking. What is your favorite dish? How do you cook it? Tell me the process in order.**

Model Answer I don't always have the time to cook. [예외] But whenever I have friends visiting my house, I **like to cook dinner** for them. My favorite dish to cook is a scallop recipe I learned from my father. [절차 1] It requires a bit of time as I have to **prepare the scallops** ahead of time and remove them from their shells. [절차 2] Next, I make a **marinade** with garlic, lemon and sesame sauce. I put the scallops in the marinade and then let them sit for a few hours. [절차 3] Thirty minutes before the dinner, I **cut and wash** the vegetables, such as asparagus and onions, and cook them lightly in a pan. To prepare the scallops, I quickly fry them in a pan after dipping them in fresh egg and flour. [마무리] This all takes only a few minutes to cook and it can be prepared right before my guests arrive. I **finish the dish** with a garnish of lemon and pepper.

해석 설문 조사에서 요리를 좋아한다고 했습니다. 가장 좋아하는 음식은 무엇인가요? 어떻게 요리를 하나요? 과정을 순서대로 말해 보세요.

저는 항상 요리를 할 여유가 있지는 않습니다. 그러나 친구들이 저의 집에 방문을 할 때마다 저는 그들을 위해 저녁을 만드는 것을 좋아합니다. 제가 가장 요리하기 좋아하는 음식은 저희 아빠에게서 배운 가리비 요리입니다. 그 요리는 제가 가리비를 미리 준비하고 그 껍데기를 벗기는데 약간의 시간을 요구합니다. 그 다음에 저는 마늘, 레몬 그리고 참기름으로 양념장을 만듭니다. 가리비를 양념장에 넣고 몇 시간 동안 재웁니다. 저녁 식사 30분 전에 저는 아스파라거스와 양파와 같은 채소들을 썰고 씻은 후, 프라이팬에 가볍게 요리합니다. 가리비를 준비하기 위해 신선한 달걀과 밀가루를 묻힌 뒤 빠르게 튀깁니다. 이 모든 요리 과정은 단 몇 분 밖에 걸리지 않고 손님들이 도착하기 바로 전에 준비될 수 있습니다. 저는 요리에 레몬과 후추를 첨가해 마무리를 합니다.

Expressions 1. like to cook dinner 저녁 요리하는 것을 좋아하다   2. prepare the scallops 가리비를 준비하다
3. marinade 양념장   4. cut and wash 썰고 씻기
5. finish the dish 요리를 마무리하다

14 **Tell me about your childhood hometown. How has it changed over the years? What things are the same? What things are different? Describe in detail.**

Model Answer [소개] My **childhood hometown** is Bucheon, Korea. Some of my earliest memories are of my grandmother Hyejin's peach farm far from downtown Bucheon. [과거의 특징] It was a **pretty**, **quiet place**, and the city was much smaller than it is now. There were many empty parks and small rivers where we could catch dragonflies during the summer. There weren't many people, and it seemed like everyone in the city knew each other. It really felt like the countryside. [현재의 특징] Compared to then, it looks very different now. There are many tall buildings in Bucheon and it has almost a million people. The streets **are always very busy** and there is even a new subway line under construction. [개인적 감정] But those changes don't affect my feelings toward Bucheon. For me, it still feels like a **small town** and everyone is very friendly to each other. The peach farms are gone, but there is a huge lake and parks that I can enjoy and that help me remember my childhood.

해석 어렸을 때 살았던 고향에 대해 말해 보세요. 그 동안 그곳은 어떻게 바뀌었나요? 어떤 것들이 그대로이고 무엇이 변했나요? 자세히 이야기해 보세요.

저의 어렸을 적 고향은 한국의 부천입니다. 아주 어린 시절 옛 기억의 일부는 부천 시내에서 멀리 떨어진 저희 혜진 할머니의 복숭아 농장입니다. 그 농장은 예쁘고 조용한 장소였고 도시도 지금보다 훨씬 작았습니다. 그곳에는 여름이면 잠자리를 잡을 수 있는 빈 공원과 작은 강들이 있었습니다. 부천에는 사람들이 많지 않았고, 그 도시에 있는 모든 사람들이 서로 아는 것처럼 보였습니다. 마지 시골처럼 느껴졌었습니다. 그때와 비교해 보면, 지금은 매우 다르게 보입니다. 거의 백만 명이 살고 있는 부천에는 많은 고층 빌딩들이 있습니다. 거리는 항상 사람들로 붐비고 심지어 새로운 지하철 노선도 공사 중에 있습니다. 하지만 이런 변화들이 부천에 대한 저의 감정에 영향을 끼치지는 않습니다. 저에게 부천은 아직도 작은 마을처럼 느껴지고 모두가 서로에게 친절한 곳입니다. 복숭아 농장은 이제 없지만 제가 즐거운 시간을 보낼 수 있고, 제 어린 시절을 기억할 수 있는 큰 호수와 공원들이 있습니다.

Expressions 1. childhood hometown 어린 시절 고향   2. pretty, quite place 예쁘고 조용한 곳
3. be always very busy ~는 많은 사람들로 붐빈다   4. small town 작은 동네

15 **You indicated in the survey that you like to go dancing. Where do you go when you want to dance? Why do you like that place? Tell me in detail.**

> **Model Answer**   Since I'm single and mostly shy around girls, my favorite place to dance is my bedroom. When I'm there, I feel like no one is watching me and I can dance as poorly as I want to. [소개] However, when I do get the courage to dance outside, I love to **go dancing in** Gangnam. I have been to two clubs there. The club I like better is called Club HJK. [선호하는 이유] It has **the type of music I like** to dance to and I feel like I can show off my good moves out when I go there. Plus, they allow people to go up to the dancing area next to the DJ booth. I like dancing around that area and getting attention. Lots of people cheer for me and the camera guy takes a lot of pictures of me. [마무리] Club HJK is very fun because of the **music, atmosphere, and a lot of people who enjoy dancing**.

해석   설문 조사에서 춤추러 가는 것을 좋아한다고 했습니다. 춤추고 싶을 때는 어디로 가나요? 왜 그곳을 좋아하나요? 자세히 말해 보세요.

저는 싱글이고 여자들 주위에서는 대체로 수줍음을 타기 때문에 춤을 추기 가장 좋아하는 장소는 제 침실입니다. 그곳에서는 아무도 저를 쳐다보지 않는다고 느끼기 때문에 제가 원하는 대로 아무렇게나 춤을 출 수 있습니다. 하지만, 제가 밖에서 춤을 출 용기가 생길 때면, 저는 강남으로 춤추러 가는 것을 좋아합니다. 저는 강남에서 2개의 클럽에 가 보았습니다. 제가 더 좋아하는 클럽은 HJK라고 불리는 클럽입니다. 그곳에서는 제가 춤추기 좋아하는 종류의 음악이 나오고 그곳에서는 왠지 저의 좋은 춤 실력을 보여줄 수 있을 것처럼 느낍니다. 더욱이, 그 클럽은 DJ 부스 옆까지 사람들이 올라가서 춤추는 것을 허용합니다. 저는 그 근처에 가서 춤을 추는 것과 주목을 받는 것을 좋아합니다. 많은 사람들이 저를 응원해 주고 사진도 많이 찍습니다. 클럽 HJK는 음악과 분위기 그리고 춤을 즐기는 많은 사람들 때문에 매우 즐겁습니다.

Expressions
1. go dancing in ~   ~에 춤추러 가다
2. the type of music I like   내가 좋아하는 음악 종류
3. music, atmosphere, and a lot of people who enjoy dancing   음악, 분위기, 그리고 춤을 즐기는 많은 사람들

Actual Test 2

Oral Proficiency Interview-computer

01 Let's begin the interview now. Tell me something about yourself and your interests.

> **Model Answer** [자기소개] My name is Min-soo. I am a third-year college student and I am **currently studying** English Literature. I am 23 years old and I have one younger sister who is still in high school. [일상생활] I am taking a lot of classes at school, so I am usually very busy studying. I also **work part-time** on campus for some extra money. It is a little stressful at times, especially during exam times, but I manage. [취미] When I have free time, I like to take pictures. I like street photography, so when I don't have class, I like to walk around the city and take pictures of the buildings and people walking on the street. I'm also **in the photography club at school**. We meet once a week and we go to different places and take pictures. I'm glad I joined the club because I have made a lot of friends there.

해석 인터뷰를 시작하겠습니다. 자기 소개를 하고 자신의 관심사에 대해 말해 보세요.

제 이름은 민수입니다. 저는 대학교 3학년이고 현재 영문학을 전공하고 있습니다. 저는 23살이고 아직 고등학생인 여동생이 있습니다. 저는 수업을 많이 듣기 때문에 항상 공부로 바쁩니다. 저는 또한 여분의 돈을 벌기 위해 교내에서 아르바이트를 합니다. 특히, 시험 기간에는 조금 스트레스를 받기도 하지만 감당하고 있습니다. 저는 여가 시간에 사진을 찍는 것을 좋아합니다. 저는 거리 사진을 좋아해서 수업이 없을 때마다 도시를 돌아다니며 빌딩이나 거리에서 걸어다니는 사람들의 사진을 찍는 것을 좋아합니다. 저는 또한 학교에서 사진 동아리에 속해 있습니다. 우리는 일주일에 한 번씩 만나서 여러 장소로 이동해 사진을 찍습니다. 저는 많은 친구들을 사귀었기 때문에 이 동아리에 가입한 것을 기쁘게 생각합니다.

Expressions 1. currently studying ~ 현재 ~을 공부하고 있다 2. work part-time 아르바이트를 하다
3. in the ~ club at school 학교의 ~ 동아리에 속해 있다

02 How do you spend time with your family at home? What kind of activities do you do together? Describe what you do in detail.

> **Model Answer** I got married two years ago, and now I live with my wife, parents, and two kids. [과거의 활동] Before I got married, I **didn't do anything special** at home with my family. When I came back from work, I just had dinner and went straight to my room to take a rest. On weekends, I preferred spending time outside. It changed a lot after I got married and had kids. [현재의 활동] Now, I spend most of my time at home when I am not working. All the adult family members help to **take care of** the two babies at home. My wife usually prepares the baby formula and feeds the babies. She cooks for other family members, too. [자신의 역할] I usually wash the babies and change their diapers. If I have spare time, I do house chores, such as cleaning or doing laundry. My parents usually play with the babies and make sure they don't do anything dangerous. [마무리] When the babies go to bed, the adults **have some beer together and chat**. Even then, we talk about the babies!

해석 당신은 집에서 가족들과 어떻게 시간을 보내나요? 어떤 활동을 함께 하나요? 자세히 설명해 보세요.

저는 2년 전에 결혼을 했고 지금은 아내, 부모님 그리고 2명의 아이들과 함께 살고 있습니다. 결혼하기 전 저는 가족과 집에서 특별한 것을 하지 않았습니다. 퇴근 후 집에 오면 저는 저녁을 먹고 바로 방으로 들어가서 휴식을 취했습니다. 주말에는 밖에서 시간을 보내는 것을 좋아했습니다. 결혼을 하고 아이가 생긴 후 많은 것이 변했습니다. 지금 저는 일을 하지 않을 때면 대부분의 시간을 집에서 보냅니다. 집안의 모든 어른들은 집에서 두 명의 아기들을 돌보며 돕습니다. 제 아내는 보통 유아용 유동식을 준비하고 아이들에게 먹입니다. 그녀는 나머지 식구들을 위해서도 요리합니다. 저는 보통 아이들을 씻기고 기저귀를 갑니다. 만약 여가 시간이 있으면 저는 청소나 빨래 같은 집안일을 합니다. 저희 부모님은 보통 아이들과 놀아 주고 아이들이 위험한 짓을 하지 못하게 하십니다. 아이들이 잠들면 어른들은 맥주를 마시며 이야기합니다. 우리는 심지어 그 때도 아이들에 대해 이야기 합니다!

Expressions 1. don't do anything 특별한 것을 하지 않다 2. take care of 돌보다
3. have some beer together and chat 같이 맥주를 마시고 이야기하다

Can you tell me about your neighborhood? What does it look like? What is it like to live in that part of town?

Model Answer [동네소개] I live in a small neighborhood in Incheon. There are a few large apartment buildings in the neighborhood, but most of the buildings are under seven stories. The neighborhood is really **nice and quiet**. One of the loudest times of the day is the morning when the kids are walking to school. [단점] Sometimes, the kids from the neighborhood get together after school and play outside. It gets **a little loud**, but it's not too bad. [장점] I like my neighborhood because it's **near the baseball stadium**. I love watching baseball so it's really convenient for me. My friends usually meet me up at my apartment and then we walk over to the stadium together. After the baseball games, we usually go to nearby restaurants to have dinner. Sometimes, I even go to a bar to enjoy drinking some beer with my friends. [마무리] It is a small town, but it has a really **nice neighborhood**.

해석 당신의 이웃 동네에 대해서 이야기해 줄 수 있나요? 어떻게 생겼죠? 그 지역에 사는 것에 대해서 어떻게 생각하나요?

저는 인천의 작은 동네에 살고 있습니다. 동네에는 몇 개의 큰 아파트가 있지만 대부분의 건물들은 7층 미만입니다. 동네는 매우 좋고 조용합니다. 하루의 가장 시끄러운 시간 중 한 때는 어린이들이 학교에 등교하는 아침입니다. 가끔 동네 아이들은 방과 후에 모여서 밖에서 놉니다. 조금 시끄럽긴 하지만 크게 나쁘진 않습니다. 제가 저희 동네를 좋아하는 이유는 근처에 야구장이 있기 때문입니다. 저는 야구 보는 것을 매우 좋아하기 때문에 매우 편리합니다. 제 친구들은 보통 저희 집에서 저를 만나서 경기장으로 같이 걸어갑니다. 야구 경기가 끝난 후, 우리는 보통 저녁을 먹기 위해 근처 레스토랑으로 갑니다. 가끔 저는 친구들과 맥주를 즐기기 위해 술집으로 갑니다. 작은 도시지만 정말 좋은 동네입니다.

Expressions
1. nice and quiet 좋고 조용한
2. a little loud 조금 시끄러운
3. near the baseball stadium 야구장 근처
4. nice neighborhood 좋은 동네

 Let's talk about a memorable experience that happened in your neighborhood. What happened? Tell me in detail.

Model Answer Not much ever really happens in my neighborhood. It's a little boring and there aren't many events that go on. [경험 소개] However, the most memorable experience when I was a child was **the fire in the apartment building** only a block away from my house. I remember it clearly because I was taking a shower and I could smell the smoke through the window. At first, I thought it was something burning in my house. [행동] But, I looked out the window and realized it was coming from the outside. Just like many other people, I **ran outside** to find out what was happening. Many people were running away from the fire or standing and watching the building burning before the fire truck arrived. [느낀 감정] It was a **very shocking experience** for me because it was the first time seeing something like that in real life.

해석 동네에서 일어났던 일 중 기억에 남는 경험을 말해 보겠습니다. 어떤 일이 있었나요? 자세히 설명해 보세요.

저희 동네에서는 많은 일이 일어나지 않습니다. 이곳은 약간 지루하고, 많은 이벤트도 없습니다. 하지만 제가 자라는 동안 가장 기억에 남는 경험은 저희 집에서 한 블록 떨어진 곳의 아파트에 불이 난 것입니다. 제가 이것을 똑똑히 기억하는 이유는 그 때 샤워 중이었고 창문을 통해 연기의 냄새를 맡을 수 있었기 때문입니다. 처음에 저는 저희 집에서 무언가 타고 있는 줄 알았습니다. 하지만 창밖을 내다보고는 그 연기가 밖에서 오는 거라는 것을 깨달았습니다. 다른 많은 사람들처럼 저도 무슨 일이 일어나고 있는지 알기 위해 달려 나갔습니다. 많은 사람들은 불길을 피해 도망치거나 소방차가 오기 전에 서서 빌딩이 불에 타는 것을 바라보았습니다. 그것은 저에게 매우 충격적인 경험이었는데 왜냐하면 그런 것을 실제로 본 것이 처음이었기 때문입니다.

Expressions
1. the fire in the apartment building 아파트 건물의 화재
2. run outside 밖으로 달려나가다
3. very shocking experience 매우 충격적인 경험

05 I'd like to know about the time you had a problem while using the Internet. What happened and why did it give you trouble? Tell me your experience in detail.

> **Model Answer** [문제점] One time I was using my computer at home and I **lost my Internet connection**. It was the first time it happened so I wasn't sure what to do. But, it really bothered me and made me angry in the end. At first, I wasn't sure if it was a problem with the router or with the actual Internet provider. [조치 1] I thought there was a problem with the Internet company, so I made a call first. They told me that they would **check for a problem**, and put me on hold for twenty minutes. Then, they said there was no problem with my service. So, I wasted a lot of time talking to them. [조치 2] Then, I called the company that made the modem I was using. They just told me to **unplug the router and plug it back in**. When I did that, everything worked fine. I couldn't believe it was so simple.

해석 당신이 인터넷을 사용하면서 겪었던 문제점에 대해서 알고 싶습니다. 어떤 일이 있었고 그것이 왜 당신을 곤란하게 만들었나요? 경험에 대해 자세히 설명해 보세요.

어느 날 저는 집에서 컴퓨터를 사용하다가 인터넷 연결이 끊어진 적이 있었습니다. 그런 일이 발생한 것은 처음이었기 때문에 저는 무엇을 해야 할지 잘 몰랐습니다. 그것은 저를 정말 짜증나게 했고 결국엔 화나게 했습니다. 처음에 저는 이게 라우터의 문제인지 아니면 진짜 인터넷 회사의 문제인지 확신할 수 없었습니다. 저는 인터넷 회사의 문제라고 확신하고 일단 전화를 걸었습니다. 그들은 저에게 무슨 문제가 있는지 확인을 한다고 말했고 저를 20분 동안이나 기다리게 했습니다. 그리고 그들은 제 인터넷 서비스에는 아무런 문제가 없다고 말했습니다. 그래서 저는 많은 시간을 그들과 통화하는데 낭비했습니다. 그 다음, 제가 쓰고 있는 모뎀을 만든 회사에 전화를 걸었습니다. 그들은 저에게 라우터의 플러그를 뺐다가 다시 끼우라고 했습니다. 제가 그렇게 하자, 모든 것이 제대로 작동하였습니다. 그렇게 문제가 간단히 해결 된 걸 믿을 수 없었습니다.

Expressions
1. lose my Internet connection 인터넷 연결이 끊어지다
2. check for a problem 문제를 확인하다
3. unplug the router and plug it back in 라우터의 플러그를 뺐다가 다시 끼우다

06 Think about the first day at your school and tell me how it changed over the years. What things are the same and what things are different? Describe it in detail.

> **Model Answer** I still remember about my first day in university very clearly. [시기와 상태] It was **early March**, so the weather was quite chilly, and I was **nervous** about starting a whole new chapter in my life. The school was far, so I left home an hour before the first class. [문제 상황] But there was a big traffic jam on the street, so the bus hardly moved. I got off and took a taxi, but it didn't go much faster. I was **30 minutes late to the class**, and everybody looked at me when I went into the classroom. I was really embarrassed, and I wanted to cry. [결론] However, that happening helped me to **make many friends** because all the other students in the class got to know me. I am still close to many students in that class, but I don't go to my classes late anymore. These days, I leave home 3 hours before the first class.

해석 학교에서의 첫날에 대해 생각해 보고 이후 몇 년간 어떤 변화가 있었는지 말해 보세요. 같은점과 다른점은 무엇입니까? 자세히 설명해 보세요.

저는 대학교에서의 첫날을 아직도 생생히 기억합니다. 이른 3월이었기 때문에 날씨는 꽤 쌀쌀했으며 저는 제 인생에서 새로운 장을 시작한다는 것에 대해 긴장한 상태였습니다. 학교가 멀어서 저는 수업 시작 한 시간 전에 집에서 출발하였습니다. 하지만 거리가 교통 체증으로 크게 혼잡해서 버스는 거의 움직이지 않았습니다. 저는 내려서 택시를 탔지만 택시도 빠르게 움직이진 않았습니다. 저는 수업에 30분 지각했고, 제가 강의실에 들어갔을 때 모두가 저를 쳐다봤습니다. 저는 매우 당황했고 울고 싶었습니다. 그러나, 그 사건이 많은 친구들을 사귀게 도와주었는데 왜냐하면 수업을 들었던 모든 학생들이 저를 알게 되었기 때문입니다. 저는 그 수업에 있던 많은 학생들과 지금도 친하게 지내지만 더 이상 수업에 늦지는 않습니다. 요즘 저는 첫 수업 시작 3시간 전에 집에서 출발합니다.

Expressions
1. early March, nervous 이른 3월, 긴장한
2. 30 minutes late to the class 수업에 30분 지각하다
3. make many friends 친구를 많이 사귀다

I'd like to know about the university club activities you participated in. What kind of club was it? What was your role? Describe what you did in as much detail as possible.

Model Answer [계기] In high school, I really started to get good at bowling. I went bowling with my friends about twice a week. So when I got to my university, I was really looking forward to joining the bowling club. However, after looking around for a week, I found out that my university actually didn't have a bowling club. [해결책] So, I decided to **start my own bowling club** at the university. Starting the club was very difficult, but it turned out great. I was the president of the club and my friend was the vice-president. Since it was a new club, I was in charge of a lot of things. I had to organize meetings for the club. I also had to find members to join the club. [마무리] It was really stressful to start the club, but it was also a **really rewarding experience**. Now there are 10 students in the club, and we enjoy going bowling every weekend.

해석   당신이 참여했던 대학교 동아리 활동에 대해서 알고 싶습니다. 어떤 종류의 동아리였나요? 당신의 역할은 무엇이었나요? 거기서 무엇을 했는지 가능한 자세히 말해 보세요.

고등학교 때, 저는 볼링을 잘 치기 시작했습니다. 친구들과 일주일에 두 번 정도 볼링을 치러 갔습니다. 그래서 대학교에 입학했을 때, 저는 볼링 동아리에 가입을 정말 고대하고 있었습니다. 하지만 일주일 동안 찾아본 결과 저희 학교에는 볼링 동아리가 없다는 것을 알게 되었습니다. 저는 대학에서 제 볼링 동아리를 시작하기로 결정했습니다. 동아리를 시작하는 것은 어려웠지만 결국에는 훌륭했습니다. 저는 동아리의 회장이 되었고 제 친구는 부회장이 되었습니다. 새로운 동아리였기 때문에 저는 모든 일에 책임이 있었습니다. 저는 동아리를 위한 모임을 구성해야 했습니다. 저는 또한 동아리에 가입할 멤버도 찾아야 했습니다. 동아리를 시작한 건 매우 스트레스받는 일이었지만 또한 매우 보람찬 경험이었습니다. 현재, 동아리에는 10명의 학생이 있고 우리는 매 주말 볼링 치러 가는 것을 즐깁니다.

Expressions 1. start my own bowling club 자신의 볼링 동아리를 시작하다

2. really rewarding experience 매우 보람찬 경험

 What kind of books do you like to read? Do you like fictions or non-fictions? Why do you like those particular types of books? Tell me in detail.

Model Answer [선호도 소개] I like to read **fiction, especially fantasy novels**. I think fantasy novels are the most entertaining. They take you to different magical worlds with fantastic characters. I think non-fiction is quite boring. [비선호 이유] Some of my friends enjoy non-fiction and they recommended that I read a few of their favorite books. I tried to read them, but I realized non-fiction is **not enjoyable**. If I want to learn about things that happened before or that are happening now, I prefer reading the news, or a history book. When I read books, [선호하는 이유] I mostly read for pleasure, and I want to get away from my stressful life. I think that fiction, especially fantasy, lets me **escape from all the troubles and problems** I'm having in real life. It really helps me to relax. There's nothing like lying in bed with a great fantasy novel in my hands.

해석   당신은 어떤 종류의 책을 읽는 것을 좋아하나요? 소설을 좋아하나요, 아니면 비소설을 좋아하나요? 왜 그 종류들의 책을 선호하나요? 자세히 말해 보세요.

저는 소설, 특히 판타지 소설을 읽는 것을 좋아합니다. 저는 판타지 소설이 가장 재미있다고 생각합니다. 판타지 소설은 환상적인 캐릭터들과 함께 당신을 다른 마법의 세계로 데려갑니다. 저는 비소설이 매우 지루하다고 생각합니다. 제 친구들 중 몇몇은 비소설을 매우 즐기고 제가 그들이 좋아하는 책을 읽도록 권했습니다. 저도 시도 했지만, 비소설은 그 정도로 즐길 만하지 않았습니다. 제가 만약 과거에 일어난 사건이나 지금 일어나고 있는 것들을 배우고 싶다면, 저는 신문이나 역사책을 읽을 것입니다. 저는 즐거움을 위해 독서를 하고 그로 인해 저는 스트레스가 많은 제 인생에서 벗어나고 싶습니다. 제 생각에 소설, 특히 판타지는 제가 실제로 가지고 있는 어려움과 문제들로부터 저를 벗어나게 해 줍니다. 그것은 저를 정말 편안하게 해 줍니다. 침대에 누워서 훌륭한 판타지 소설을 손에 쥐고 있는 것만한 것은 없습니다.

Expressions 1. fiction, especially fantasy novels 소설, 특히 판타지 소설
2. not enjoyable 즐길 만한 게 아닌
3. escape from all the troubles and problems 모든 어려움과 문제들로부터 탈출하다

09 **You indicated in the survey that you eat out. Have you ever tasted exotic food? What did you try and how did you like it? Tell me your experience in as much detail as possible.**

> **Model Answer**   I eat out a lot and I like trying new cuisines from different countries. However, when I visited the Philippines, I tried some of their food, which I hated. [음식 소개] All the food was really strange, but the strangest thing that I ate was called **Balut**. Balut is a baby chicken that is still in the egg. It is boiled and people eat it. [싫어하는 이유] At first, I thought that it would be very fun to eat, but the taste and the texture were absolutely **disgusting**. It looks really normal at first, because it appears just like a regular egg. [음식 설명] But once you crack it open, you can tell immediately that it's different. It **doesn't look like** the white and the yolk of an ordinary egg. You can see parts of the chicken actually developed, like the wings and the head. [마무리] I took a bite into it, but I **spit it out** right away.

해석   설문 조사에서 외식을 한다고 했습니다. 색다른 음식을 맛본 적 있나요? 무엇을 먹었고 그 음식은 어땠나요? 그 경험에 대해서 가능한 한 자세히 설명해 보세요.

저는 외식을 많이 하고 다른 나라의 새로운 음식들을 먹어 보기를 좋아합니다. 그러나 제가 필리핀에 갔을 때, 저는 매우 싫어하게 된 필리핀 음식을 먹어 보았습니다. 모든 음식이 이상했지만, 제가 먹은 음식 중 가장 이상했던 음식은 발루트라고 불리는 것이었습니다. 발루트는 부화하기 직전의 병아리입니다. 사람들은 그것을 끓인 것을 먹습니다. 처음에 저는 그것을 먹는 게 매우 재미있을 거라고 생각했지만 그 맛과 질감은 극도로 역겨웠습니다. 겉보기에 매우 멀쩡해 보이는 이유는 그저 일반 달걀같이 보이기 때문입니다. 하지만 한 번 달걀을 깨 보면 매우 다르다는 것을 바로 구분할 수 있습니다. 그것은 보통 계란의 흰자와 노른자로 이루어져 있지 않습니다. 당신은 닭의 날개나 머리가 실제로 형성되어 있는 것을 볼 수 있습니다. 저는 한 입을 베어 물고는 바로 뱉었습니다.

Expressions 1. Balut 발루트(필리핀의 인기 음식) 2. disgusting 역겨운
3. don't look like ~ ~처럼 보이지 않다 4. spit out 뱉어 내다

10 **You indicated in the survey that you enjoy jogging. Why do you go jogging? What are the benefits you can get from doing it? Explain the reasons in as much detail as possible.**

> **Model Answer**   I really enjoy jogging. [습관] I **go jogging** at least five times a week, in the morning **before I go to work**. I could jog after work, but sometimes it's too hot to run in the evening. I think jogging helps me a lot. [선호 이유 1] It **helps me stay healthy** and I have lost a lot of weight since I started jogging. I also think that jogging helps me clear my mind. When I jog before work, I can plan out my day and make sure that I am mentally ready to do the things that I have to do. Without jogging, I would never be ready for my daily duties. I would only feel tired and sleepy. [선호 이유 2] Running also helps me to **release my stress**. When I exercise and sweat, I don't have any negative thoughts. So, I just go outside and run whenever I feel stressed. [선호 이유 3] Also, I listen to music while jogging. It really helps me to relax and **be in a good mood** in the morning.

해석   설문 조사에서 조깅을 즐긴다고 했습니다. 왜 조깅을 하나요? 조깅을 함으로써 얻는 이득은 무엇인가요? 당신의 의견에 대한 이유를 최대한 자세히 설명해 보세요.

저는 정말 조깅을 즐깁니다. 저는 적어도 일주일에 다섯 번 출근 전 아침에 조깅을 합니다. 퇴근 후에도 조깅을 할 수 있지만 저녁에 뛰기엔 가끔 너무 덥습니다. 제 생각에 조깅은 저에게 많은 도움이 되는 것 같습니다. 조깅은 저를 건강하게 해주며 조깅을 시작한 이후에 살도 많이 빠졌습니다. 저는 또한 조깅이 제 마음을 맑게 해 준다고 생각합니다. 출근 전 조깅을 할 때 저는 하루의 일과를 세우고 제가 해야 할 일을 하기 위해 정신적인 준비를 확실히 합니다. 조깅이 없다면 저는 일일 업무 준비를 절대로 할 수 없을 것이고 피곤하며 졸릴 것입니다. 달리는 것은 또한 제 스트레스를 해소해 줍니다. 제가 운동을 하고 땀을 흘리면, 저는 어떤 부정적인 생각도 하지 않습니다. 그래서 저는 스트레스를 받을 때마다 밖으로 나가서 달립니다. 또한, 저는 조깅을 하는 동안 음악을 듣습니다. 이것은 제가 아침에 긴장을 풀고 좋은 기분을 갖도록 해 줍니다.

Expressions 1. go jogging before I go to work 출근 전 조깅하다 2. help me stay healthy 건강하게 해 준다
3. release my stress 스트레스를 완화하다 4. be in a good mood 좋은 기분을 가지다

11 I'm going to give you a situation for you to act out. A new theater recently opened near your house. You have a small child and you want to take him/her to there. Call the theater and ask two or three questions to get more information.

> **Model Answer** [인사말] Hello. I want to go to a show this weekend and I have a few questions. The show looks very interesting, but I am concerned about several things. [문제점] I have a small child that I want to take with me. Would that be a problem? I am afraid of him crying during the show and causing an interruption. [해결 방안 1] Do you have a **children's section with soundproof windows**? If you do, I want to make a reservation for two seats. That would probably be the best. [해결 방안 2] If not, is there a way that I could **reserve tickets near an exit**, so I could take my kid out in case he starts crying? I was also wondering if you plan to have any kids' shows coming up in the near future. [마무리] I would really like to get my child interested in the arts at a young age. If you can answer my questions, it would be appreciated very much. Thank you.

해석 　상황을 드릴 테니 역할 연기를 해 보세요. 당신의 집 근처에 새로운 극장이 생겼습니다. 당신에게는 어린아이가 있고 아이를 극장에 데리고 가고 싶어합니다. 극장에 전화를 걸어서 두세 가지 질문을 해서 정보를 알아내 보세요.

　여보세요. 이번 주말에 공연을 보러 가고 싶은데 몇 가지 질문이 있습니다. 공연은 매우 흥미로워 보이지만 저는 몇 가지 걱정거리가 있습니다. 저는 데려가야할 어린아이가 있습니다. 이게 문제가 될까요? 아이가 공연 중에 울고 방해할까 걱정이 됩니다. 방음창이 있는 아동 구역이 있나요? 만약 있다면 두 자리를 예약하고 싶습니다. 아마 최선의 방법일 것 같네요. 만약 없다면, 제 아이가 울기 시작하면 밖으로 데리고 나갈 수 있게 출구 근처 자리를 예약할 수 있을까요? 저는 또한 극장에서 가까운 미래에 아이들을 위한 공연을 계획하고 있는지 궁금합니다. 저는 정말 제 아이를 어린 나이에 예술에 흥미를 갖도록 하고 싶습니다. 질문에 대답을 해 주신다면 고맙겠습니다. 감사합니다.

Expressions　1. children's section with soundproof windows 방음창이 있는 아동 구역
　　　　　　　2. reserve tickets near an exit 출구 근처 좌석을 예약하다

 12 I'm going to give you a situation for you to act out. You bought two musical tickets for yourself and your best friend. However, you cannot go because you have to go on a business trip. Call your friend and explain what happened. Suggest two or three solutions.

> **Model Answer**　Hello, Ji-sun. How are you doing today? I am afraid I have to give you some bad news. [문제점 명시] I am sorry, but I can't go to the musical this weekend. I suddenly have to **go on a business trip**. It is important business, so I can't get out of it. But I feel really bad about cancelling at the last minute, so I would like to give you two options about this matter. [대체 방안 1] First, I can just give you the two tickets before I leave and you can go to the show with someone else. [대체 방안 2] Another option is **calling the theater to see if I can change our tickets** for a different date. I know the show will go on for a few more weeks, so it will be possible. I'm free next weekend, so we can go then. Which do you prefer? [개인적 의견] I really wanted to go to the show with you, so I hope you choose the second option, but I understand if you are busy. Let me know.

해석 　상황을 드릴 테니 역할 연기를 해 보세요. 당신은 뮤지컬 티켓 2 장을 당신과 당신의 가장 친한 친구를 위해 구입했습니다. 그러나 당신은 출장 때문에 가지 못합니다. 친구에게 전화를 걸어 무슨 일이 일어났는지 설명하세요. 두세 가지 해결책을 제안해 보세요.

　지선아, 안녕. 오늘 기분 어때? 너한테 나쁜 소식을 전하게 되어서 유감이야. 미안한데 이번 주말에 뮤지컬을 보러 가지 못할 것 같아. 갑자기 출장을 가게 되었어. 중요한 일을 위한 출장이라 빠질 수 없어. 하지만 막판에 취소하게 되어서 매우 유감이야. 그래서 이 문제에 대해 두 가지 옵션을 주고 싶어. 우선 나는 떠나기 전에 네가 다른 사람과 공연을 볼 수 있도록 너에게 표 두 장을 다 줄 수 있어. 또 다른 방법은 극장에 전화를 걸어 날짜로 표를 바꿀 수 있냐고 물어보는 거야. 공연이 몇 주 동안 지속되기 때문에 아마 가능할 거야. 나는 다음 주말에 한가하기 때문에 그때 갈 수 있어. 어느 것을 더 선호하니? 나는 정말 너와 이 공연을 보러 가고 싶어서 네가 두 번째 방법을 선택하면 좋겠지만 네가 바쁘다면 이해해. 연락해 줘.

Expressions　1. go on a business trip 출장 가다
　　　　　　　2. calling the theater to see if I can change our tickets 극장에 전화해서 표를 바꿀 수 있는지 알아보다

13 Do you have a memorable teacher from college or high school? Why do you remember him/her? How did that person influence your life? Tell me about the teacher in detail.

> **Model Answer** [소개] My most memorable teacher was **my English teacher in high school**. His name was Joseph. He really did a lot for me when I was in high school. In my last year as a high school student, I got into trouble a lot and didn't take my studies very seriously. [개인적 어려움] I started hanging out with some boys who had a very bad influence on me. Not only did I start smoking cigarettes, but I also started ditching school and disrespecting teachers and classmates. [도움받은 내용] However, Joseph tried very hard to make me a better person. He always showed concern, and he **encouraged me to study** continuously. I learned a lot of English from him and he helped me after class to **work on college applications**. [마무리] Because of his help, I eventually got into college and turned my life around. Now I'm in college, and I'm **trying really hard to be an English teacher** just like Joseph.

해석   대학교나 고등학교 때 선생님 중에서 기억에 남는 선생님이 있나요? 그분을 왜 기억하나요? 그 사람은 당신의 인생에 어떤 영향을 주었나요? 그 선생님에 대해서 자세히 말해 보세요.

가장 기억에 남는 선생님은 고등학교 때 영어 선생님입니다. 이름은 Joseph입니다. 그는 제가 고등학교에 있을 때 저를 위해 정말 많은 것을 해 주셨습니다. 고등학교 마지막 학년에, 저는 말썽을 많이 부렸고 공부를 진지하게 여기지 않았습니다. 저는 저에게 나쁜 영향을 미친 남자 아이들과 놀기 시작했습니다. 저는 담배를 피우기 시작했을 뿐만 아니라 수업에 가지 않고 선생님과 반 친구들을 무시하기 시작했습니다. 그러나, Joseph은 저를 더 나은 사람이 되도록 많은 노력을 했습니다. 그는 항상 걱정을 했고 제가 공부를 계속할 수 있게 용기를 주었습니다. 그에게서 영어를 많이 배웠고 그는 방과 후에 대학 원서 쓰는 것을 도와 주었습니다. 그의 도움으로 저는 대학에 입학하였고 제 인생을 바꾸었습니다. 저는 지금 대학생이고 Joseph과 같은 영어 선생님이 되기 위해 열심히 노력하고 있습니다.

Expressions 1. my English teacher in high school 고등학교 때 영어 선생님
2. encourage me to study, work on college applications 공부할 수 있게 응원해 주다, 대학 원서 써 주다
3. try really hard to be an English teacher 영어 선생님 되려고 노력하다

14 What was the worst TV program you have ever watched? What kind of program was it and why did you dislike it so much? Tell me about the program in as much detail as possible.

> **Model Answer** [소개] The show I hate most is NCIS. It is an American drama about the **Naval Crime Investigation Squad**. [이유 1] The show is absolutely horrible because the characters on the show are so ridiculous. The most **ridiculous** character of them is the forensic scientist on the show. She is a very strange character. She wears a lot of make-up, always dresses in black, and she is interested in vampires and coffins. The other characters in the show are also boring. [이유 2] The plot is always so **predictable**. I can usually guess what is going to happen in the first twenty minutes of the show. Another thing that I hate is that the show is so unrealistic. The group is supposed to be an investigation team, but they always face much bigger problems than in reality. In every episode, they get into a gun fight or fighting against terrorists. [마무리] Everything about the show just makes me angry.

해석   당신이 시청했던 것 중 가장 최악의 TV 프로그램은 무엇인가요? 그것은 어떤 프로그램이고 왜 그토록 싫어했나요? 그 프로그램에 대해서 가능한 한 자세히 설명해 보세요.

제가 가장 싫어하는 TV 프로는 NCIS입니다. 이것은 해군 범죄수사대에 관한 미국 드라마입니다. 이 드라마가 굉장히 끔찍한 이유는 드라마의 등장인물이 터무니없기 때문입니다. 그들 중 가장 터무니없는 등장인물은 법의학자입니다. 그녀는 매우 이상한 인물입니다. 그녀는 두꺼운 화장을 하고 항상 검정색 옷을 입으며 뱀파이어와 관에 관심을 가지고 있습니다. 드라마의 다른 등장인물들은 매우 지루합니다. 줄거리는 매우 예측 가능합니다. 그 드라마의 초반 20분을 보면 보통 무슨 일이 벌어질지 추측할 수 있습니다. 제가 싫어하는 또 한 가지는 그 드라마가 너무 비현실적이라는 것입니다. 그 그룹은 조사팀이지만 그들은 항상 실제보다 더 큰 문제에 직면합니다. 모든 에피소드에서 그들은 총 싸움이나 테러리스트와의 싸움에 개입합니다. 그 드라마에 관한 모든 것이 저를 화나게 만듭니다.

Expressions 1. Naval Crime Investigation Squad 해군 범죄수사대   2. ridiculous 터무니없는
3. predictable 예측가능한

15 **Which do you prefer to watch on TV? Korean drama or American drama? Why? Tell me in detail.**

> **Model Answer** [선호] I prefer to watch American dramas for a few different reasons. A lot of **American dramas** broadcast in Korea are police dramas and I love watching them. My favorite show is Law & Order: SVU. [비선호 이유] In the case of Korean dramas, I think they are always very **obvious**. Usually, they have a strange love triangle, and everything always works out happily in the end. The main characters fall in love, break up, and fall in love again. [선호 이유 1] On the other hand, American police dramas have a lot of **twists and surprises**. The shows are exciting and I can never guess what will happen next. [선호 이유 2] I also like American dramas because they help me **learn English**. I can understand a lot of their conversation, and it is great listening practice. If I have trouble, I can usually find some of the scripts on-line to help me study. It's also a great way to pick up some English idioms.

해석   TV에서 한국 드라마와 미국 드라마 중 어느 것을 더 선호하나요? 왜 그렇죠? 자세히 설명해 보세요.
저는 몇몇 다른 이유들로 미국 드라마를 보는 것을 선호합니다. 한국에 방송되고 있는 많은 미국 드라마는 경찰 드라마이고 저는 경찰 드라마를 보는 것을 매우 좋아합니다. 제가 가장 좋아하는 드라마는 Law & Order: SVU 입니다. 한국 드라마의 경우, 항상 뻔합니다. 대개는 이상한 삼각관계와 행복한 결말이 있습니다. 주인공은 사랑에 빠지고, 헤어지고, 다시 사랑하게 됩니다. 이에 반해 미국 경찰 드라마는 많은 반전과 놀라움이 있습니다. 드라마는 매우 흥미진진하고 저는 무슨 일이 일어날지 짐작할 수 없습니다. 저는 또한 미국 드라마가 제 영어 공부를 도와 주기 때문에 좋아합니다. 저는 그들 대화의 많은 부분을 이해할 수 있고 그것은 좋은 듣기 연습입니다. 제가 이해하지 못할 때면 보통 온라인에서 대본을 찾아보고 공부합니다. 이것은 영어 숙어를 익히기 위한 훌륭한 방법입니다.

Expressions
1. American dramas 미국 드라마
2. obvious 뻔한
3. twists and surprises 반전과 놀라움
4. learn English 영어를 배우다

Translation(해석)

Oral Proficiency Interview-computer

Chapter 01 Self Introduction

Sample Answer 1

제 이름은 Kevin Kim입니다. 저는 28 살입니다. 저는 국제 금융 회사에서 일합니다. 저는 연구팀에 속해 있습니다. 저의 주된 역할은 식·음료 산업을 담당하고 있는 제 선배를 도와주는 것입니다. 저는 가족과 함께 삽니다. 제 부모님은 일을 하시고 여동생이 한 명 있습니다. 그녀는 패션 디자인을 전공하고 있는 대학교 신입생입니다. 저는 새로운 레스토랑과 바를 찾는 것에 관심이 있습니다. 제가 좋아하는 주말 활동 중 하나는 트렌디한 레스토랑과 바에 가는 것입니다. 저는 그곳에 가서 장소를 확인하고 왜 그들이 성공했는지를 분석하는 것을 좋아합니다. 저는 또한 여행하는 것을 매우 좋아합니다. 저는 일 년에 두 번 해외 여행을 가려고 노력합니다. 저의 목표는 이 세상에 있는 모든 나라를 방문해 보는 것입니다. 저는 새로운 음식과 문화를 경험하는 것을 좋아합니다. 그것은 제 시야를 넓혀주는데 정말 많은 도움이 됩니다.

Sample Answer 2

저의 가장 친한 친구는 Amanda Kim입니다. 우리는 대학교 오리엔테이션 중에 만났습니다. 그녀는 일반 한국인 여자들보다 큽니다. 그녀는 말랐습니다. 그녀는 운동하는 것을 좋아합니다. 그녀는 짧은 머리 스타일입니다. 저는 그녀의 까만 눈이 예쁘다고 생각합니다. 그녀는 패션과 화장품에 빠져 있습니다. 그래서 제가 패션에 관한 조언이 필요하면 항상 그녀와 이야기를 합니다. 그녀는 매우 조용합니다. 그녀는 항상 모든 일에 조심스럽습니다. 그래서 그녀는 낯선 사람들에게 말을 걸지 않습니다. 쇼핑을 가면, 그녀는 그녀에게 맞는 상품을 신중하게 고르기 위해 쇼핑에 많은 시간을 사용합니다. 그녀는 매우 열심히 일합니다. 그녀의 모습 중 가장 제 마음에 드는 것은 그녀는 언제나 이야기를 잘 들어주는 사람이라는 것입니다. 그녀의 성격은 저와 정반대입니다. 저는 그것이 우리가 좋은 친구 사이인 이유라고 믿습니다.

Sample Answer 3

제 소개를 해 보겠습니다. 저는 Sarah Choi입니다. 저는 First 대학을 졸업했습니다. 저는 통계학을 전공했습니다. 제 강점에 대해 이야기를 해 보겠습니다. 우선, 저는 다문화적 경험을 가지고 있습니다. 저는 4 개국에서 살았던 경험이 있습니다. 독일, 태국, 케냐 그리고 한국에서 살았습니다. 저는 저의 다문화적 경험이 다른 부류의 사람들을 이해하는데 도움이 될 것이라고 믿습니다. 둘째로, 저는 팀워크를 만드는데 강합니다. 학창 시절 동안 저는 5 년 넘게 오케스트라 활동을 했고, 그래서 팀으로 일하는 방법에 대해 배웠습니다. 팀워크는 일을 더 빨리 그리고 더 잘 할 수 있게 도와줍니다. 저의 최종 직업 목표는 글로벌 회사의 CEO가 되는 것입니다. 제 생각에 CEO들은 매우 중요한 일을 하는 것 같습니다. 저는 훗날 제 소유의 크고 성공적인 회사를 갖게 되길 희망합니다.

Chapter 02 Family

Sample Answer 1

저희 가족은 다섯 명으로 구성되어 있습니다. 부모님과 두 명의 오빠들 그리고 제가 있습니다. 저희 아빠는 공무원이시고 올해를 끝으로 은퇴할 계획을 가지고 있으십니다. 저희 엄마는 피아노 선생님이셨습니다. 제가 태어나자 엄마는 가르치는 일을 그만 두시고 저희 세 명을 돌보셔야 했습니다. 큰 오빠인 진수 오빠는 큰 대학 병원의 의사입니다. 다른 오빠인 지호 오빠는 기술자입니다. 저는 작은 IT 회사에서 마케팅 대리로 일하고 있습니다. 저희 가족은 모두 다른 직업을 가지고 있지만 다들 같은 취미를 가지고 있습니다. 한 달에 한 번 우리는 함께 낚시 여행을 갑니다. 우리는 단지 낚시만 하는 것이 아니라 캠핑도 합니다. 여름 낚시 여행도 재미있지만 저희 가족은 얼음을 깨고 추운 날씨에 낚시를 해야 하는 겨울 낚시 여행을 선호합니다.

Sample Answer 2

우리 가족이 가장 좋아하는 야외 활동은 뒷뜰에서 바비큐를 하는 것입니다. 우리는 매우 많은 음식을 준비합니다. 우리는 핫도그, 햄버거 그리고 샐러드를 준비합니다. 이것은 매우 재미있고 우리는 가끔 이웃들을 초대하기도 합니다. 아빠는 최고의 가정식 햄버거를 만드십니다. 그 햄거버는 버거 크라운보다 맛있습니다. 바비큐가 끝난 후에 우리는 배드민턴을 칩니다. 그것은 소화를 시키고 스트레스를 해소하기에 훌륭한 방법입니다. 저는 매우 경쟁심이 강해서 항상 아빠를 이기려고 합니다. 우리는 가족끼리 매우 좋은 추억을 만듭니다. 가족과 주말을 보내는 것은

교통 체증에 대한 걱정을 하지 않아도 되기 때문에 좋은 것 같습니다. 제 생각엔 다른 가족들도 우리 가족처럼 근처 공원에서 시간을 보낼 수 있을 거라고 생각합니다. 요즘에는 공원에 좋은 시설들이 많습니다. 이번 달의 바비큐 파티는 지난주에 이미 했지만 저는 벌써 다음달이 기대가 됩니다.

Sample Answer 3

아빠, 저에요, 지혜. 엄마가 방금 전화를 걸어서 아빠가 생신 식사를 집에서 하고 싶어하신다고 말씀해 주셨어요. 오늘은 외식을 하는 것이 더 좋을 것 같아요. 아빠가 가장 좋아하는 음식이 엄마가 해주는 쇠고기 구이라는 걸 알지만, 오늘밤 생일 파티를 위해 그 음식을 준비하는 데만 적어도 몇 시간이 소요될 거에요. 더군다나, 우리는 요리 재료조차도 없어요. 비밀로 하고 싶었지만 저는 벌써 한 달 전에 식당에 예약을 했어요. 시내에 있는 전통 구이 레스토랑에 10 명 자리를 예약해 놓았어요. 아빠가 그곳을 좋아하실 것이라고 확신해요. 그곳은 여러 음식 잡지에서 굉장히 좋은 평을 받았어요! 그리고 저는 작년부터 그곳에 아빠를 모시고 가고 싶었어요. 거기 특별 소스가 동네에서 가장 맛있다고 해요. 아빠 오늘 밤에 봐요, 알았죠? 퇴근 하실 때 전화주세요. 끊을게요.

Chapter 03 Housing

Sample Answer 1

저는 아파트에 살고 있습니다. 제 아파트는 서울의 북쪽에 위치해 있습니다. 아파트는 유명한 대학이 많은 신촌 근처에 위치해 있습니다. 저는 가족과 함께 삽니다. 저는 사랑스러운 아내와 두 명의 귀여운 아이들과 삽니다. 저희 아파트는 높습니다. 그것은 25층짜리 건물입니다. 제 아파트 단지 안에는 일곱 개의 빌딩이 있습니다. 저는 18층에 삽니다. 저희 집에는 총 4 개의 방이 있습니다. 첫 번째 방은 안방입니다. 저와 저의 아내를 위한 방입니다. 그 방에는 큰 침대 밖에 없습니다. 두 번째 방은 저의 개인 서재입니다. 거기에는 컴퓨터와 오디오와 많은 책들이 있습니다. 세 번째 방은 제 아이들을 위한 방입니다. 저의 2 살짜리 딸과 한 살인 아들은 방을 같이 씁니다. 그 방은 아이들에게 놀이터입니다. 많은 종류의 장난감과 책으로 가득 차 있습니다. 마지막 방은 손님방입니다. 그 방은 어머니가 저희 집에 오실 때 쓰시기에 완벽합니다.

Sample Answer 2

저는 아파트에 사는 것보다 주택에서 사는 것을 선호합니다. 그 첫 번째 이유는 주택에서는 애완동물을 기를 수 있기 때문입니다. 저는 개를 사랑합니다. 그러나 제 아파트에서는 애완동물을 키우는 것이 불가능합니다. 그리고 주택에서의 삶은 좀 더 질 높은 생활을 가능하게 합니다. 아파트에서는 퇴근 후에 TV를 보는 것 밖에 할 것이 없습니다. 하지만 제가 만약 주택에서 산다면, 저는 가까운 친구들을 모아 바비큐 파티를 할 수 있을 것입니다. 또한 저의 아이들과 넓은 정원에서 같이 놀 수도 있습니다. 또한 주택에 사는 사람들은 사적인 생활을 더 즐길 수 있습니다. 예를 들어, 아파트에서는 밤에 음향을 최대로 틀어놓고 영화를 볼 수 없습니다. 왜냐하면 제 주변에는 이웃들이 있기 때문입니다. 그러나 아파트에 사는 것의 장점은 편리하다는 것입니다. 아파트 단지 안의 경비원들 때문에 저는 안전하고 편리한 생활을 즐길 수 있습니다.

Sample Answer 3

여보세요? 저는 Annie라고 합니다. Jay와 통화할 수 있을까요? Jay, 네가 시골로 이사 갈 생각을 하고 있다고 들었어. 나는 네가 그곳에서의 생활을 잘 즐길 수 있을 거라고 확신해. 너는 작가이기 때문에 너의 사적인 공간이 반드시 필요할거야. 이 도시에서는 넓고 조용한 장소를 찾기가 힘들어. 또한 나는 너의 가족들도 너의 결정에 만족할거라고 생각해. 너의 아내인 Tina가 항상 정원을 갖길 원했다는 걸 알아. 이제 그녀는 그곳에서 채소와 허브를 기를 수 있어. 너의 딸, Jessica는 그녀가 원할 때면 아무 때나 피아노를 칠 수 있을 거야. 너의 아파트에서는 밤에 피아노를 치는 게 불가능 하잖아. 시골에서는 Jessica가 밤에 피아노를 쳐도 아무 문제 없을 거야. Jay, 한 번 더 말하지만 정말 잘했어. 그곳에 이사 가서 우리 초대하는 거 잊지마.

Chapter 04 Work

Sample Answer 1

저는 저의 상사인 James Kang씨를 소개하고 싶습니다. 그는 SM 증권사에서 해외 사업 개발 부서를 담당하고 있습니다. 그는 25년 동안 이 회사에서 일 했습니다. 그는 우리 회사의 전설입니다. 그는 우리 회사가 성공적인 이유입니다. 그의 외모는 그리 눈길을 끌지는 않습니다. 그의 키도 그저 평균입니다. 그는

옷도 보수적으로 입습니다. 하지만 그는 매우 강한 첫인상을 가지고 있습니다. 그를 만난 사람들은 언제나 그를 기억합니다. 제 생각에 그가 친절하고 똑똑하기 때문인 것 같습니다. 저에게 그는 단순한 상사 이상입니다. 그는 저의 멘토이자 친구입니다. 저에게 문제가 있을 때마다 저는 항상 그에게 먼저 얘기를 합니다. 그는 제 말을 들어주고 진실한 조언을 해줍니다. 그는 완벽한 상사입니다. 저는 그와 일하는 것이 정말 좋습니다.

Sample Answer 2

저는 직장에서의 전형적인 하루 일과에 대해 말해 보려고 합니다. 저는 SM 증권사 글로벌 비즈니스 개발팀에서 부장으로 있습니다. 제 주된 역할은 새로운 국가에서 새로운 비즈니스 기회를 찾는 것입니다. 제 하루는 아침 일곱 시에 시작합니다. 제일 처음으로 저는 이메일을 살펴봅니다. 보통 하룻밤에 저는 30개에서 50개 사이의 메일을 받습니다. 이메일을 훑어본 후, 저는 오늘 할 일의 리스트를 만듭니다. 저는 5개가 넘는 프로젝트를 관리하고 있기 때문에 모든 세세한 일까지 조치를 취하기 어렵기 때문입니다. 새로운 비즈니스를 개발하기 위해서는 고려해야 할 사항들이 많습니다. 제 '해야 할 일' 목록은 저의 시간 관리를 도와줍니다. 저는 정기적인 팀 회의, 그리고 글로벌 네트워크와 하는 화상 회의에 참가합니다. 점심 후에는 더 많은 회의들이 있습니다. 저는 법무팀, 회계팀 등 다른 팀들과의 많은 회의들이 있습니다. 일 주일에 두 세 번은 외부에서 미팅도 있습니다. 저는 매일 보통 9시쯤 일을 끝냅니다.

Sample Answer 3

Jamie, 너의 상황을 이해하고 있어. 박 부장님께서 너에게 내일 오전 8시까지 임원 보고서를 완료하라고 하셔서 놀랐어. 네가 딱하다는 생각이 들어. 박부장님이 퇴근하기 바로 전에 그런 지시를 내렸다는 게 믿어지지가 않아. 그리고 너에게 이런 말하기 미안한데, 오늘이 우리 엄마 환갑이셔. 나는 엄마에게 뭔가 특별한 걸 해 드리고 싶어. 그래서 나는 미리 예약을 해놓고 엄마의 친한 친구들을 초대했어. 내가 그 파티의 주최자야. 내가 만약 거기에 없다면, 그건 매우 어색한 일일거야. 나는 엄마를 실망시켜 드리고 싶지 않아. 이런 말 하고 싶지 않지만, 오늘 너와 같이 일을 못할 것 같아. 하지만 너를 도와줄 수 있는 사람을 알고 있어. 내가 너를 위해 그에게 부탁을 해도 괜찮겠니? 오늘 그와 점심을 먹었어. 그는 오늘 특별한 약속이 없다고 했어. 나는 그가 완벽한 대체자라고 확신해.

Chapter 05 School

Sample Answer 1

저는 하나 대학교를 졸업하였습니다. 하나 대학교는 한국에서 역사가 깊은 대학교입니다. 하나 대학교는 서울에 위치해 있습니다. 캠퍼스 근처에는 좋은 레스토랑들과 상점들이 많이 있습니다. 서울은 제가 학교를 다닐 때 매우 트렌디한 장소였고 그 근처에는 많은 대학들이 있었습니다. 하나 대학교는 큰 캠퍼스를 가지고 있습니다. 봄에는 캠퍼스의 길들이 벚꽃과 함께 분홍색으로 변합니다. 가을에는 은행나무가 길을 아주 멋진 노란색으로 만듭니다. 그 기간 동안 그곳을 거닐고 있는 연인들을 발견하는 건 놀라운 일이 아닙니다. 저는 많은 시간을 학생회관에서 보냈습니다. 학생회관 안에는 큰 식당과 상점, 카페 등 학생들이 즐길 수 있는 많은 편리한 시설들이 있었습니다. 그곳은 항상 붐볐습니다. 저는 또한 캠퍼스 안에 큰 병원과 동문 회관, 여러 개의 콘서트 홀과 학생 기숙사를 기억합니다. 이 캠퍼스는 학생들이 대학생활을 즐길 수 있는 풍부한 시설들을 제공합니다.

Sample Answer 2

학교에서 가장 기억에 남는 일은 제가 고등학교 졸업식에서 국가를 불렀을 때입니다. 졸업식 일주일 전, 졸업식을 할 때 솔로로 국가를 부를 사람을 뽑는 오디션이 있었습니다. 제 음악 선생님은 저에게 오디션에 도전해 보라고 하셨습니다. 정말 놀랍게도, 제가 선택되었습니다. 졸업식에는 수백 명의 사람들이 있었습니다. 저는 긴장되었습니다. 그러나 엄마가 저를 바라보고 계신 것을 볼 수 있었습니다. 저는 엄마가 저를 자랑스럽게 생각하고 있다는 것을 알 수 있었습니다. 저는 매우 기뻤습니다. 수백 명의 학생들 중에 저는 유일한 한국인이었습니다. 한국인 소녀가 미국에서 국가를 부른 다는 것은 흔치 않은 일이었습니다. 그것은 특별한 경험이었습니다. 전 선생님과 친구들에게 인정받았습니다. 그것은 제가 평생 잊지 못할 경험이었습니다.

Sample Answer 3

Heather, 네가 대학원에 진학하는 것과 유학을 가는 것 중 하나를 선택하려 한다고 들었어. 내가 조언을 하기 전에 너의 의견을 듣고 싶어. 어떤 일을 하고 싶고 또 왜 그것을 하고 싶니? 이건 매우 중요해. 너의 결정에 따라 너는 앞으로 매우 다른 삶을 살게 될 거야. 네 꿈은 무엇이니? 네 목표는 무엇이니? 네가 무엇을 원하는지 아는 건 중요해. 나는 네가 항상 교수가 되고

싶어했다는 거 알아. 그러나 박사 학위로는 교수가 되기에 부족해. 너는 좋은 영어 실력뿐만 아니라 국제적인 교사 경력이 필요해. 나는 네가 결정을 내리기 전에 좀 더 시간을 두고 생각해 보기를 제안해. 어떤 결정이 네 최종 목표를 성취할 때 도움을 줄 지 잘 생각하려고 노력 해봐. 그게 지금 네가 직면하고 있는 문제를 해결해 줄 거야.

Chapter 06 Vacation

Sample Answer 1

제가 가장 방문하기 좋아하는 곳은 하와이입니다. 하와이에는 여덟 개의 주요 섬이 있습니다. 그곳의 날씨는 항상 좋습니다. 그곳은 따뜻한 열대 기후를 가지고 있습니다. 그곳은 다양한 자연 경관과 많은 해변들로 유명합니다. 게다가 열대 과일, 매력적인 음악과 함께 훌라 춤을 추는 댄서들도 있습니다. 하와이는 휴식을 취하며 마음을 상쾌하게 만들기에 완벽한 장소입니다. 그곳에는 많은 아름다운 해변들이 있습니다. 하와이에 있는 사람의 절반 정도는 관광객입니다. 관광객 중 대부분의 사람들은 신혼여행을 와있는 사람들입니다. 제가 열세살 때 하와이에 갔습니다. 저는 가족 여행으로 그곳에 갔습니다. 저는 그곳 사람들이 매우 친절했던 것을 기억합니다. 모두가 웃고 있었습니다. 그 때 이후로, 저는 하와이에 방문할 몇 번의 기회가 있었지만 가지 않았습니다. 저는 그곳을 제 신혼여행을 위해 남겨 놓고 싶었습니다. 저는 그곳에 가서, 많은 흥미로운 섬들을 방문하고 즐거운 시간을 가지고 싶습니다. 저는 스쿠버 다이빙에 도전하고 맛있는 해산물을 많이 먹을 것입니다.

Sample Answer 2

저는 제 친구 Sam을 위해 하루 동안의 여행 계획을 세웠습니다. 저는 아침 9시부터 밤 8시까지의 관광 일정표를 만들었습니다. 우리는 아침에 서울의 북쪽에 그리고 오후에는 남쪽에 갈 것입니다. 우리는 인사동에서 아침 9시에 만날 것입니다. 첫 번째로, 우리는 한국의 전통차를 마실 것입니다. 그것은 하루를 시작하는 좋은 출발이 될 것입니다. 그 후에 우리는 경복궁에 갈 것입니다. 그곳은 서울에서 가장 큰 궁입니다. 우리는 근처에서 점심을 먹을 것입니다. 점심 후에 우리는 현대적인 한국을 경험하기 위해 서울의 남쪽으로 갈 것입니다. 첫 번째로, 우리는 가로수 길을 갈 것입니다. 그곳에는 트렌디한 상점과 음식점들이 있습니다. 우리는 중심가를 돌아다니고 커피를 마실 것입니다. 그 후에 우리는 잠실로 갈 것입니다. 그 곳에는 우리가 놀이기구를 즐길 수 있는 놀이공원이 있습니다. 그 후에 우리는 한국식 퓨전 음식을 먹으면서 하루를 마무리할 것입니다.

Sample Answer 3

여보세요? 거기 고고 여행사인가요? 저는 Stephanie라고 합니다. 김씨와 통화할 수 있을까요? 그는 우리 가족 여행을 담당하고 있습니다. 미스터 김이세요? 저의 세부 여행이 준비가 되었는지 확인하고 싶습니다. 우선, 날짜를 한 번 더 확인하고 싶습니다. 우리는 6월 2일에 인천에서 출발하고, 6월 12일에 돌아옵니다. 세부에 있는 호텔에 이른 체크인을 부탁했습니다. 제 비행기가 7시에 도착하기 때문에 저는 8시에 체크인을 하고 싶습니다. 저는 두 명의 아이들이 있어서 호텔 로비에서 아이들과 기다리는 것은 매우 불편할 것 같습니다. 또한 저는 제 아이를 위해 여분의 침대를 부탁했었습니다. 그리고 우리가 수상 스포츠를 예약할 수 있는지도 알고 싶습니다. 제 아들들이 스노클링을 매우 하고 싶어합니다. 도와 주셔서 감사하고 빠른 답변 기다리겠습니다.

Chapter 07 Movies

Sample Answer 1

제가 가장 좋아하는 영화는 Transformers 3입니다. 저는 Transformers의 모든 시리즈를 다 보았습니다. 그리고 저는 새로운 로봇 캐릭터들로 가득 찬 예고편에 마음을 뺏겼습니다. Transformers 3는 전형적인 헐리우드 SF 액션 영화입니다. SF 액션은 제가 제일 좋아하는 영화 장르입니다. 컴퓨터 그래픽을 가미한 다양한 헐리우드 대작들이 있지만 제 생각에는 Transformers 3가 역대 최고입니다. 사실 저는 Michael Bay 감독의 열혈 팬입니다. 그의 영화는 항상 세계 박스 오피스에서 상위권을 차지합니다. 영화는 관객들이 힘든 현실에서 탈출할 수 있게 재미있고 스케일이 커야 합니다. Transformers 3의 가장 훌륭한 장면은 영화 마지막 부분의 추격신이었습니다. 그 장면에서는 자동차들이 자유롭게 로봇으로 변신하며 악당과 싸웁니다. 저는 굉장히 압도되었고 마지 제가 영화 속 한 캐릭터처럼 느껴졌습니다. Transformers 3는 제 인생에서 최고의 영화입니다. 그리고 저는 다음 편이 너무 기대됩니다.

Sample Answer 2

저는 영화관에서 지갑을 잃어버렸던 날을 잊을 수가 없습니다. 끔찍한 일이 저에게 일어났습니다. 저는 여자 친구와 극장에 갔는데 뒷주머니에 넣어둔 지갑을 잃어버렸습니다. 거기에는 제 모든 신용 카드와 많은 현금이 들어 있었습니다. 제 여자 친구와 저는 지갑을 찾기 시작했습니다. 우리는 우리가 다녔던 모든 장소를 찾아봤습니다. 그리고 은행에 알리고 모든 신용 카드를 정지시켰습니다. 저는 너무 당황해서 영화를 보는 것조차 잊어버렸습니다. 저는 여자 친구가 저에게 투덜대지 않은 것에 대해 고마워 했습니다. 우리는 거의 두 시간 동안 지갑을 찾아 헤맸고 결국에는 영화를 아예 못 보고 말았습니다. 결국에 저는 화장실 쓰레기통에서 지갑을 찾았습니다. 제 생각에 제가 공공 화장실에서 지갑을 떨어뜨린 것 같습니다. 다행히도 누군가가 현금만 빼고 지갑을 쓰레기통에 던져 놓았습니다. 이 일은 최악이었지만, 또 영화관에서의 가장 기억에 남는 일입니다.

Sample Answer 3

여보세요? 거기 랜드마크 영화관이죠? 온라인 예약을 담당하고 있는 매니저분과 통화할 수 있을까요? 안녕하세요, 저는 Daniel Kim입니다. 어젯밤에 이번 주 토요일에 볼 영화 표 2장을 샀습니다. 저는 항상 온라인으로 영화 표를 사는데 이런 일은 전에 한 번도 일어나지 않았습니다. 저는 movietickets.com 사이트에서 표를 샀고 신용 카드로 결제했습니다. 비용을 지불한 후에 저는 당신이 티켓 요금보다 10 달러를 과다 청구한 사실을 알아냈습니다. 온라인 결제 시스템에 무슨 일이 일어난 건지 궁금합니다. 만약 확인하고 싶다면 제 영수증을 이메일로 보내드릴 수 있습니다. 그리고 제가 다른 영화관에서 영화를 볼 수 있도록 티켓값을 환불해 줄 수 있을까요? 아니면 토요일에 극장에서 차액을 돌려받고 싶습니다. 이 일을 가능하면 빨리 처리해 주시길 바랍니다.

Chapter 08 Going Places

Sample Answer 1

저는 주말에 공원에 가는 것을 좋아합니다. 공원은 제 아이들에게 완벽한 장소입니다. 공원은 아름다운 자연으로 둘러쌓여 있고 그곳에는 가족이 함께 즐길 수 다양한 활동들이 있습니다. 서울에 있는 공원 중 제가 가장 좋아하는 공원은 한강 공원입니다. 그것은 한강을 따라 위치한 큰 공원입니다. 저는 주로 용산 부근으로 갑니다. 저는 거의 매주 토요일마다 가족과 함께 그곳에 갑니다. 우리는 오전 10시 30분에 공원으로 출발합니다. 그곳에 도착하자마자 아침 겸 점심을 함께 먹습니다. 저는 항상 집에서 만든 샌드위치, 샐러드, 쿠키와 같은 음식을 준비합니다. 이것들을 만드는 데 오랜 시간이 걸리지만, 우리 가족은 공원에서 제가 만든 음식과 함께 좋은 시간을 즐길 수 있습니다. 그 후에, 우리는 같이 놉니다. 저는 제 아이들과 같이 노는 것을 좋아합니다. 우리는 보통 집에 가기 전까지 축구를 합니다.

Sample Answer 2

저는 산에 가는 것보다 바다에 가는 것을 더 선호합니다. 산에 가는 것은 바다에 가는 것보다 훨씬 더 많은 준비를 필요로 합니다. 산에 갈 때, 저는 무거운 배낭을 가져가고 등산용 옷을 입어야 합니다. 하지만 제가 바다에 갈 때는 아무거나 입어도 됩니다. 저는 비키니, 면 티셔츠에 바지, 혹은 예쁜 드레스를 입을 수도 있습니다. 저는 또한 해변에서 여러 가지 다양한 것을 할 수 있습니다. 저는 책을 읽거나 낮잠 자거나 태닝을 할 수도 있습니다. 제가 대학생이었을 때, 저는 가장 친한 친구와 함께 당일 여행을 다녀왔습니다. 갑자기 결정한 것이어서 우리는 여행을 위해 준비할 시간이 없었습니다. 우리는 아름다운 해변이 많이 있는 부산으로 가기로 결정했습니다. 바다에 도착해서 저는 가장 좋아하는 음악을 들었고 친구는 책을 읽었습니다. 그것은 매우 평화로운 경험이었고 우리는 매우 만족했습니다.

Sample Answer 3

Kelly, 우리는 이 여행을 위해 거의 1 년 동안을 준비했어. 이 여행은 다음달에 있을 네 결혼 전 마지막 여행이 될 거야. 나는 최고의 시간을 보내고 싶기 때문에 우리가 어디로 가야 할 지 결정해야 해. 너는 동물원에 가고 싶다고 말했었지. 나는 박물관에 가고 싶다고 말했던 거 기억나니? 생각해 봐. 넌 결혼을 하자마자 아이를 가질 거라고 했지. 네가 아기를 가진다면 너는 동물원에 갈 많은 기회가 생길 거야. 그러나 특히 아기와 함께라면, 박물관에 가는 것은 힘들 거야. 많은 박물관들이 다섯 살 이하의 아이들을 들어오지 못하게 하고 있어. 그러니까 너는 박물관을 방문할 이번 기회를 놓쳐서는 안 돼. 그리고 또 다른 문제는 날씨야. 동물원은 밖에 있기 때문에 하루 종일 해를 피하기가 불가능할 거야. 어떻게 생각해? 동물원에 가야 할 특별한 이유라도 있니? 네 선택을 다시 한 번 생각해 줘.

Chapter 09 Sports

Sample Answer 1

제가 가장 좋아하는 스포츠 선수는 피켜 스케이팅 선수 김연아입니다. 그녀는 월드 챔피언이며 올림픽 챔피언입니다. 그녀는 한국에서 가장 인정받는 운동 선수 중 한 명입니다. 제가 그녀를 매우 존경하는 이유는 그녀가 세계에 저의 조국인 대한민국을 알렸기 때문입니다. 김연아 선수의 성공 덕분에, 한국과 한국인은 세계의 많은 사람들로부터 주목을 받고 있습니다. 연아는 이제 전설적인 스포츠 선수입니다. 그녀는 한국의 피겨 스케이팅을 완전히 새로운 수준의 레벨로 끌어올렸습니다. 저를 포함한 많은 사람들이 그녀를 존경합니다. 그녀의 가장 유명한 동작 중 하나는 캐멀 스핀입니다. 그녀는 그녀의 몸을 전체적으로 T 모양으로 만듭니다. 한 쪽 다리는 스케이트를 하고 있고 한 쪽 다리는 그녀의 몸 뒤로 펼쳐서 얼음과 평행하게 하고 아름답게 회전을 합니다. 그녀는 또한 대회에서 세 가지의 다른 트리플-트리플 콤비네이션 점프를 하는 것으로도 유명합니다.

Sample Answer 2

한국이 2008 베이징 올림픽에서 금메달을 획득한 후, 야구는 한국에서 매우 인기가 많아졌습니다. 그리고 저도 예외는 아닙니다. 저는 야구 경기를 보는 것을 좋아합니다. 경기가 시작하기 전, 저는 스케줄을 확인하고 표를 미리 예매합니다. 한국의 야구 경기는 조금 다릅니다. 그 규칙은 같지만 팬들은 더 적극적으로 참여합니다. 그래서 한국 야구에서 팬들은 팀의 일부가 됩니다. 팬들은 인기 선수들을 위한 특별한 응원을 가지고 있습니다. 경기가 시작하자 마자 관중들은 춤 추는 치어리더들을 따라 응원하기 시작합니다. 경기장은 꽉 차며 열정적인 관중들로 넘쳐납니다. 저는 경기 관람만 즐기면 됩니다. 경기가 제가 예상한 것보다 길어질 수 있기 때문에 저는 간식 사는 것을 절대 잊어버리지 않습니다. 저는 맥주와 같이 먹을 마른 오징어와 땅콩을 살 수 있습니다. 이것이 야구 경기 관람 중 제가 가장 좋아하는 점입니다.

Sample Answer 3

여보세요? 거기 슈퍼 매표소인가요? 저는 2 주 전에 슈퍼볼 경기 티켓 2 장을 예매했습니다. 하지만 저는 방금 예매 기록이 없는 것을 발견했습니다. 예매를 인터넷으로 했기 때문에 이메일로 온라인 영수증과 예약 번호를 받았습니다. 그러나 제가 제 ID로 로그인을 해보면 아무 기록도 없습니다. 가장 규모가 큰 티켓 매표소 중 하나가 이런 종류의 실수를 했다는 것에 매우 실망했습니다. 그래서 저는 당신이 본사에 연락해서 제 기록을 찾아보기 바랍니다. 도움이 된다면 제 예약 번호를 드리겠습니다. 만약에 찾게 된다면 제 이메일로 e-티켓을 보내주세요. 만약 모든 표가 매진이라면 다음 경기의 표를 예매해 주실 것을 제안합니다. 덧붙여, 제 좌석을 업그레이드 해 주시는 걸로 이번 실수를 보상해 주신다면 감사하겠어요. 본사와 이야기 한 후 저에게 연락해 주시길 바랍니다. 감사합니다.

Chapter 10 Music

Sample Answer 1

저는 다양한 영화 음악을 듣는 것을 즐깁니다. 여러 종류의 영화 음악 중에 제가 가장 좋아하는 장르는 대부분 로맨틱 코미디입니다. 그 음악들은 듣기에 너무 진지하거나 어렵지 않습니다. 대신에 그것들은 제가 언제나 즐길 수 있고 쉽게 들을 수 있는 음악입니다. 저는 집중을 더 잘하기 위해 기분 전환을 해 주고 좋은 에너지를 줄 수 있는 음악을 원합니다. 아시다시피, 대부분의 로맨틱 코미디 영화는 해피 엔딩을 가지고 있습니다. 이것은 로맨틱 코미디에 쓰이는 음악이 슬프거나 무섭지 않다는 것을 의미합니다. 그 음악들은 저를 힘이 나게 해 줄 만큼 기분 좋은 음악입니다. 제가 가장 좋아하는 사운드트랙은 1997년 영화 앨범, '내 남자 친구의 결혼식' 입니다. 그 영화 음악의 대부분은 밝은 멜로디와 사랑스러운 가사를 가지고 있습니다. 그들은 제 스트레스를 완화 해주고 더 나은 미래를 꿈꿀 수 있게 도와줍니다. 그리고 저는 영화 속의 여배우처럼 밝은 미소를 지을 수 있습니다.

Sample Answer 2

다양한 악기들 중에, 저는 피아노 연주하기를 좋아합니다. 제가 피아노를 배우기 시작한 첫날을 기억합니다. 저는 다섯 살이었고 음악에 흥미가 없었습니다. 저희 엄마는 걱정하며 음악 수업을 들어보라고 권해주셨습니다. 저는 엄마에게 피아노를 배워도 되겠냐고 물어봤습니다. 저는 단지 그 당시에 피아니스트들이 연주회 동안 입는 예쁜 드레스를 동경했습니다. 엄마는 저의 요청에 기뻐하셨고 심지어 새 피아노를 사주셨습니다. 그 이후에 저는 일주일에 두 번 피아노 과외를 받았습니다. 저의 피아노 선생님은 좋은 교훈을 주셨습니다. 그녀는 피아노는 하모니를

만들기 때문에 중요한 악기라고 말씀해 주셨습니다. 좋은 하모니를 만들기 위해 저는 다른 연주자들과 협력하는 것이 중요하다는 것을 배웠습니다. 피아노를 연주하면서, 저는 좋은 친구를 사귀고 동료들과 화목하게 지내는 법을 배웠습니다.

Sample Answer 3

여보세요? Tom과 통화를 할 수 있을까요? 저는 Tom의 친구 George입니다. 안녕 Tom, 너에게 직접 말해 주고 싶었지만, 네가 빨리 이 소식을 알려 주어야만 했어. 어제 내가 네 MP3 플레이어 빌려간 것 기억하니? 오늘 오후에 내 큰 누나가 2 살배기 조카 Charlie를 데리고 우리 집에 왔어. 퇴근 후 집에 돌아왔을 때, Charlie가 너의 MP3 플레이어를 가지고 놀고 있는 것을 알게 되었어. 그는 그의 입에 MP3 플레이어를 넣고 있었고 나는 그걸 빼냈어. 하지만 네 MP3 플레이어는 그 이후에 작동을 하지 않았어. 그것에 대해서 정말 미안해. 단지 미안하다는 말로는 용서받기에 충분하지 않아. 그래서 너를 위해 두 가지 해결책을 생각했어. 첫 번째 옵션은 서비스 센터로 네 MP3 플레이어를 가져가는 것이야. 그 비용은 우리 누나가 지불할거야. 그리고 사과의 표시로 너에게 새로 나온 헤드폰을 사 줄 거야. 두 번째 옵션은 단순히 네게 새로운 MP3 플레이어를 사주는 것이야. 어떤 해결책이 더 좋은지 말해 줘. 다시 한 번 미안해.

Chapter 11 Cooking

Sample Answer 1

다양한 음식 중, 제가 요리하기 제일 좋아하는 음식은 파스타입니다. 처음 저는 인터넷으로 찾아보거나 혹은 요리책을 읽으면서 파스타를 요리하려고 시도했었습니다. 하지만 그것은 너무 격식이 없는 것 같았습니다. 저는 전문적으로 배워보고 싶었습니다. 그래서 여러 전문 주방장에게 요리 수업을 받기로 결정했습니다. 그것은 크게 도움이 되었는데 왜냐하면 그들은 기본부터 가르쳐 주었고 나만의 조리법을 개발할 수 있게 도와주었기 때문입니다. 제가 파스타를 요리하기 좋아하는 첫 번째 이유는 만들기 쉽기 때문입니다. 제가 해야 할 일은 단순히 면과 소스를 준비하는 것입니다. 면을 삶고 조리법에 나온 대로 재료들을 준비하면서 소스를 만들고 그것들을 차례로 넣습니다. 제가 파스타를 요리하기 좋아하는 두 번째 이유는 제 취향대로 조리하는 것이 가능하기 때문입니다. 만약 아이들을 위해 요리를 한다면 저는 소금과 고추를 약간 제거합니다. 만약 제가 치즈를 좋아하는 사람을 위해 요리를 한다면, 저는 여분의 치즈를 더 넣습니다. 약간의 변화를 주는 것으로 저는 다양한 파스타를 만들 수 있습니다.

Sample Answer 2

제가 처음 요리를 한 건 여덟 살 때였습니다. 그 날은 제 부모님의 결혼기념일이어서 저는 그들에게 뭔가 특별한 것을 해주고 싶었습니다. 여덟 살의 아이에게 선택권이 많지는 않았습니다. 여동생과의 긴 회의 끝에 우리는 부모님께 아침을 만들어 주기로 결정했습니다. 우리는 한국 음식을 만드는 것은 너무 큰 도전이라고 생각해서 미국 스타일의 아침 식사를 선택했습니다. 미국 스타일의 아침은 팬케이크, 스크램블 에그 그리고 소시지였습니다. 우리는 조리법이 필요 없었는데 일요일마다 엄마를 도와 그런 종류의 아침을 준비해 왔기 때문입니다. 특별한 날이었기 때문에 우리는 팬케이크 위에 더 많은 휘핑 크림과 딸기를 얹기로 결정했습니다. 우리는 성공적으로 요리를 마쳤고 부모님을 깨웠습니다. 그들은 정말 놀랐고 그것은 그들 인생에서 가장 맛있는 아침 식사였다고 했습니다. 나와 여동생은 우리가 한 일에 매우 만족했고 또한 우리 인생을 살면서 두고두고 얘기할만할 좋은 추억을 만들었습니다.

Sample Answer 3

엄마, 저 Faith에요. 잠깐 이야기할 수 있을까요? 엄마의 도움이 정말 필요해요. 오늘 제 시부모님들이 저희 집에 오십니다. 우리는 저녁을 함께 먹을 거예요. 시부모님들은 저녁 식사를 우리 집에서 하기를 원해요. 그들을 위해 어떤 음식을 준비해야 하나요? 이번이 우리집에서 저녁을 먹는 첫 번째 방문이라서 그들을 실망시키고 싶지 않아요. 제 요리 솜씨를 좀 뽐내야 할 것 같아요. 전통 한국 음식을 준비하는 것이 더 나을까요? 아니면 다른 특별한 음식을 만들어야 할까요? 아, 엄마 말씀이 맞아요. 퓨전 스타일의 한국 음식을 준비해야겠어요. 그 음식들은 보기에도 좋고 새로운 걸 경험해 보는 기회도 줄 거예요. 엄마는 보통 한국식 바비큐를 만들 때 참기름을 많이 넣잖아요. 퓨전 스타일로 만들기 위해 참기름을 조금 넣는 대신 치즈를 더 넣어야 할까요? 엄마, 테이블 장식은 어떻게 할까요? 중앙에 꽃을 좀 놓아야 할까요? 정말 모르겠어요. 도와주세요.

Oral Proficiency Interview-computer

Chapter 12 Exercise

Sample Answer 1

저는 적어도 일주일에 두 번은 헬스장에 가려고 노력합니다. 제가 다니는 헬스장은 직장 근처에 위치해 있습니다. 저의 사무실은 서울 여의도에 있습니다. 헬스장은 여의도의 주요 건물인 63 빌딩의 1 층에 위치해 있습니다. 스트레스 푸는 것을 도와주기 때문에 저는 헬스장에 다니는 것을 좋아합니다. 제 의견으로 운동은 스트레스를 푸는데 가장 건강한 방법인 것 같습니다. 또한 운동은 제가 하루를 일찍 시작하게 도와줍니다. 저는 간단한 방법으로 운동을 하고 싶어합니다. 그래서 제가 사용하는 기구는 많지 않습니다. 제가 가장 좋아하는 것은 러닝머신입니다. 저는 항상 이 기구를 20 분 정도 사용합니다. 제가 좋아하는 또 다른 운동 기구는 윗몸 일으키기를 도와주는 기구입니다. 그것은 제 복근을 만드는데 도움을 주기 때문에 저는 헬스장에 갈 때 마다 매번 그 기구를 사용합니다.

Sample Answer 2

저는 거의 1 년 전에 요가를 시작했습니다. 제가 다양한 옵션들 중 요가를 선택한 이유는 요가가 제 허리 통증을 낫게 해 주는데 최고라고 믿었기 때문입니다. 저는 물리 치료, 척추 지압, 마사지, 침술을 포함한 모든 종류의 치료법에 도전했었습니다. 그 어떠한 것도 제 통증을 완전히 없애주지는 못했습니다. 저는 일 년 동안 일주일에 세 번 요가 수업을 들었습니다. 처음에는 아무것도 느끼지 못했지만 천천히 허리 통증이 적어지고 있는 것을 느꼈습니다. 저는 제 허리 통증이 이제는 사라졌다고 확실히 말할 수 있습니다. 이것은 저에게 놀라운 경험인데 왜냐하면 허리 통증을 위해 거의 모든 방법을 시도했기 때문입니다. 게다가, 저는 약 5 파운드 정도 살이 빠졌습니다. 요가를 제외하고 살을 빼기 위해 특별히 한 것이 없습니다. 더 좋은 소식은 사람들은 제가 10 파운드 이상 살이 빠졌다고 생각하고 있는 것입니다. 당신이 몸매를 향상시키고 싶다면 요가는 매우 좋은 운동입니다.

Sample Answer 3

안녕 Sarah. 나 Christy야. 어떻게 지내? 네가 나에게 같이 조깅하자고 했던 것 기억하니? 나는 네가 매일 조깅을 하고 또 매우 잘 뛰는 것을 알고 있어. 하지만 너도 알다시피 나는 최근에야 조깅을 시작했어. 나는 5 분도 겨우 뛰어. 네가 하루에 한 시간도 넘게 뛴다고 말했던 걸 기억해. 그 말은, 우리의 수준이 다르다는 거야. 솔직히 말해서, 나는 조깅하는 동안 너를 방해하고 싶지 않아. 또한, 압박을 받고 싶지도 않아. 그래서 우리가 따로 조깅을 하는 것이 낫다고 생각해. 하지만, 우리가 서로에게 동기를 부여하기 위해 같이 운동하는 친구가 필요하다는 너의 생각에는 동의해. 조깅을 같이 하는 대신, 일찍 만나서 스트레칭을 같이 하는 건 어때? 뛰기 전에 좋은 대화를 나눌 수도 있고, 너는 나한테 좋은 충고도 해 줄 수 있잖아. 나는 얼마나, 또 어디에서 뛰어야 하는지 알 필요가 있어. 다시 생각해 주길 바래.

Chapter 13 Occupation

Sample Answer 1

한국의 경찰관들은 제복을 입습니다. 그들은 하얀 셔츠와 남색 넥타이, 그리고 남색 바지를 입습니다. 셔츠에는, 큰 주머니와 자랑스러운 경찰관 배지가 가슴 위쪽에 달려 있습니다. 또한 그들은 모자를 씁니다. 해군 스타일의 모자 위에도 배지들이 있습니다. 그들의 주요 역할은 범죄와 사고로부터 안전한 환경을 만들어 주는 것입니다. 당신이 만약 그들이 제복을 입고 있는 것을 본다면, 그들은 근무 중인 것입니다. 이것은 순찰이라고 부릅니다. 예를 들어, 경찰관들이 학교 폭력이나 유괴 등의 사건을 막기 위해 학교 주변을 순찰하는 것을 볼 수 있습니다. 그들은 순찰을 나갈 때, 종종 경찰차를 이용합니다. 가끔 사이렌을 울리며 경찰차가 달리는 것을 볼 수 있는데 그들은 범죄나 사고 현장에 가능하면 빨리 도착해야 하기 때문입니다. 경찰차는 흰색과 파란색이고 옆에 경찰의 상징인 문양이 그려져 있습니다. 모두가 그 차들이 경찰차인 줄 쉽게 알아차릴 수 있습니다.

Sample Answer 2

은행 계좌를 개설하기 전, 당신은 당신에게 적합한 은행을 선택할 필요가 있습니다. 당신은 반드시 계좌를 여는 목적을 검토해야 하는데 왜냐하면 각 은행은 조금씩 다른 이자와 서비스를 제공하기 때문입니다. 당신은 계좌를 개설하기 위해서 반드시 은행에 직접 방문해야 합니다. 불필요한 일을 최소화하기 위해서 먼저 은행에 전화를 걸어 미리 준비해 가야 할 사항들에 대해 물어봅니다. 필요한 서류를 준비한 후에 은행을 방문합니다. 우선, 번호표 카운터에서 번호표를 뽑아서 기다립니다. 은행원이 당신의 번호를 부르면 카운터로 갑니다. 그 은행원은 당신에게 계좌를 개설하기 위한 정보들을 기입해달라고 친절하게 부탁할 것입니다. 당신은 ATM 카드, 폰뱅킹, 인터넷뱅킹, 모바

일뱅킹과 같은 부가적인 서비스에 대해서도 물어볼 수 있습니다. 각 서비스는 개설되기 위해 특정한 과정을 거쳐야 합니다. 그리고, 당신은 그 서비스들을 이용하기 위해 필요한 정보들을 기입해야 할 것입니다.

Sample Answer 3

Tony, 네가 농부가 되기 위해 시골로 이사하고 싶다는 소식을 듣고 놀랐어. 네가 사는 곳과 네 직업 경력은 네 인생에서 가장 중요하고 중대한 사항이야. 너는 그 중요한 사항들을 갑자기 바꾸기를 원하고 있어. 네가 이런 생각을 하게 만든 계기가 무엇이니? 너는 전업농이 될 준비가 되어 있어? 농부가 되기 위해서는 특정한 지식과 특정한 경험이 필요해. 만약 네가 정말 네 진로를 바꾸고 싶다면, 너는 미리 이 변화에 대해 준비를 해야 해. 네 자신에게 일주일이라는 시간을 주고 다시 생각해 봐. 만약 네 맘이 일주일 후에도 바뀌지 않는다면, 제대로 조사를 해 봐야 할 거야. 만약 더 많은 공부를 해야 할 필요가 있으면 학위를 따 봐. 경험을 필요로 한다면, 훌륭한 농부가 되도록 지도해 줄 최고의 사람을 찾아봐. Tony, 일주일 후에 만나자. 만일 이야기할 사람이 필요하다면 언제든지 내게 전화해. 난 항상 널 응원하고 있다는 걸 기억해.

Chapter 14 Performances

Sample Answer 1

제가 가장 좋아하는 뮤지컬은 캣츠입니다. 의심할 여지 없이, 캣츠는 여전히 세계적으로 가장 성공한 뮤지컬 중 하나입니다. 제가 대학교 2학년 때 처음으로 이 뮤지컬을 보았습니다. 저는 가족과 함께 뉴욕으로 여행을 갔고, 저희 엄마는 여행 기간 동안 이 뮤지컬을 보아야 한다고 주장하셨습니다. 뮤지컬은 줄거리가 없었고, 그저 대부분 노래와 춤, 공연의 연속이었습니다. 각 막마다 여러 고양이들이 소개되었습니다. 내가 뮤지컬에 몰입하게 되고 금방 흥미를 느끼게 된 것은 이상한 일이었습니다. 저는 멋진 노래와 춤이 있는 뮤지컬을 좋아합니다. 캣츠에서, 줄거리는 제가 이 뮤지컬을 좋아하는 이유가 아닙니다. 제가 이 뮤지컬을 매우 좋아하는 이유는 잊지 못할 음악과 놀랍도록 독특한 세트들, 변화무쌍한 무대 의상과 메이크업 그리고 종합적이고 마술같은 제작 경험을 할 수 있기 때문입니다.

Sample Answer 2

저는 삼촌의 독주회에서 가장 기억에 남는 경험을 했습니다. 저희 삼촌은 많은 독주회를 가졌습니다. 하지만 제 생각에는 서울에서 열렸던 그의 첫 번째 독주회가 가장 특별했던 것 같습니다. 그는 데뷔를 하기 위해 작은 독주회를 가졌습니다. 지금은 제 삼촌이 유명한 바이올린 연주자이지만, 그 당시에는 유명하지 않았습니다. 단지 데뷔 연주회였고, 관객들의 대부분도 가족들과 그의 친구들이었습니다. 가족의 한 명으로서, 저도 그곳에 가야만 했습니다. 저는 클래식 음악에 대해 그다지 흥미가 없었고 그래서 많은 기대도 없었습니다. 그러나 그는 정말 최선을 다했습니다. 모두가 가슴 따뜻해 지는 공연에 매우 감동 받았습니다. 연주회가 끝나자 관객들은 앵콜을 부르며 박수를 쳤습니다. 다른 바이올린 연주자와는 다르게, 그는 팝송인 Jackson Five의 "I'll Be There"를 연주했습니다. 오페라 가수인 그의 친구 중 한 명이 같이 노래를 불렀습니다. 매우 신나는 일이었습니다. 그 연주회는 저에게 어느 상황에서나 항상 최선을 다하라고 가르쳐 주었습니다.

Sample Answer 3

Jim, 내일 우리의 계획에 따라 나는 예약을 해야 해. 너는 내일 연극을 보러 가고 싶다고 했었지만 나는 대신 콘서트에 가자고 제안하고 싶어. 우선, 영어로 된 연극을 찾으려고 노력해 봤어. 그러나 서울에는 없었어. 우리 콘서트를 보러 가는 게 어때? 연극을 보는 데에는 언어 장벽이 있을 수 있지만 콘서트에서는 그렇지 않아. 좋은 소식이 있어. Lady Gaga가 한국에 오는 것 알고 있지? 그녀는 내일 콘서트를 가질 거야. 내 친구가 그 콘서트에 초대되었지만, 갑자기 출장을 가라는 통보를 받았대. 그녀는 내일 출발해야 해. 그래서 그녀가 나에게 콘서트 가는 것에 관심이 있냐고 물어봤어. 나는 네가 Lady Gaga의 열렬한 팬이라는 걸 알아. 연극 대신 콘서트를 보러 가자. 어떻게 생각해?

Chapter 15 Reading Books

Sample Answer 1

저는 제 아이들에게 책을 읽어 주는 것을 좋아합니다. 제 어린 딸 역시 저와 책을 읽는 것을 좋아합니다. 그녀가 가장 좋아하는 책은 "Little Red Riding Hood"입니다. 이 책은 빨간 모자라고 불리는 소녀에 대한 이야기입니다. 이 소녀는 낯선 사람

과 이야기하면 안 된다고 들었습니다. 하지만 그녀는 늑대를 만나고 그녀가 들은 것을 잊어버립니다. 늑대와 이야기를 한 것 때문에 그녀와 그녀의 할머니는 위험에 빠집니다. 저는 제 딸이 이야기를 이해한다고 생각하지 않습니다. 제 생각에 그녀가 이 책을 좋아하는 이유는 제가 만드는 여러 가지 목소리를 좋아하기 때문입니다. 제가 허스키한 목소리로 늑대 흉내를 낼 때면, 그녀는 깔깔거리며 많이 웃습니다. 또 다른 이유는, 그녀는 소녀가 입고 있는 빨간 망토를 좋아하기 때문입니다. 저는 제 아이들에게 책을 읽어 주는 것이 많은 이익을 가져온다고 믿습니다. 제 딸은 기본 단어와 발음법을 배우고 있습니다. 그리고 무엇보다도, 저는 책 읽기가 우리 사이에 강한 관계를 맺어주는 육아 활동이라고 믿습니다.

Sample Answer 2

저는 영화를 보는 것보다 책 읽는 것을 선호합니다. 영화를 보기 위해서는 많은 것을 사전에 준비해야 합니다. 적당한 날짜와 시간 그리고 극장도 선택해야 합니다. 또한 같이 영화를 보러 갈 친구도 필요합니다. 저는 영화를 보기 위한 모든 준비 과정을 즐기지 않습니다. 제가 독서를 선호하는 이유는 언제 어디서나 책을 읽을 수 있기 때문입니다. 심지어 대중교통을 이용하면서도 책을 읽을 수 있습니다. 일을 하는 엄마로서, 집을 떠나 저를 위한 조용한 시간을 갖는 것은 힘이 듭니다. 그래서 독서는 제가 자유롭게 즐길 수 있는 훌륭한 활동입니다. 제가 가장 좋아하는 책 중 하나는 Barbara Minto의 Pyramid Thinking 입니다. 이 책은 창의적으로 생각하며 이유를 명확히 하고 생각을 논리적으로 표현하는 방법에 대해 설명해 줍니다. 이 책은 당신의 생각을 최소의 노력과 최대의 효과로 표현할 수 있게 해 줄 것입니다.

Sample Answer 3

여보세요? Kate 집에 있나요? 나 Hannah야. 미안, 어젯밤 네 전화를 못 받았어. 네 아들이 책 읽는 것을 싫어해서 네가 걱정하는 거 이해해. Kate, 걱정 하지마. 우리 같이 이야기를 해 보자. 너는 언제 아들에게 책을 읽어 주니? 오, 저녁을 먹은 후에 책을 읽어 주는구나. 어떻게 책을 고르고 어떻게 아이를 집중 시키니? 오, 네가 책을 선택한 후에 아들을 불러서 네 옆에 앉히는구나. 내가 조언을 좀 줄게. 우선, 시간을 바꾸어 보는 게 어때? 밥을 먹은 후에 아들에게 책을 읽어 준다면, 아이는 아마 빨리 졸릴 거야. 대신 오후에 읽어 주는 것을 시도해 봐. 또한, 너는 네 아들이 책을 선택하도록 해야 해. 그 아이의 선택을 존

중해 주는 것은 중요해. 그가 스스로 선택을 하고 나면 아마 책에 더 많은 관심을 보일 거야. 오래된 습관은 바꾸기 힘들겠지만 이건 엄마의 역할이고 책임감이야. 도움이 필요하면 주저하지 말고 전화 줘.

Chapter 16 TV

Sample Answer 1

제가 가장 좋아하는 TV 프로그램은 "힐링 캠프"라는 제목의 토크쇼입니다. 이 프로그램은 한국의 SBS에서 만들었습니다. 이 쇼에는, 매주 특별한 손님들이 초대되어 그들의 인생을 세 명의 MC와 함께 이야기합니다. 지금까지 영화 배우, 가수, 스포츠 선수, 유명한 교수 그리고 제작자 등이 특별한 손님으로 초대되었습니다. 특별 손님은 시청자의 관심을 끌 수 있는 충분히 매력적인 사람이면 누구나 가능합니다. 그들이 이 프로그램의 제목을 "힐링 캠프"라고 한 이유는 이 프로그램이 특별한 손님과 청중을 진솔한 대화를 통해 치료하기 때문입니다. 다른 사람들의 인생을 경험할 수 있는 기회를 가질 수 있기 때문에 저는 이 프로그램을 매우 좋아합니다. 또한, 이 프로그램은 가족의 가치와 다른 사람들을 돕는 가치, 그리고 건강의 가치에 대해 상기시켜 줍니다. 더욱이 이 프로그램은 재미있습니다. 이 프로그램을 본 후에 제 스트레스는 사라집니다.

Sample Answer 2

결혼하기 전에 저는 Sex and the City, Gossip Girls, Gilmore Girls 등과 같은 드라마를 보는 것을 좋아했습니다. 저는 다른 사람의 연애 생활에 대해 알고 싶었습니다. 그 드라마는 저와 같은 미혼 여성에게 어느 정도 교육적이었습니다. 또한 다른 많은 에피소드에 나오는 여자들의 차림새와 패션을 보는 것도 즐거웠습니다. 제가 결혼을 한 후에는 남편과 함께 텔레비전을 보게 되었습니다. 그는 CSI와 그레이 아나토미 같은 드라마에 빠져 있었습니다. 그는 범죄와 의학 드라마에 관심이 있었습니다. 우리는 밤에 그 드라마들을 함께 보는 것을 좋아했습니다. 드라마를 본 후에 우리는 각 에피소드에 관해 논의했습니다. 아이를 가진 후에 제 삶은 완전히 달라졌습니다. 첫 번째로, 저는 텔레비전을 볼 시간이 거의 없습니다. 저는 기회가 있을 때마다 Nanny 911과 Iron Chef와 같은 리얼리티 또는 요리 프로그램을 보는 것을 선호합니다. 그 프로그램들은 흥미롭고, 또한 아이들을 양육하는데 필요한 지식을 얻을 수도 있습니다.

Sample Answer 3

여보, 집에서 TV를 없애자는 당신의 제안을 듣고 놀랐어. 물론 TV는 집에서 꼭 필요한 물건이고 즐거움을 위한 가장 좋은 요소 중에 하나이기도 하지. TV를 통해 최근 사건이나 긴급 뉴스와 관련해 정보를 얻을 수도 있어. 또 우리가 심심할 때 즐겁게 해주기도 해. TV가 가져 오는 모든 혜택 외, 그것으로 인한 불이익도 많이 있어. 나는 개인적으로 당신의 의견에 동의해. 우선, 그건 우리 아이들에게 굉장히 좋을 거야. 아이들은 TV로 볼 수 있는 부적절한 이미지와 언어 그리고 생활 방식에 노출되지 않을 거야. 우리 아이들을 이러한 영향력으로부터 완벽하게 보호하는 것을 불가능한 일이야. 하지만 노출이 줄어들 거야. 이건 우리에게도 좋을 거야. TV가 없으면 우리는 의미 있는 활동을 할 여분의 시간을 가지게 될거야. 우리는 헬스장에 다닐 수도 있고 운동도 하고, 외국어도 공부하고 요리도 배울 수 있을 거야.

Chapter 17　Shopping

Sample Answer 1

지금까지의 제 쇼핑 경험을 바탕으로 봤을 때, 제가 가장 선호하는 쇼핑 장소로 잠실백화점을 꼽을 수 있습니다. 그것은 큰 7층짜리 건물이고 식료품부터 옷, 가구까지 모든 종류의 물건을 파는 상점들이 있습니다. 그곳은 제가 무엇을 사야 할 때 가장 처음으로 달려가는 장소입니다. 쇼핑에 있어서 편의성은 저에게 그 어떤 다른 것보다도 중요합니다. 잠실백화점은 그 어떤 쇼핑 장소보다도 편리합니다. 백화점에서는 다른 종류의 상점을 찾으려고 에너지를 소비하지 않아도 됩니다. 그저 에스컬레이터를 타고 다른 층으로 가면 됩니다. 저는 또한 상점 직원들로부터 피드백을 받는 것을 좋아합니다. 그들은 제 구매에 대해 잘 생각하고 결정을 하도록 도와줍니다. 그들은 도움이 되는 조언을 주고 또한 친절한 서비스를 제공합니다. 저는 이것을 백화점에서의 쇼핑이 주는 엄청난 이점으로 생각합니다.

Sample Answer 2

기분에 따라서 상점을 구경하며 돌아다니는 것은 매우 즐거울 수 있습니다. 그러나 제가 진짜 구매를 해야 할 때 저는 매장에서보다 온라인에서 쇼핑하는 것을 선호합니다. 저에게 있어 가격은 쇼핑에서 가장 중요한 요소입니다. 많은 쇼핑 사이트들은 할인 쿠폰이나 일정 금액 이상으로 구매하면 할인 혜택을 제공하고 있습니다. 온라인에서 쇼핑할 때 훨씬 저렴합니다. 반면에 백화점에 있는 판매원들은 이런 할인을 제공할 수 없습니다. 제가 온라인 쇼핑을 좋아하는 또 다른 이유는 자유롭게 쇼핑을 즐길 수 있기 때문입니다. 저는 주로 밤에 쇼핑을 하는데 온라인 쇼핑을 할 때는 폐점 시간을 걱정하지 않아도 됩니다. 또한, 온라인 쇼핑은 점원이 없기 때문에 제가 원하는 만큼 구경할 수 있습니다. 마지막으로, 온라인 쇼핑을 할 때는 죄책감을 갖지 않고 제가 원하는 만큼 마음을 여러번 바꿀 수 있습니다.

Sample Answer 3

여보세요? joyjuicer.com인가요? 저는 7월 2일에 전기 주서를 주문했습니다. 제 예약 번호는 20120702였습니다. 방금 주서를 받았는데 제대로 작동하지 않습니다. 전원 버튼을 켜 보아도 아무것도 되지 않습니다. 배터리를 확인했는데 다른 전기 상품에는 잘 작동합니다 그렇기 때문에 이건 주서의 문제가 확실합니다. 제가 매우 짜증이 나는 이유는 주서를 오늘 오후에 사용하려고 계획했었기 때문입니다. 저는 빨리 배달해 달라고 특별히 요청까지 했습니다. 저는 이 상품의 좋은 리뷰들을 보고 당신의 웹사이트를 선택했습니다. 아마 다른 회사를 선택했어야 했나 봅니다. 이러한 비슷한 사례들이 또 있었나요? 제가 지금 겪고 있는 문제에 대한 보상이 필요하다고 생각합니다. 무엇보다도 정상적으로 작동하는 제품을 하루빨리 받고 싶습니다. 제가 언제 상품을 받게 될지 알려주시기 바랍니다. 감사합니다.

Chapter 18　Eating Out

Sample Answer 1

저는 집 가까이에 위치한 작은 이탈리아 레스토랑의 단골입니다. 이곳은 가격대가 괜찮고 아늑한 곳입니다. 다양한 이탈리아 요리가 나옵니다. 저는 거의 매주 이곳에 오는데, 거의 점심 시간에 옵니다. 이곳의 점심 세트 메뉴는 인기가 굉장히 좋습니다. 저는 이 음식점이 유기농 음식을 제공하기 때문에 매우 좋아합니다. 저는 특히 이 음식점의 신선하고 맛있는 음식의 진가를 인정합니다. 미리 조리된 음식은 하나도 없습니다. 그들은 항상 계절에 맞는 재료를 사용하며, 제가 가장 좋아하는 메뉴는 여름 딸기 샐러드입니다. 또한 채식주의자들을 위한 메뉴도 있습니다. 이곳은 이탈리아 가족에 의해 운영되고 있기 때문에 정통 가정식 이탈리아 음식을 맛볼 수 있습니다. 주방장인 Luciano는 그의 할머니에게서 요리를 배웠다고 말했습니다. 그녀는 밀

라노에서 매우 유명한 주방장이었고 그녀는 아직도 때때로 음식점에 옵니다. 그녀는 가끔 손님들을 위해 특별한 음식을 요리하기도 합니다. 저는 모두에게 이 음식점을 추천합니다.

Sample Answer 2

저는 온라인으로 맛집을 찾아봅니다. 요즘에는 대부분의 음식점들이 홈페이지를 가지고 있고, 또한 많은 요리 블로거들도 있습니다. 그러한 사이트들을 둘러보기만 해도 많은 양의 정보를 얻을 수 있습니다. 꼼꼼한 블로거들은 다양한 관점의 평가와 함께 음식점의 사진을 올립니다. 그들은 음식점의 음식, 실내 장식, 서비스, 그리고 다른 많은 것들에 대하여 의견을 올립니다. 좋아 보이는 음식점의 평가를 읽으면, 저는 온라인으로 그 음식점의 다른 정보를 찾아봅니다. 잡지 소개나 수석 주방장에 대한 신문 기사 그리고 많은 블로그 글들이 있을 수도 있습니다. 많은 사람들의 평을 읽으면 음식점에 대한 객관적인 관점이 생깁니다. 그리고 그 음식점을 방문해보면, 제가 상상했던 것과 거의 일치합니다. 이와 같이, 인터넷은 좋은 음식점을 찾을 때 믿을 만한 출처입니다. 온라인 정보가 오프라인 보다 빠르게 업데이트 되기 때문에, 좋은 음식점들을 찾기에 훌륭한 방법입니다.

Sample Answer 3

여보세요? 지금 전화 받으신 분이 누구시죠? 매니저와 통화를 하고 싶습니다. 저는 오늘 8시에 4명으로 예약을 했습니다. 하지만 제가 예약을 확인하려고 한 시간 전에 전화를 했었는데, 접수 담당자가 제 이름이 명단에 없다고 말했습니다. 무슨 일인지 알고 싶습니다. 오늘은 저희 부모님의 결혼기념일이고 다른 음식점을 예약하기에는 이미 너무 늦었습니다. 예약을 확인하려고 오후에 전화를 하길 잘한 것 같습니다. 만약 그렇지 않았다면, 그곳에 도착해서야 우리를 위한 자리가 없다는 걸 알아냈을 테니까요. 말도 안됩니다. 우선, 무슨 일이 일어난 건지 알아보고 저에게 바로 알려 주시기 바랍니다. 달리 다른 방도가 없으니 저는 여전히 예약한 테이블을 제공 받고 싶습니다. 심지어 예약이 꽉 찼다고 해도, 저희를 위한 특별한 조치를 취해 주시기 바랍니다. 제 잘못이 아니기 때문에 반드시 그렇게 해 주시길 바랍니다.

Chapter 19 National Holidays

Sample Answer 1

제 조국인 한국에는 4개의 주요 명절이 있습니다. 그 중에 가장 큰 명절은 추석입니다. 추석은 한국의 추수감사절이고, 음력으로 8월 15일입니다. 추석은 과거 사람들이 만월이 뜬 날을 기념하던 것에서 유래하였습니다. 마치 과거의 그 사람들과 같이, 우리는 아직도 많은 음식과 놀이, 그리고 조상님들을 위한 특별한 의식인 차례를 지내며 이날을 기념합니다. 추석은 수확기 즈음이고, 사람들은 전통 음식을 만듭니다. 저희 가족과 저는 매년 추석을 기념합니다. 우리는 다같이 모여서 하루 종일 송편을 만듭니다. 송편은 사람들이 추석에 만드는 전통적인 한국의 떡입니다. 저는 송편을 매우 좋아해서 배가 부를 때까지 많이 먹습니다. 추석 명절은 며칠 동안이나 계속 되어서 사람들은 먼 시골에 사는 부모님이나 친척들을 방문합니다. 저는 많은 사촌들을 볼 수 있어서 추석이 좋습니다.

Sample Answer 2

저는 새해 아침이 밝을 때까지 밤새워 가며 전야제를 즐긴 것을 기억합니다. 그것은 가장 기억에 남는 명절날의 기억이었습니다. 매년 12월 31일이면 저는 그날을 생각하고 크게 웃음 짓습니다. 제가 고등학교 3학년이었을 때, 반 친구들과 저는 매년 종각에서 열리는 새해 기념 행사에 참가하기로 했습니다. 한국에서는 많은 유명 인사들이 새해 전 날 보신각이라는 큰 종을 치기 위해 종각으로 모입니다. 우리는 대표자와 스님들이 새해를 기념하기 위해 33번 종을 울리는 것을 보았습니다. 많은 사람들이 함께 모여서 그것을 봤습니다. 그날이 제 반 친구들이 다같이 모여서 밤을 샌 유일한 날이었습니다. 우리는 너무나 재미있는 시간을 가졌고, 우리들 중 대부분은 아직까지도 그 이야기를 합니다. 제 생각에 우리는 그날을 매우 그리워합니다. 그날은 제 인생에서 최고의 새해였습니다.

Sample Answer 3

여보세요? John이니? 나야, 민호. 나는 내일의 파티를 위한 너의 초대 이메일을 받고 너무 기뻤어! 초대해 줘서 고마워! 파티 주제인 성 패트릭 기념일에 대해 친숙하지 않기 때문에, 그에 대한 몇 가지 질문을 하고 싶어. 이날은 무엇을 기념하는 거니? 인터넷에 찾아보니, 성 패트릭은 아일랜드에 기독교를 퍼뜨린 첫 번째 인물이라고 나와 있었어. 사실이니? 나는 왜 그날 초록

색 옷을 입는지도 궁금해. 너는 내일 파티에서 초록색 옷을 입을 거니? 그리고 파티에 내가 음식을 가져야야 할 지도 알려줘. 한국인들은 각 명절마다 즐기는 많은 전통 놀이를 가지고 있어. 아일랜드 사람들은 어떠니? 성 패트릭 날에 하는 특별한 게임이 있니? 음, 초대해 줘서 다시 한 번 고맙고, 빠른 연락 바랄게.

Chapter 20 Internet

Sample Answer 1

제가 가장 좋아하는 웹사이트는 searchpower.com입니다. 그 사이트는 제가 인터넷 창을 열면 제일 먼저 나오는 사이트입니다. 저는 이 사이트에 매일 방문합니다. 제가 그 웹사이트를 좋아하는 이유는 다양한 기능을 가지고 있기 때문입니다. 저는 정보를 검색하고 흥미로운 동영상을 찾으며 음악을 들을 수도 있습니다. 게다가, 제가 그 사이트에 접속하면 세계 뉴스나 긴급 뉴스가 나옵니다. 하지만 이 중에서도, 제가 접근할 수 있는 정보의 양이 인상적입니다. 저는 직업상 많은 정보를 찾아야 하기 때문에 searchpower.com은 제가 항상 확인하는 첫 번째 사이트입니다. 제가 가장 좋아하는 사이트가 searchpower.com인 또 다른 이유는, 보기에 깔끔하고 쉽게 사용할 수 있기 때문입니다. 그곳에는 광고나 팝업 윈도우가 거의 없습니다. 그래서 검색창을 쉽게 찾아서 혼동 업이 키워드를 입력할 수 있습니다. 저는 온라인에서 제 시간을 낭비하는 것이 싫기 때문에 이 사이트는 제게 딱 맞는 완벽한 사이트입니다.

Sample Answer 2

저는 최근에 전 세계에서 사람들이 친구들과 서로 언어를 교환할 수 있는 아주 흥미로운 웹사이트를 찾았습니다. 저는 그곳에서 Anna라고 하는 프랑스 소녀를 만났습니다. 그녀는 제게 프랑스어를 가르쳐 주었고 저는 그녀에게 한국어를 가르쳐 주었습니다. 그것은 굉장히 멋진 일이었습니다. 우리는 상대방의 언어로 편지를 썼고, 제 생각에 그것이 제 프랑스어가 빨리 발전하게 도와준 것 같습니다. 우리는 좋은 친구가 되었고 자주 연락합니다. 며칠 전 우리는 같은 날에 언어 시험을 보았고 둘 다 좋은 성적을 받았습니다. 저는 인터넷이 교육적인 목적으로 쓰일 거라고는 생각해 본 적이 없었습니다. 그래서 이제 저는 그 웹사이트를 통해 더 많은 외국인 친구를 사귀려고 노력하고 있습니다. 저는 많은 언어에 관심이 있고 그래서 이 기회를 놓치고 싶지 않습니다. 지금까지 저는 인터넷을 정보 검색, 게임, 데이터 다운로드를 하는 데 이용했습니다. 지금은 세계에 있는 외국인들과 교류하는데 더 많은 관심이 있습니다.

Sample Answer 3

여보세요? 저는 미영이라고 합니다. 진수니? 드디어 받았구나! 네가 너무 걱정 되어서 어제 너에게 열 번 전화했어. 나는 네가 어제 하루 종일 게임을 했다는걸 알고 있어. 내 생각에 이건 심각한 문제야. 너는 심지어 지난 금요일에는 출근을 하지도 않았어. 우리 부서에 있는 모든 사람들은 네 중독에 대해 걱정하고 있어. 네가 한 주 전체를 게임을 하면서 보냈다는 것도 들었어. 너는 지금 당장 도움이 필요하고 너를 위해 좋은 클리닉을 추천해 줄 수도 있어. 만약 이런 식으로 계속 온라인 게임을 한다면 넌 모든 것을 잃게 될 거야. 내가 다른 누구보다 그걸 잘 아는 이유는 대학 때 온라인 게임에 중독 된 또 다른 친구가 있었거든. 모두가 그를 떠났고 그는 여전히 중독되어 있어. 이 중독은 너에게 나쁜 결말을 가져다 줄 거야. 오늘 퇴근 후에 들릴게. 지금 당장 컴퓨터 꺼.

MEMO

OPIc 대비 멀티캠퍼스 Best 온라인 과정

OPIc 전략과정
美ACTFL과의 공동연구 기반의 OPIc 전략 과정

한국인의 말하기 특징 분석 IL공략	한국인의 말하기 특징 분석 IM공략	한국인의 말하기 특징 분석 IH공략	한국인의 말하기 특징 분석 AL공략

OPIc 등급공략과정
OPIc 주관사 멀티캠퍼스에서 제시하는 레벨별 맞춤 공략 과정

New OPIc 첫걸음	New OPIc SOS Start	New OPIc SOS IM공략	New OPIc의 정석! IH공략

OPIc 실전과정
OPIc 최고 강사진이 전하는 최신 경향의 실전 대비 과정

OPIc IL Master	OPIc IM Master	OPIc IH Master

OPIc 특화과정
니즈에 따라 선택 가능한 맞춤 특화 과정

막판뒤집기 2주 완성 학생편/직장인편	OPIc 모의테스트	Talklish OPIc IL/IM/IH

전화영어 문의 TEL 1544-9001 | Website www.creduphone.com

중국어 대비 멀티캠퍼스 Best 온라인 과정

新BCT 대비 멀티캠퍼스 Best 온라인 과정

과정 특징
- BCT 평가 주관사 멀티캠퍼스에서 제시하는 고득점 전략
- 새롭게 바뀐 BCT(Business Chinese Test) 문제 유형 완벽 분석
- 엄선된 빈출 문제 풀이를 통한 실전 감각 UP
- 비즈니스 핵심 어휘 및 표현 학습을 통한 비즈니스 중국어 회화 능력 향상

초단기 新BCT Speaking 공략	초단기 新BCT Speaking 실전테스트	新BCT 첫걸음 A형 공략	新BCT 첫걸음 B형 공략

OPIc 중국어 대비 멀티캠퍼스 Best 온라인 과정

과정 특징
- OPIc 평가 주관사 멀티캠퍼스에서 개발한 국내 유일무이한 OPIc 중국어 대비 과정
- 최신 경향을 반영한 빈출 문제 및 OPIc 중국어 전문가가 제시하는 고득점 전략
- 시험장에서 바로 활용할 수 있는 핵심 패턴 및 어휘 제공
- OPIc 레벨 달성과 중국어 회화 실력 향상을 동시에 만족시켜 주는 과정

New OPIc 중국어 첫걸음	OPIc 중국어의 정석! IM공략	OPIc 중국어의 정석! IH공략

TSC 대비 멀티캠퍼스 Best 온라인 과정

과정 특징
- 최신 시험 경향을 반영한 국내 최고의 TSC 대비 과정
- 단기간에 레벨 UP! 하기 위한 핵심 전략과 유형별 공략법 제시
- 실제 시험과 유사한 실전테스트 제공
- 다양한 표현과 문장 확장 연습을 통한 중국어 회화 실력 향상

한달에 끝내는 TSC 첫걸음 3급공략	한달에 끝내는 TSC 실전테스트	초단기 TSC 4급공략	초단기 TSC 4급공략 실전테스트

온라인 교육과정 문의 TEL 1544-9001 | Website www.opic.co.kr